新时代 新雷锋

——“向雷锋同志学习”六十周年纪念论文集

主　编◇贺培育　秦国良
副主编◇伍新林　陈　旷

湘潭大学出版社
XIANGTAN UNIVERSITY PRESS

“2023 雷锋精神论坛”主题宣言

（代序）

一

一九六二年八月十五日，一位平凡且伟大的战士牺牲在自己的工作岗位上，生命永远定格在了二十二岁。

他有限的生命就此逝去，但以他的名字命名的精神从此永存。这个人的名字，就叫雷锋。

次年三月五日，毛主席发出“向雷锋同志学习”的伟大号召，如同春雷滚滚，响彻神州大地。

自此，亿万中国人从他的日记里，从他的故事中，感动着他的平凡伟大，感受着他的精神力量。

自此，神州大地处处传颂着他的英雄事迹，传承着他的精神风骨，学习雷锋好榜样的人间史剧恢宏展映。

自此，中华民族生生不息的精神血脉注入新的养分，以伟大建党精神为源头的中国共产党人精神谱系，再添崭新元素！

二

六十年来，雷锋播撒下的精神火种，燎原般绘就出五彩斑斓的荣光。

这荣光里，有“草原英雄小姐妹”龙梅、玉荣，“全国劳动模范”李素丽，“全国道德模范"邱娥国，"当代雷锋"庄仕华，"燃灯校长"张桂梅等不胜枚举的雷锋式模范人物。

这荣光里，有"时代楷模"邓州编外雷锋团，人人称模范、年年当先进的"雷锋班"，"一不怕死、二不怕苦"的"王杰班"等层出不穷的雷锋式先进集体。

这荣光里，也活跃着三湘儿女的靓丽身影。有"脱贫攻坚楷模"黄诗燕，"做事情要做到极致、做工人要做到最好"的大国工匠艾爱国，"最美奋斗者"文花枝，"全国抗击新冠肺炎疫情先进个人"徐芙蓉；有"全国模范公安单位"韶山冲派出所，"全国最佳志愿服务组织"正兴学雷锋志愿服务中心……

这荣光里，还闪耀着无数的人，无尽的远方——

在机器轰鸣的工厂，在勠力振兴的乡村，在书声琅琅的校园，在守望相助的社区，在枕戈待旦的战位……

万水千山、四隅八方，都活跃着"雷锋"不变的身影。

"聚是一团火，散是满天星。"六十年来，中华大地无数学雷锋先进模范，薪火相传，继往开来。他们，带动社会主义精神文明长足发展，推动社会主义现代化建设阔步向前！

三

无论时代如何变迁，雷锋精神永不过时。

今天，奋进新时代新征程，习近平总书记再次发出伟大号召：深刻把握雷锋精神的时代内涵，让雷锋精神在新时代绽放更加璀璨的光芒。

新征程上，我们要弘扬雷锋热爱党、热爱祖国、热爱社会主义的忠诚信念，深入学习贯彻习近平新时代中国特色社会主义思想，坚定拥护"两个确立"，坚决做到"两个维护"。

新征程上，我们要弘扬雷锋自信自强、艰苦朴素、锐意进取的奋斗精神，积极投身中国式现代化的火热实践。

新征程上，我们要弘扬雷锋服务人民、助人为乐、无私奉献的忘我大爱，把有限的生命，投入到无限的为人民服务之中去。

新征程上，我们要弘扬雷锋干一行爱一行、专一行精一行的敬业精神，在本职岗位上做一颗永不生锈的螺丝钉。

新征程上，我们要弘扬雷锋立场坚定、爱憎分明、敢于担当的斗争精神，不断增强做中国人的志气、骨气、底气，不信邪、不怕鬼、不怕压，知难而进、迎难而上。

新征程上，我们要弘扬雷锋谦逊有礼、宽厚仁爱、胸怀天下的博大人格，践行全人类共同价值，促进人类命运共同体建设，勇当中国形象的代言人。

四

奋斗新时代、奋进新征程！

让我们携起手来，牢记习近平总书记殷殷嘱托，将学雷锋活动融入日常、化作经常，用实际行动书写新时代的雷锋故事，推动学雷锋活动在中华大地蔚然成风，为全面建设社会主义现代化国家，全面推进中华民族伟大复兴凝聚强大精神力量。

把雷锋精神代代传承下去，我们是新时代的新雷锋！

雷锋精神　传承有我！

民族复兴　奋进有我！

目　录

特邀嘉宾主旨演讲篇

新时代新雷锋精神内涵篇

新时代新雷锋实践路径篇

特邀嘉宾主旨演讲篇

学雷锋活动是人类文明史上的“中国创造”

陶　克*

一、毛主席题词前的学雷锋活动

从1963年3月5日，《人民日报》发表毛主席“向雷锋同志学习”题词，至今整整60周年了，但“学雷锋活动”其实已经63年了。

原沈阳军区开展的学雷锋活动，始于1960年的11月26日。沈阳军区工程兵部队授予雷锋“模范共青团员”称号，《前进报》一版套红刊登雷锋事迹报道并配发社论。1962年，雷锋殉职一个多月后，第一个雷锋事迹展在抚顺市开展，东北大地掀起学习雷锋高潮。1963年2月7日，《人民日报》用两个整版报道雷锋事迹，周总理“灯下读雷锋”，推动新华社、《解放军报》等大规模宣传雷锋。毛主席阅读雷锋事迹后当即说道：“雷锋值得学习啊！向雷锋学习，包括我自己，我也向雷锋学习。”

1963年2月9日，总政治部向全军下发《关于在全军宣传和学习雷锋同志模范事迹的通知》，编发《雷锋日记》下发全军。在这之前，国防部授予雷锋生前所在班为“雷锋班”。2月15日，团中央决定，在全国青少年中广泛开展“学习雷锋”教育活动。3月5日，全国各大报刊登毛主席“向雷锋同志学习”题词，全国性的学雷锋活动红红火火开展起来。

回望60年学雷锋，可谓根深叶茂。这个“根深”就是雷锋扎根在人民群众中，这个“叶茂”就是人民群众的传承发展。人民选择他、崇敬他、学习他，人民的立场就是领袖的选择、党的选择。

二、雷锋精神仅仅是雷锋故事和日记吗？

雷锋精神以雷锋的名字命名，贯穿于雷锋的事迹和日记之中，但这仅仅是雷锋精

---

* 作者系《雷锋》杂志社总编辑。

神的重要承载与表现，并不等同于雷锋精神的全部内容。

习近平总书记指出，雷锋是时代的楷模，雷锋精神是永恒的。它是五千年优秀中华文化和红色革命文化的结合。顺着中华文明的历史长河寻根探源，你会发现雷锋精神所蕴含的内容极其丰富。它是中华传统美德的“现代版”，是我党我军宗旨的“楷模版”，是社会主义核心价值观的“形象版”，是人类文明道德的“中国版”。雷锋精神又是动态的“前进式”，不断聚合一代代“追雷锋、学雷锋、做雷锋”甚至超越雷锋的时代先锋们的先进特质。正如雷锋家乡望城百姓的一个习惯：学了雷锋做雷锋，做了雷锋学雷锋。这是一个良性的无限循环的人文生态环境。习近平总书记指出：“以实际行动书写新时代的雷锋故事。”党的十八大以来，“雷锋故事”不断涌现时代新篇，雷锋精神不断放射时代光芒，“雷锋”始终“正青春”。

三、雷锋作为中华文明道德人文符号的意义

雷锋是一个当之无愧的人文符号。当“雷锋叔叔”成为好人的称呼、“学雷锋做好事”成为绝配词组时，他那微笑的面容、响亮的名字、脍炙人口的哲语，俨然就是美好的象征。中国报刊万多种，但以人名命名的杂志就一种，叫《雷锋》。从人名到刊名，雷锋是一种寓意，是一种文化。60 年前，美国《时代周刊》刊登了一篇描述雷锋的文章——《红色中国：成为那颗螺丝钉》。文章说道：“年轻的共产党员雷锋在死后被追忆为集体主义下的孔夫子。”我们且不论他们说得对与不对。但是，他们用雷锋这么一个活生生的面容来定义一种文化符号，这绝对是中华民族的自豪。把平凡的人变为道德圣人，这就是人类文明道德史上的“中国创造”。

因此，重视和研究雷锋作为文明、道德、人文符号的起源、形成和未来的发展，进而强化这个符号在人民心目中的地位，强化这个符号在国际交往中的影响，对于中华民族增强文化自信，对于中国式现代化建设必将影响深远。

雷锋精神的时代内涵

华东方*

习近平总书记最近对深入学雷锋作出指示：深刻把握雷锋精神的时代内涵，让雷锋精神在新时代绽放更加璀璨的光芒。为我们在新时代学雷锋确定了方向。他在参观雷锋纪念馆时还指出："雷锋精神是中华民族五千多年优秀传统文化和红色革命文化、社会主义文化的结合。"

雷锋精神是优秀传统文化的继承。雷锋精神与中华民族优秀传统文化是一脉相承的。雷锋的神韵与古代先贤的风骨是血肉相连的，许多名言警句的语言风格是相似的，思想内容是一致的。孟子说："天将降大任于斯人也，必先苦其心志，劳其筋骨，饿其体肤，空乏其身，行拂乱其所为，所以动心忍性，增益其所不能。"雷锋说："不经风雨，长不成大树；不经百炼，难以成钢。迎着困难前进，这也是我们革命青年成长的必经之路。有理想有出息的年青人必定是乐于吃苦的人。"司马迁说："人固有一死，或重于泰山，或轻于鸿毛。"雷锋说："人总有一死，有的轻于鸿毛，有的却重于泰山。我觉得一个革命者活着就应该把毕生精力和整个生命为人类解放事业——共产主义全部献出。"雷锋还有与诸葛亮、李清照、顾炎武等古代名人相对应的名言。美国人雷夫·罗杰斯说："雷锋的这些精辟语言只有林肯、甘地、马丁·路德·金等这些国际大师才能说出来。"

雷锋精神是红色革命文化的集中体现。中华民族是一个崇尚英雄的民族。在国内革命战争、抗日战争、解放战争中，涌现了许多抛头颅洒热血的英雄、烈士，如方志敏、王若飞、黄继光、董存瑞等。雷锋就是学习这些革命先烈成长起来的。但雷锋并非黄继光、董存瑞式的战斗英雄。雷锋是在社会主义建设时期，在漫长的岁月里，在普通的岗位上，在平凡的工作中，一件事一件事去做，一个任务一个任务地去完成，

* 作者系中华雷锋文化促进会副会长。

一点一滴去奉献的。雷锋的奉献精神就是战争年代流血牺牲精神的继续和发展。学习黄继光、董存瑞等战斗英雄，是学习流血牺牲的价值和模式；学习雷锋，是学习生存的价值和模式。

雷锋精神是社会主义先进文化的旗帜，雷锋是时代楷模。雷锋和雷锋精神的出现，具有划时代的意义，是里程碑式的标志。雷锋精神是社会主义先进文化的集中表现，是社会主义核心价值观的生动体现。雷锋参加了社会主义革命和建设的实践，雷锋精神经过了计划经济时代和市场经济时代的检验。雷锋精神不仅培育出王杰、刘英俊等英雄，也培养出郭明义、庄仕华、孙茂芳等时代楷模和“当代雷锋”，使我国英模人物的成长走上了良性循环的轨道。毫无疑问，在新时代，雷锋精神能够培养出一批又一批在各条战线上、在不同工作岗位上的时代新人。

雷锋精神具有丰富的文化内涵和新时代价值，为全面建设社会主义现代化强国，全面推进中华民族伟大复兴凝聚了强大力量。把雷锋精神代代传承下去，要用雷锋精神培养担当民族复兴大任的时代新人，造就建设中国特色社会主义需要的栋梁之材。我们要锐意进取，奋发图强，紧紧把握时代的脉搏，迈开时代的脚步，阔步前进。新时代，新征程，新雷锋。既有品德，又有才俊；既有理想，又有担当；既有奉献，又有贡献；既能创造精神财富，又能创造物质财富；既有为人民的思想，又有为人民的本领；既是好人，又是能人。

雷锋精神的核心及跨越时空的神韵和魅力

王泽应*

习近平总书记2013年3月在参加全国人大一次会议辽宁代表团审议政府工作报告时，专门谈到了雷锋精神并对其核心作出了科学的界定，认为雷锋精神的核心是信念的能量、大爱的胸怀、忘我的精神、进取的锐气，而这也正是我们民族精神的最好写照。在我们纪念毛泽东"向雷锋同志学习"题词发表60周年之际，全面把握和深刻领悟习近平总书记关于雷锋精神的核心及与民族精神关系的论述，对于我们在新的征程大力弘扬雷锋精神，全面建设社会主义现代化国家，全面推进中华民族伟大复兴，无疑具有极其重要的意义和价值。

一、雷锋精神的核心

雷锋精神是中国共产党人精神谱系的重要组成部分，是在中国共产党领导的社会主义革命和建设时期形成的，以雷锋名字命名的，以雷锋的品质和情怀为内蕴，反映着一批批学习和追随雷锋的有志青年和革命军人志向、情操和价值追求的精神聚合体，是以忠诚于党和人民、热爱社会主义国家、全心全意为人民服务为精神信念，并以奉献社会、助人为乐、公而忘私、艰苦奋斗为主要内容的精神范式。

雷锋精神集聚着信念的能量，体现着追求进步的中国青年和革命军人对中国共产党、对新生的中华人民共和国、对社会主义革命和建设以及对马克思主义、社会主义和共产主义的坚定信仰和绝对忠诚，凸显出雷锋的赤子之心和赤子情怀。真心跟党走、绝对忠诚社会主义国家和对马克思主义、共产主义的坚贞信念，是雷锋精神的核心。雷锋出生在旧中国湖南望城一个贫困的家庭，很小就成为孤儿。新中国成立后，他在

---

* 作者系哲学博士，现为湖南师范大学道德文化研究中心二级教授，博士研究生导师，中央马克思主义理论研究和建设工程"伦理学"首席专家。

党的领导下翻身获得解放，过上了幸福美好的新生活，上学、工作、参军，逐步成长为一名坚定的共产主义战士。诚如1960年雷锋在日记里记下的《唱支山歌给党听》所唱的，雷锋真诚地把共产党比喻为自己的“母亲”，并认为“母亲只生了我的身，党的光辉照我心。旧社会鞭子抽我身，母亲只会泪淋淋；共产党号召我闹革命，夺过鞭子揍敌人。”共产党这位母亲比生育自己的母亲在雷锋的心中地位更高、更伟大。他在参军第一天的日记里满含深情地追忆自己的出身并表达自己的心志，认为自己是一个在旧社会受苦受罪的穷苦孤儿，过着缺衣少吃的苦日子，还有被奴役、被欺凌的仇恨。在共产党领导下翻身当家做主人，居然成为一个国防军战士，得到党和首长的信任，受到战友们的热爱，真不知说什么好。通过对新旧社会及对自己生活状况的对比，雷锋在心灵深处树立起了对中国共产党和社会主义国家的忠诚，表示自己一定“要听党的话，服从命令听指挥。党指向哪里，我就冲向哪里”，“一定不辜负党对我的教育和期望”，要把自己“可爱的青春献给祖国最壮丽的事业”，“坚决做到头可断、血可流，在敌人面前绝不屈服、投降”。雷锋对共产党和社会主义国家的忠诚信念既自然真诚又坚定崇高，支撑着他决心把一切献给党、献给共产主义，决心为共产主义奋斗终身。

雷锋精神表征出大爱的胸怀，集中表现在对人民、对同志、对战友满腔热情和发自内心的无私的爱，表现在把有限的生命投入到无限的为人民服务中去的无怨无悔和坚定执着，凸显出雷锋的“傻子”意识和“傻子情怀”。雷锋对人生的意义和价值有着深刻的思考，他不赞同“人活着就是为了吃饭”，他理直气壮地指出“我们吃饭是为了活着，可活着不是为了吃饭”。一个中国青年、革命战士应当树立起正确的人生观，即“活着是为了全心全意为人民服务”，“为了使别人生活得更美好”。雷锋在日记中写道：“人的生命是有限的，可是为人民服务是无限的，我要把有限的生命，投入到无限的为人民服务之中去。”雷锋的人生观是同无私奉献精神密切联系在一起的，他说：“如果你是一滴水，你是否滋润了一寸土地？如果你是一线阳光，你是否照亮了一分黑暗？如果你是一颗粮食，你是否哺育了有用的生命？”在雷锋看来，“为人民做点好事，再苦再累也觉甜。”在部队期间，他多次主动下伙房帮厨，为营区院子打扫卫生、冲厕所。他利用休息时间到附近工地义务搬运砖块，为生产队运输肥料，为小学清扫积雪。他出差乘火车时在车上积极为乘客排忧解难，留下“好事做了一火车”的佳话。他自己省吃俭用，将结余的钱捐给灾区或帮扶战友同事。雷锋省吃俭用、乐于助人，被一些人称为“傻子”。雷锋在日记中写道：“有些人说我是‘傻子’，是不对的。我要做一个有利于人民、有利于国家的人。如果说这是‘傻子’，那我是甘心愿意做这样的‘傻子’的，革命需要这样的‘傻子’，建设也需要这样的‘傻子’。我就是长着一个心眼，我一心向着党，向着社会主义，向着共产主义。”心甘情愿地做一名服务人民、奉献社会的“傻子”，雷锋傻得可爱可敬，傻得崇高伟大。马克思认为：“如果一个人只为自己劳动，他也许能够成为著名的学者、伟大的哲人、卓越的诗人，然而他永远不能成为完美的、真正伟大的人物。”人只有为他人的幸福而工作才能使自己在人格上达到完美。“历史把那些为共同目标工作因而自己变得高尚的人称为最伟大的人物；经验赞美那些为大多数人带来幸福的人是最幸福的人”。应该说，雷锋以自己的“傻子精神”践行了马克思所说的完美、伟大和幸福。

雷锋精神以“忘我精神”名世，忘我意味着无私，意味着全心全意地投入与付出。雷锋不只在工作、学习中是忘我的，达到了专心致志或痴迷的程度，而且在生活、交往中也是忘我的，根本不考虑个人的得失名利。忘我精神凸显出雷锋的稚子之心和君子风范。雷锋精神生动地践履了“功成不必在我”和“建功必定有我”的格言，书写了社会主义荣辱观的新篇章。雷锋以做无名英雄而自豪，在他看来，虚荣的人注视着自己的名字，光荣的人注视着祖国的事业，并认为“当一名无名英雄是最光荣的”，决心多做平凡的工作，少说漂亮话。青春固然是美好的，但是真正的青春只属于那些永远忘我劳动的人，永远谦虚的人。一滴水，只有放进大海里才能永远不干；一个人，只有当他把自己和集体事业融合在一起的时候才能最有力量。他把个人和集体的关系比喻为细胞和身体的关系，认为当个人的身体受到伤害的时候，身上的细胞就不可避免地也要受到伤害。同样地，我们每个人的幸福也依赖于集体的幸福。如果集体利益不能得到应有的保障，我们个人的幸福也是很难得到保障的。只有集体利益得到保障了，个人利益才能得到满足。

雷锋充满着进取的锐气，雷锋精神是以向上和踔厉奋发、勇毅前行为底色和动力的。雷锋永远地热爱生活、热爱学习、热爱科学、热爱劳动，永远地不知疲倦、惟知跃进、惟知雄飞，始终保持着一种旺盛的斗志，凸显出雷锋的钉子精神、螺丝钉精神以及艰苦奋斗、自强不息的精神。雷锋认为，钉子有两个长处，一个是挤劲，一个是钻劲。钉子的挤劲和钻劲，不仅体现在思想学习上，也体现在干事创业上。雷锋充分发扬了“钉钉子精神”，学习上通过摘抄重要思想、坚持写日记等形式把时间“挤”出来，让自己“钻”进去；工作中通过钻研、总结、创新等，提高了全班战士汽车驾驶水平，也成功地将“耗油大王”变成了“节油标兵车”。雷锋进取的锐气还体现在他心甘情愿做一颗革命事业的螺丝钉。在他看来，一个人的作用，对于革命事业来说，就如一架机器上的一颗螺丝钉。他把自己比作螺丝钉，找准人民所需、国家所需的螺丝位，牢牢拧紧。他用实际行动诠释着干一行、爱一行、钻一行的“螺丝钉精神”。雷锋是积极肯干、力争上游的典范。他说：“我要积极肯干，做到说干就干，干就干好，脚踏实地、实事求是地干，千方百计地干，事事拣重担子挑，顺利时干得欢，受挫折时也要干得欢，扎扎实实地干，一定要把事情办好。”雷锋身上始终充满一种向上的力量。他说：“我们靠什么战胜困难呢？主要就是要把一切有利的因素充分调动起来，用以克服不利的因素。有利因素发扬了，不利因素克服了，困难也就被战胜了。”正是依靠这种以苦为荣、以苦为乐的态度，雷锋不断提高精神境界，在平凡的岗位上作出不平凡的贡献，成为全国人民学习的典范。

二、雷锋精神的特质

雷锋精神既继承了中华传统美德的精华，又展示了中国共产党领导下锻铸的中国革命道德的优良品质，并在中国特色社会主义先进道德中得到进一步传延和发展，本质上具有跨越时空的永恒魅力和价值。

雷锋精神是中华传统美德的集中体现，反映着中华民族在长期实践中形成的“自强不息、敬业乐群、扶正扬善、扶危济困、见义勇为、孝老爱亲等传统美德”[①] 的精神要义和思想精华。雷锋的钉子精神和进取精神十分有力地诠释和揭示了自强不息的深刻内涵，雷锋又以忘我的精神解答了敬业乐群的伦理实质，雷锋的傻子精神有着集扶正扬善、扶危济困、见义勇为和孝老爱亲等传统美德于一体的精神品质。中华传统美德是中华文明中做一个好人的价值凝结和品质呈现，而雷锋凭借着对中华传统美德的继承和发展，成为新中国成立后好人的代表，并激励着无数想做好人的平凡之人的健康成长。雷锋精神对中华传统美德做出了既继承精华又富有创新意识的发展，确证着中华伦理文明承前启后、继往开来的绵延发展。

雷锋精神是中国革命道德的集中体现。雷锋是在中国共产党领导下成长起来的革命军人，是在毛泽东思想指导下成长起来的无产阶级战士。周恩来同志曾经将雷锋精神的特质概括为“爱憎分明的阶级立场，言行一致的革命精神，公而忘私的共产主义风格，奋不顾身的无产阶级斗志”。雷锋精神既是中国共产党领导的革命道德熏染和陶铸的产物，又以其特有的精神内涵丰富和发展着中国革命道德体系，特别是其忠于革命忠于党、爱憎分明不忘本、立场坚定斗志强的优秀品质促进了中国革命道德的发展和完善。雷锋的赤子之心和稚子之情无不凸显出雷锋对党、国家、人民以及共产主义事业的无比忠诚，凸显出对人民领袖毛泽东的无比热爱和忠诚。

雷锋精神借助千千万万学习雷锋精神的当代中国人民的弘扬已经成为并将继续成为中国特色社会主义先进道德和伦理文明建设的丰厚资源和动力源泉。中国特色社会主义先进伦理道德和伦理文明是中国式现代化建设的重要组成部分，与中国特色社会主义道路、理论、制度、文化有着最为密切的关系，是改革开放和社会主义现代化建设的产物和结晶。改革开放和社会主义现代化建设过程中千千万万学习雷锋、践行雷

---

① 习近平. 在文艺工作座谈会上的讲话［M］//习近平关于社会主义文化建设重要论述摘编. 北京：中央文献出版社，2017.

锋精神的志愿者们，不仅赓续着雷锋精神的传统，而且结合中国式现代化建设的实际需要发展和光大雷锋精神，从而使雷锋精神成为中国特色社会主义精神文明和道德文明的重要内容。2014 年 3 月 11 日，习近平总书记在出席第十二届全国人民代表大会第二次全体会议解放军代表团会议时强调指出："雷锋精神是永恒的，是社会主义核心价值观的生动体现。"他希望大家都做雷锋精神的种子，把雷锋精神广泛播种在祖国大地上，以实际行动书写新时代的雷锋故事，让雷锋精神在全社会蔚然成风，为实现中华民族伟大复兴的中国梦贡献力量。2018 年 9 月 28 日，习近平总书记在参观抚顺市雷锋纪念馆时指出："雷锋是时代的楷模，雷锋精神是永恒的。实现中华民族伟大复兴，需要更多时代楷模。我们既要学习雷锋的精神，也要学习雷锋的做法，把崇高理想信念和道德品质追求转化为具体行动，体现在平凡的工作生活中，作出自己应有的贡献，把雷锋精神代代传承下去。"大力开展学习雷锋活动，弘扬雷锋精神，有助于推进新时代公民道德建设和精神文明建设，凝聚起建设社会主义现代化强国的价值共识，全面提高人民群众思想道德素质，为全面推进社会主义现代化强国、全面推进中华民族伟大复兴而团结奋斗。

三、雷锋精神的独特魅力

雷锋精神继承了中华传统美德的精华，表征着中国革命道德的精义，更在建设中国式现代化的进程中汇聚于社会主义先进道德的体系之中，因此获得了一种超越时空的独特魅力。

雷锋精神是在实践中不断丰富和发展的与中国共产党全心全意为人民服务的初心、宗旨和使命密切联系在一起的既平凡又崇高的伟大精神。2014 年 3 月 4 日，习近平总书记在给郭明义爱心团队的回信中写道："雷锋精神，人人可学；奉献爱心，处处可为。积小善为大善，善莫大焉。当有人需要帮助时，大家搭把手、出份力，社会将变得更加美好。"中国特色社会主义进入新时代，社会的基本矛盾已由人民群众日益增长的物质文化生活需求同落后的生产力之间的矛盾转化为人民群众对美好生活的需求同发展不平衡不协调之间的矛盾。人民群众对美好生活的追求不仅包含了物质生活更加丰裕，也包含了人际关系更加协调，精神生活更加高尚与和谐，这离不开大力弘扬雷锋精神。

雷锋精神的独特魅力在于始终以忠诚于党和国家、忠诚于社会主义和共产主义伟大事业为坚定的理想信念，表现出一种公忠、大忠、至忠暨绝对忠诚的优秀品质。雷锋的赤子之心昭示出对党、对祖国和对社会主义、共产主义事业的绝对忠诚的要义和要素，这种绝对忠诚使他形成并强化了矢志不渝跟党走、坚定不移听党的话和做党的忠诚卫士的精神信念。雷锋这种公忠、大忠、至忠暨绝对忠诚的优秀品质，对于我们在新的历史时期做到“两个维护”，坚持理想信念不动摇，坚守初心使命不松懈，始终保持党的先进性、纯洁性，锤炼鲜明而坚贞的政治品格，全面推进党的建设新的伟大工程具有极其重要的意义和价值。

雷锋精神的独特魅力在于始终充满对人民群众发自内心的热爱、关心与奉献意识，自觉地将有限的生命投入到无限的为人民服务之中去，极大地发展了人心和善的中华民族道德观。作为五千年中华优秀传统善文化的代表，雷锋精神成就了“为人民服务”的崇高境界，将与人为善、成人之美、助人为乐、积小善为大善发展到一个新的阶段。因此，不仅雷锋获得“中国好人”的美誉，雷锋精神更是融入构建人类命运共同体的善业之中，使得雷锋成为世界上所有向往美好生活的人们心中共同的英雄，雷锋精神也为人类通过做好人进而建设一个好社会和好世界提供了一个有意义的探索。

雷锋精神的独特魅力在于其始终充满着踔厉奋发、勇毅前行的向上向前的进取品质，凸显出了爱劳动、爱科学、爱学习、善创新的自强不息精神。社会主义是干出来的，人生幸福是奋斗出来的。中国共产党人和中国人民都深刻地认识到，人世间的一切幸福都需要辛勤的劳动、刻苦的钻研、认真的学习来达成。雷锋精神以力争上游、钉子精神和螺丝钉精神彪炳于世，影响着一代又一代以创造与奋斗为人生幸福的人们。当今中国正处于全面建设社会主义现代化强国和全面推进中华民族伟大复兴的重要时期，弘扬自信自强、守正创新、踔厉奋发、勇毅前行的精神品质无疑具有极其重要的意义和价值。

雷锋精神又是同新时期发扬斗争精神，增强全国人民志气、骨气、底气，培养起一种不信邪、不怕鬼、不怕压以及知难而进、迎难而上，全力战胜前进道路上的各种困难和挑战的攻坚克难精神密切联系在一起的。学习雷锋，弘扬雷锋精神，能够陶铸我们锐意进取的优秀品质，砥砺主动识变应变求变、主动防范和化解各种风险的能力和斗争本领，也是与我们依靠顽强斗争打开事业发展新天地的战略预期高度契合的。雷锋精神既是我们的信念和动力之源，也是我们精神武装、战略赋能的源头活水。因此，雷锋精神永远不会过时，只会在传承和发展的进程中焕发出更加迷人的风采与活力！

雷锋精神树立了始终不忘初心、牢记使命的精神标杆

颜晓峰*

新征程上学雷锋，要从弘扬伟大建党精神的视野领悟雷锋精神，牢牢把握党的初心使命这一贯通中国共产党人精神谱系之中的精神品质，推动全党坚守初心使命。

雷锋精神是在伟大建党精神的哺育下、在中国共产党人系列伟大精神的感召下形成的，同时因其伟大共产主义战士的高尚境界和独特贡献，成为中国共产党人精神谱系的重要组成部分，成为中华民族精神的一座丰碑。雷锋精神是在社会主义革命和建设时期产生的伟大精神，展现的是新中国朝气蓬勃、蒸蒸日上的精神风貌，是广大人民站起来了的主人翁精神。雷锋精神是从基层劳动者、普通党员中产生的伟大精神，平凡的人生蕴含着高山仰止的精神世界，普通的业绩创造出超越时空的精神财富。雷锋精神是人民军队在和平年代产生的伟大精神，即使没有经历为人民打江山的枪林弹雨，为人民守江山、为群众做好事同样彰显人民子弟兵本色。

始终不忘初心、牢记使命，是一代代中国共产党人的神圣职责和每一名共产党员的终身追求，是激励广大党员不断前进的根本动力。雷锋精神之所以能够成为中国共产党人精神谱系的伟大精神，之所以能够历经60年仍然在广大党员和群众中成为景仰的对象，正是由于雷锋精神树立了始终不忘初心、牢记使命的精神标杆。党员学雷锋，心中装的是理想，脑里想的是人民；群众学雷锋，为国家的建设增砖添瓦，让有限的人生创造美好。

如何始终不忘初心、牢记使命，是解决大党独有难题首先要解决的难题。这个大党独有难题，表现在许多方面，集中起来就是党在长期执政条件下如何经受“四大考验”、克服“四种危险”。党的十九大把不忘初心、牢记使命作为大会主题的重要内容，党的二十大后将如何始终不忘初心、牢记使命作为大党独有难题加以破解。对于广大

---

* 作者系天津大学中国共产党人精神谱系研究中心主任、马克思主义学院院长。

党员干部来说，新征程上弘扬雷锋精神，一个重要要求，就是要将雷锋精神作为破解大党独有难题、牢记初心使命的精神动力，像雷锋同志那样忠实传承、全力践行党的初心使命。攻克大党独有难题，全党要始终不忘初心、牢记使命，才能创造政党不断壮大、更显风华正茂、保持长期执政的奇迹，才能团结带领全体人民以中国式现代化全面推进中华民族伟大复兴，用新的伟大奋斗创造新的伟业。

不忘初心，方得始终。“慎终如始，则无败事。”党确立初心使命不易，经过岁月洗礼、沧桑变化，恪守初心使命更为不易。在社会思潮繁杂、价值观念冲突、信息渠道多样、意识形态领域斗争激烈的环境中，确保9800多万人的党员队伍保持先进性纯洁性，需要艰苦努力，进行尖锐斗争，不能一劳永逸、一蹴而就。雷锋精神在新时代新征程显得弥足珍贵，传承雷锋精神显得格外重要。学习雷锋坚守初心使命，能够为广大党员干部经受“四大考验”、克服“四种危险”提供丰厚精神营养和强大精神动力。

在平凡岗位践行雷锋精神

艾爱国*

今天，有机会参加传承雷锋精神的座谈会，心里很高兴，也勾起许多思绪。我们这些40后、50后与雷锋同志是同时代的人，雷锋是我们青年时代的偶像；雷锋精神对我们影响很深，可以说一直伴随着我们成长进步。

雷锋精神的内涵是相当丰富、深刻的。其中，在平凡工作中创造不平凡业绩的“螺丝钉”精神，苦干实干、不计得失、争做贡献的艰苦奋斗精神，是激励我这么多年成长进步的思想宝藏。

我在湘钢从事焊接工作50多年了。当工人就要当个好工人，尽自己所能为企业、为国家做点贡献，就是这样的人生信条一直支撑着我不断向前。

记得1968年，我只有18岁，还在攸县插队当知青。知青要扛树，别人扛50公斤，我就偏要多一些，直到有天扛了一截86.5公斤的枯树回来，立下不败战绩。1年后，湘钢招工。大家都推荐：“我们有个小艾，是‘拼命三郎’……”刚进厂，我干的是管道工。看到北京第二建筑工程公司支援湘钢建设的焊工们身背氧气瓶、手拿焊枪、头戴面罩，将高炉裂缝“焊”在一起，觉得很神奇、很羡慕。于是，我主动跟着他们学习焊接技术。80多公斤的氧气瓶，背上后走得飞快；野外作业时乙炔发生器要注水，1公里的路，来回2趟挑来4大桶。师傅们说：“这小子，可教!”

刚做学徒时，由于文化底子薄，我就千方百计到处借书学理论，有时碰到焊条说明书也会收起来研究。后来觉得学好气焊还不够，又积极学电焊。没有面罩，就拿一块黑玻璃隔着用。边看电焊师傅怎么焊，边琢磨他们的操作要领，手和脸经常被弧光烤灼得脱一层皮。后来，我以8项考核全部优异的成绩，考取气焊、电焊合格证，成为当时湘潭市唯一持有两证的焊工。

---

* 作者系“七一勋章”获得者。

在我的职业生涯中，也遇到很多“拦路虎”。20世纪80年代，为延长高炉风口使用寿命，原冶金工业部组织全国多家钢铁企业联合研制新型贯流式高炉风口。然而，高炉风口处的紫铜导热快，焊接成为项目最大难点。当时我还是一名普通焊工，得知消息后主动请缨，主张采用氩弧焊工艺焊接。经过100多次焊接试验后，在新技术正式应用时还是出现了意外。当时心情很沮丧，但是我和团队成员不气馁、不放弃，继续反复验证分析，终于找到失败的原因，推动新型贯流式高炉风口项目攻关成功。记得帮助湘乡啤酒厂解决困扰他们许久的技术难题时，工人师傅们都说：“我们到处请‘神仙’，谁晓得‘神仙’就在屋门口。”其实哪有什么神仙，无非是我们流下的汗水、付出的努力比别人多一些而已。

《雷锋日记》记载了雷锋同志学习、工作、生活的内容，为世人传颂。我也有厚厚几叠笔记本，记载了这么多年来的学习心得、攻关历程等。我通过自己的亲身经历深切感到，在平凡岗位发光发热，就是践行雷锋精神。

多年的耕耘让我取得了一点点成绩，党和国家给予我“七一勋章”这样崇高的荣誉；2022年10月，我作为党的二十大代表赴北京参加盛会，现场聆听习近平总书记所作的报告。这一切都让我心怀感恩、干劲更足。

站在新时代，迈上新征程，更需要学习弘扬雷锋精神。当前，我最重要的工作就是做好对年轻同志的传帮带，把技术传下去，把艰苦奋斗的作风传下去，引导青年人立足本职工作学雷锋。雷锋虽然个子不高，却练就了得心应手操控大型吊车的本领；雷锋虽然文化不高，却硬是将“油老虎”改造成了“节油标兵”。凡做一事，必忠一事。我想，如果有这样的精神，青年人何愁不能成长成才，我们的事业何愁不能兴旺发达。

习近平总书记指出：“雷锋是时代的楷模，雷锋精神是永恒的。实现中华民族伟大复兴，需要更多时代楷模。”在时代的机遇面前，在人生的航程当中，我们将书写怎样的答卷，完全掌握在自己手中。在平凡工作中不懈耕耘、孜孜以求，成为岗位技术能手、挖潜创效明星，进而成为大国工匠，就是对雷锋精神最好的传承，就能够创造无怨无悔的人生。

用党建引领学雷锋志愿服务

单政达*

多年来，高密市党员雷锋团党委秉持“学雷锋志愿服务事业就是党的事业”这一理念，用奉献担当诠释雷锋精神，用实际行动续写雷锋故事，赢得了党和人民的认可与赞誉。下面，我围绕如何用雷锋精神引领志愿服务向大家作简要汇报。

坚持以“党建凝聚力量，雷锋引领志愿”为引擎，以“听党话，跟党走，学雷锋，做奉献”为宗旨，创新创建“5D +”党建平台、“1 + N + 1”服务模式和“三色卡”鼓励机制。为更好把雷锋精神融入党的建设，市委组织部发文，所有镇、街、区党委副书记或组织委员，市直、卫生、教育工委副书记兼任镇、街、区和工委系统党员雷锋营党总支书记、营长；机关事业单位、国企分管副书记、社区书记兼任党员雷锋连党支部书记、连长。党员雷锋团无论开展活动，还是布置任务，都以党组织为单位去部署落实。形成了领导带头学雷锋、党员带头做雷锋的新时代党建引领志愿服务新模式，被中宣部《党建》杂志誉为新时代新雷锋的典型代表。

雷锋精神是中国共产党人精神谱系的重要内容。多年来，党员雷锋团非常注重“雷”字号队伍、“雷”字号品牌的孵化和推广。2014 年 6 月，雷锋生前战友乔安山老人亲临高密授旗成立的“私家车雷锋车队”，已成为全市流动的学雷锋志愿服务窗口；2015 年 5 月以陶克将军为荣誉顾问创建的“高密市雷锋少年军校”，2017 年被教育部授予“国防教育特色学校”；2015 年 9 月以雷锋生前连长虞仁昌老人为名誉连长创建的“雷锋妈妈连”，成为全市各个学校门前的护学主力军；2020 年 12 月，党员雷锋团又先后成立“高密市雷锋中学”“高密市雷锋小学”，推动学雷锋在青少年中蔚然成风。

党员雷锋团现有志愿者约 13 万，其中党员志愿者 24000 余人，设党校、工会、团委、妇联等多个部室，有“青年雷锋营”等 21 个营（党总支），“雷锋妈妈连”等 385

---

* 作者系高密市党员雷锋团党委书记。

个连（党支部），“党员雷锋益站”等24个项目组，“党员雷锋车队”等13支大队中队。全市每年评选出700名最美学雷锋志愿者、100名党员学雷锋标兵、50个最美学雷锋志愿服务组织、10个党员雷锋驿站、10个党员雷锋岗等“雷”字号标兵，由市委组织部、市委宣传部牵头表彰。

在庆祝中国共产党成立100周年之际，党员雷锋团携带100箱小尺寸党旗、100万元体检卡，安排100名党员志愿者到100个村居免费向群众分发；组织100名党员志愿者到烈士陵园为革命烈士纪念碑描红；邀请100名环卫工人到市健康管理中心免费体检。

在党的二十大期间，党员雷锋团从各营连选拔20名剪纸艺人组成“剪刀排”，裁剪出20米学雷锋长卷；携带高端医疗设备为20名在党70年的老党员入户体检；分组到20个社区宣传贯彻党的二十大精神。

三年抗疫期间，仅党员雷锋团机关党支部的43名党员就捐款捐物20余万元、缴纳大额抗疫党费3.1万元，组织5000余名志愿者到社区报到，就近帮助社区村居进行人员劝返、街巷消毒、体温检测、入户摸排、电话流调、核酸采样等。党员雷锋团（党委）被中央宣传部、中央文明办授予“全国最佳志愿服务组织”，被中共山东省委授予“山东省先进基层党组织”。

一个阔步走向伟大复兴的民族，必须有一种强大而正确的价值导向来引领和推动，雷锋精神就是这个强大价值导向的红色引擎。我们党员雷锋团将以今天的论坛为契机，全力推进学雷锋志愿服务事业再创辉煌，用实际行动书写新时代雷锋故事。

不忘初心学雷锋 牢记使命做传人

姚德奇*

邓州编外雷锋团，缘起于雷锋，雷锋是编外雷锋团之本，雷锋精神是编外雷锋团之魂。回顾几十年学雷锋的实践经历，有以下收获和体会。

一、战友情缘、永恒追求，铸就了半个多世纪学雷锋做传人的坚守与执着

1960 年 8 月，邓州 560 名热血青年抱着保国戍边的决心应征参军，走进了原沈阳军区工程兵工兵第十团的军营，有幸和早入伍 8 个月的雷锋成为同团战友。在全团军人大会上，都听过雷锋声泪俱下地忆苦思甜报告，聆听过雷锋学习毛主席著作经验介绍和帮战友、为连队、为人民群众做好事的先进事迹报告。我和 30 名同志与雷锋同在一个连队朝夕相处，在与雷锋共同学习、训练和生活的日子里，亲眼见证了雷锋光辉灿烂的先进事迹，亲身感受到了平凡而伟大的雷锋精神。

相继复员转业回到家乡邓州市后，大家都抱定“我是雷锋的战友决不给雷锋抹黑，要为雷锋争光，要像雷锋那样做人做事”的坚定信念和决心，无论是在党政机关、企事业单位，或是在农村，都默默无闻自觉传承弘扬雷锋精神，用实际行动书写着新的雷锋故事。多年来，我们先后应邀作学习雷锋事迹报告 2000 余场次，受众达 800 余万人。

二、发展新成员、培育新种子，让雷锋精神生生不息、薪火相传

20 多年来，我们坚持慎重发展的原则，不断吸纳优秀复转军人、优秀共产党员、先进工作者、优秀教师、品学兼优的学生以及社会各界先进分子加入“编外雷锋团”的行列。如今，已经涵盖工、农、商、学、警、政、民等多个领域，由原来 560 名雷

---

* 作者系邓州编外雷锋团政委。

锋战友3个营，发展到38个营、17个直属连（排、队）2.2万余人，成为中原大地学习弘扬雷锋精神的一面鲜艳旗帜，成为全国的时代楷模。

三、与时俱进、创新方法，始终保持学雷锋活动常学常新

我们一直坚持与时俱进学、开拓创新做，做到了：建立健全组织，完善各项规章制度，培育和宣扬先进典型，积极创造育人环境，围绕党的中心工作、结合单位实际，立足工作岗位开展学雷锋。常态化开展“送温暖、献爱心、帮贫扶困”等学雷锋志愿活动，累计捐款捐物达1000多万元。

四、各级党政军领导重视与关爱，是“编外雷锋团”走向全国的强大动力和重要保证

2003年以来，邓州“编外雷锋团”先后被中宣部、总政治部、中央文明办、共青团中央表彰为“全国学雷锋志愿服务先进集体”，被中组部表彰为“全国离退休干部先进党支部”，被中宣部授称“时代楷模”、表彰为全国最佳学雷锋组织单位，被河南省委、省政府、省军区授称“学雷锋先进集体”，“薪火营”被中宣部、退役军人事务部、中央军委政治工作部联合表彰为年度“最美退役军人”先进集体。这些荣誉和成绩的取得，无不浸透着各级党政军领导的心血和汗水、关心和爱护、支持和帮助。

2002年邓州市政府把改建办公楼的1000万元，用于建造“编外雷锋团”展览馆，后来又投资1.5亿元打造雷锋公园，在全市大力开展“全民学雷锋、创建雷锋城”活动。这一切一直鼓舞和鞭策着我们不忘初心学雷锋、牢记使命做传人。

更让我们难以忘怀的是，党的十八大以来，习近平总书记在不同场合三次提及“编外雷锋团”。特别是2018年9月28日，习近平总书记参观抚顺雷锋纪念馆，当看到雷锋帮战友缝被子的照片时，停步讲道：“雷锋的这些战友现在都在哪里？我听说有个编外雷锋团。”这是对我们最大的鼓舞、最高的褒奖，一直激励着我们矢志不渝学雷锋，全心全意为人民，踔厉奋发、勇毅前行。

我们决心以习近平新时代中国特色社会主义思想为指导，认真贯彻落实党的二十大精神，在学习雷锋的新征程上，再创新佳绩、永铸新辉煌。

弘扬为民坚守好传统 续写为民胜战新篇章

薄佳旺*

我是“南京路上好八连”第27任指导员薄佳旺。一甲子前，毛主席题词号召“向雷锋同志学习”；同年，我连被国防部授称，毛主席为连队赋诗《八连颂》，原总政治部评价“好八连”是一个集体的雷锋。作为同一时期的两个典型，连队始终把雷锋精神与“好八连”精神捆在一起传承弘扬。近年来，连队转型特战，始终赓续优良传统，在强军征程中续写崭新篇章。

从霓虹灯下的哨兵到新时代特战尖兵，始终如一的是对党忠诚、坚定追随的政治品格。新中国成立前夕，穿着草鞋的连队官兵进驻上海南京路，敌人狂妄叫嚣“不出3个月，共产党就要红的进来、黑的出去”，全连官兵通过煤油灯下学《毛泽东选集》坚定政治信仰，成就“霓虹灯下的哨兵”美名；伴随军改，八连从“老典型”成为特战“新同志”，面对从零开始的挑战，全连官兵深入学习习近平强军思想、做到“党叫干啥就干啥”。我们注重用领袖关怀激励传承，新兵下连第一课就是参观习主席视察连队、接见官兵的珍贵资料，切身感悟领袖关怀、汲取精神伟力；常态开展“我最喜爱的习主席一句话、一段文、一则典、一件事”分享交流，不断强化理论武装、明晰前行航向。坚持以传统做法砥砺心，早晚集合点名时，全连诵读《八连颂》；训练休息期，组织官兵赴南京路开展现地教育；每年复转退时，新老兵进行“三箱”交接，用光荣传统不断强化思想认同。始终把组织建设抓紧抓好，每名党员入党宣誓后，都要组织他们将代表党员身份的卡片插入“党员墙”上的卡槽，激励党员在实践中争先创优，引导全连官兵“评比竞赛抢着上、繁重工作干在前”。

从上海建设参与者到强军目标践行者，薪火相传的是爱民为民、矢志打赢的庄严承诺。连队风雨无阻，每月10号、20号在南京路为民服务，长期坚持照顾残疾人、陪

---

* 作者系“南京路上好八连”第27任指导员。

伴孤寡老人。我们把人民当亲人，上海人民也把我们当荣誉市民。伴随实现建军一百年奋斗目标进入攻坚期、冲刺期，连队深刻认识到：新时代，军队以打赢为最高追求、用胜利继续为人民服务。这几年，我们主动出击谋转型，沉下心来向老牌特战部队学习，珍惜每次厂家送训、部队跟训、内部集训机会，积极承担各类新科目教学示范任务，加压形成相对完备的骨干队伍，加速特战能力形成。我们瞄准实战求突破，把学习主席训令活动搬上演训场。我们克服困难提能力，发扬前辈在闹市区“长跑训练没场地，就绑上沙袋折返跑”的精神，遇到困难想办法、创新方法抓组训，官兵军事素养显著提升，涌现出散打冠军袁家平、金牌勇士王伟等一大批训练典型。

从南京路站岗执勤到多地练兵动中建，赓续不变的是艰苦奋斗、勇闯新路的基因血脉。当年，八连先辈们牢记毛主席“两个务必”教导，靠“艰苦奋斗”出色完成警卫任务；如今，八连官兵赋予“艰苦奋斗”新的时代内涵，即从生活上吃苦向训练上刻苦延伸、从“苦身子”向“苦脑子”延伸、从甘过“苦日子”向善过“好日子”延伸，常态动散条件下的连队长出了打不散的钢筋铁骨。注重将苦味融入日常。针对当前社会新的腐蚀诱惑，连队梳理“糖衣炮弹十种新表现”，利用新官上任、苗头隐患等七种时机开展“揭短亮丑”活动，时刻提醒官兵保持初心。注重把苦事干出滋味。干部骨干以身作则，把苦事当成甜事干，大事难事站排头；严格落实“五同”，在朝夕相处中引导官兵埋头苦干、以苦为乐。注重以苦字育人成才。培养官兵“四个自己动手”、勤俭节约“五个一点”等好习惯，通过自身实践不断实现自我教育。改革转型以来，先后 4 人考学提干，8 人成功创业，13 人成为单位骨干和家乡致富带头人。

传承英雄血脉 勇当打赢先锋

黄 龙*

我是“王杰班”第32任班长黄龙。1963年，《人民日报》发表毛主席亲笔题词：“向雷锋同志学习”。从那时起，一名年轻的解放军战士，在自己的日记本上郑重写下：“我一定要做雷锋式的战士”。2年后，在一次实爆训练中，为掩护12名民兵和人民武装干部，这名战士选择用胸膛扑向炸点壮烈牺牲，用生命彰显了“一不怕苦、二不怕死”的血性光芒，这名战士就是王杰。他牺牲后，原总政治部、全国总工会发出号召，强调：“王杰同志，是董存瑞、黄继光式的英雄，是雷锋式的伟大共产主义战士。”2021年，中宣部公开发布第一批中国共产党人精神谱系，“王杰精神”和“雷锋精神”一道成为首批入选的伟大精神之一。英雄战旗永不褪色，英雄传人永远冲锋。下面，我围绕“传承英雄血脉，勇当打赢先锋”向首长和同志们进行汇报。

坚持传承“一心为党”的忠诚品格，铁心跟党铸军魂。我们全班始终牢记习主席到“王杰班”亲临视察、给“王杰班”全体战士亲笔回信的特殊政治关怀，自觉像王杰大学毛著那样学习习近平新时代中国特色社会主义思想。当年，王杰在日记中写道：“我永远向他学习，像雷锋一样，为了党，我不怕进刀山入火海；为了党，哪怕粉身碎骨也甘心情愿。”进入新时代，全班战士用理论武装头脑，坚持每天饭前组织习主席最新指示一句话分享；每周评选“最管用学习体会”；每月召开“重学主席讲话、牢记主席嘱托、做主席好战士”思想汇报会。用传统赓续血脉，坚持王杰雕像每天擦、王杰床铺每天整、王杰日记每天读，全旅先后226批632名战士到我们班跟学跟训，英雄的精神得到接续传承、拓展延伸。邀请史光柱、臧雷等战斗英雄来班讲战斗故事，谈牺牲奉献；与“雷锋班”结成共建对子，每年开训组织“挑应战”，年终组织交流互学活动，不断厚植传承英雄血脉的行动自觉。

---

* 作者系“王杰班”第32任班长。

坚持发扬“一不怕苦、二不怕死”的精神，本领过硬能打仗。习主席回信勉励我们：“在人民军队的大熔炉中书写火热的青春篇章。”王杰当兵第二年就取得了工兵五大专业满堂红，第三年就当上了班长。他曾在日记中写道：“我每天都抓紧一些时间练习瞄准，要像雷锋同志一样，不怕累，争取好的成绩。”进入新时代，全班战士钻战研战练硬招。2017 年，我们班由工兵班调整组建为装甲步兵班，当时全班立下“三个铁规矩”：无论刮风下雨，训练时间一分不少、规定内容一个不落、训练强度一点不降。经过长期的摔打磨炼，班里的每名战士身上都留下了特殊的“印记”：茧最厚、疤最多、迷彩服最破。实战实训强战力，为贴近战场练兵，我们用实体障碍代替限制杆练驾驶，将目标设在茂密的丛林练搜索射击，把干扰强度增加一倍练通信，全班所有人均取得了通信、射击、驾驶三大专业等级证书。同时，强化“一专多能”训练，成为集团军首个实现减员操作的装甲步兵班。从难从严砺血性，我们班曾经先后 2 次参战、7 次扑灭火灾、11 次参加抗洪抢险、120 余次成功排爆除险，在一次次生死考验面前交出了优秀答卷。

坚持恪守“三不伸手”的价值追求，保持本色树形象。习主席视察连队荣誉室时指出，王杰“在荣誉上不伸手、在待遇上不伸手、在物质上不伸手”，这“三不伸手”是一面镜子，共产党员都要好好照照这面镜子。王杰短暂而光辉的一生中始终追求崇高、向上向善。他曾在日记中写道：“雷锋的光辉形象，是一面镜子，我要经常来照自己，检查自己。”进入新时代，全班战士崇尚荣誉不钻营，坚持在评功评奖、大项任务、利益调整等时机安排“三不伸手”专题组织生活，重点检视反思敢不敢面对利益调整牺牲小我，能不能个人利益服从集体利益。心系群众爱人民，始终传承老班长服务群众的人爱情怀，长期资助内蒙古阿荣旗王杰小学、新疆且末县第一中学 2 名学生，利用节假日到驻地白云山颐养院义务劳动，在三界、褚兰驻训期间，走访慰问当地困难群众，切实端正为民服务的初心情怀。听令守规塑形象，全班始终秉承“小事做精细、大事干精彩”理念，坚持每项任务有计划有措施，每项制度有人抓有人管，日常各项工作做到严谨细密无疏漏，在平凡的岗位上创造出不平凡的业绩。

致敬 60 年学雷锋活动

玉　荣*

今天，我和姐姐龙梅怀着无比激动、无比崇敬的心情，来到雷锋家乡，参加“新时代 新雷锋——2023 雷锋精神论坛”，与大家一起学习、交流，我和姐姐深感荣幸。在这里我代表我们姐妹俩感谢大家 59 年来对我们的关心和厚爱。

1964 年 2 月 9 日，在达尔罕茂明安草原上，我和姐姐龙梅因为一段抗击暴风雪、保护羊群的故事，成了大家所熟悉的“草原英雄小姐妹”。在众多新闻报道中，总会提到这样几组数字：11 岁的龙梅，9 岁的玉荣，零下 37 摄氏度的严寒，徒步行走 70 多里地，与暴风雪搏斗一昼夜，保护了集体的 384 只羊，等等。这些数字，向大家传递出了这样一种认知：那么小的两个孩子，那么多的一群羊，那么寒冷恶劣的天气，与暴风雪搏斗了那么长时间，她们真是不简单。

但其实，当时我和姐姐的想法特别简单，就是只要羊群还在就好，不能让集体的财产受到损失。漫长雪夜里，我们姐妹正是靠着这种信念支撑，最终战胜了暴风雪，保住了集体的羊群。

回顾过去的成长经历，我们很幸运，生在新社会，长在红旗下，正是党改变了我们的命运。

50 多年来，是党和人民把我们从普通牧民的孩子培养成一名军人、大学生、民族干部，又都走上了领导岗位。50 多年来，我们多次参加各种英模会、报告会、先进人物代表大会，先后被选为第四届、第五届全国人民代表大会代表；我参加了共青团十一大、十二大，中国残联第一届至第三届代表大会，1992 年被评为全国“自强模范”；姐姐还参加了党的第十次代表大会；2007 年我们姐妹俩被评为首届“感动内蒙古人物”；2008 年被选为奥运火炬手；在中华人民共和国成立六十周年的时候被评为首届

---

* 作者系“草原英雄小姐妹”之一。

“感动中国人物”；2019 年荣获全国“最美奋斗者”称号。

我和姐姐是从雷锋时代走过来的。20 世纪 60 年代初，全国掀起了轰轰烈烈的向雷锋同志学习的热潮，雷锋的高大形象从那时起便深深印入我们的脑海，成为我们儿时的偶像。雷锋的故事，他的一言一行，他对党和人民的热爱，都对我们有很深的影响。我们立志以雷锋同志为榜样，带着身上所承载的时代精神走出草原，走向永远！

60 年，雷锋的名字家喻户晓，雷锋的故事心口相传，雷锋的精神历久弥新。

60 年，雷锋从一个人名，到一种精神，一种文化，进入中国共产党人精神谱系之中，在中华优秀文化百花园中熠熠生辉。

60 年，雷锋精神成为践行社会主义核心价值观的一面精神旗帜，成为中国特色社会主义文化中的一个重要符号，成为亿万中国人民心中一座巍峨的道德丰碑，成为建设社会主义文化强国的一股强劲精神力量。

60 年，全国各条战线，“雷锋班”“雷锋号”“雷锋团”“雷锋组”等先进集体，聚是“一团火”；当代雷锋庄仕华、全国道德模范周美玲、全国岗位学雷锋标兵张玉滚等模范人物，散是“满天星”。正是这满天星火闪耀，点亮了我们的精神家园。

习近平总书记指出：“雷锋精神是永恒的，雷锋是时代的楷模，雷锋精神是社会主义核心价值观的生动体现。”新时代，新征程，我们姐妹将借这次论坛的春风，继续努力为人民群众做善事、做好事、做实事，续写好新时代的雷锋故事，决不辜负党和人民的深情厚谊！

新时代更加需要雷锋精神

张子祥*

我来自雷锋的第二故乡——辽宁铁岭的银州城。雷锋曾在铁岭驻训执勤170天，为当地人民群众做了大量的好事，留下了39篇日记，18个感人的故事，4封书信和1份赠言。辽宁省的鞍山、辽阳、营口、抚顺、沈阳、铁岭6个城市都留下了雷锋的足迹。1962年8月15日，雷锋从铁岭回到部队的当天，不幸因公牺牲。一个生命的结束，一座丰碑的立起，铁岭人民深深怀念雷锋、学习雷锋，坚持不懈用雷锋精神铸魂育人，推动雷锋第二故乡的建设和发展。

这次，受“2023雷锋精神论坛”之邀，我第一次来到雷锋的家乡，“故乡人”见到“家乡人”，感到非常亲切和高兴。下面，我结合自己学雷锋的经历和感悟，谈三点粗浅认识。

一、新时代更加需要雷锋精神

雷锋热爱党、热爱祖国、热爱社会主义的崇高理想和坚定信念，服务人民、助人为乐的奉献精神，干一行爱一行、专一行精一行的敬业精神，锐意进取、自强不息的创新精神，艰苦奋斗、勤俭节约的创业精神，深深地植根于人民心中，激励着、鼓舞着全国各族人民奋勇前行。立足新时代，踏上新征程，更加需要凝聚踔厉奋发、团结奋斗的精神力量，更加需要学习弘扬雷锋精神。

社会的文明发展、家庭的和睦幸福、个人的健康成长，需要雷锋精神去鼓舞；共产党人不忘初心、牢记使命、勇担重任、履行职责，需要雷锋精神去促进；全党全国全军凝心聚力、万众一心、攻坚克难、战胜敌人，需要雷锋精神去激励；贯彻落实党的二十大精神、以中国式现代化全面推进中华民族伟大复兴，需要雷锋精神去推动！

---

* 作者系全军学雷锋模范。

雷锋精神永远是激励我们坚定前行的精神动力和宝贵财富。

二、中国不可一日无雷锋

六十年来，学雷锋活动有高潮也有低谷。处于低谷的时候，人们感叹“雷锋叔叔”是不是出国了？盼望着“雷锋叔叔”赶紧“回国”。人民群众把“雷锋叔叔”的“出国”和“回国”，当成衡量党风优与劣、社会风气好与坏的“晴雨表”，也当成评价党员干部人品官德的“试金石”。

人生经历告诉我，如果我们丢掉了雷锋精神，就丢掉了我们学习的榜样和人生的坐标，丢掉了我们为人民服务的灵魂和根本，丢掉了我们的精神家园和家国情怀，丢掉了我们党的形象和执政为民的基础。

习近平总书记指出：“无论时代如何变迁，雷锋精神永不过时。”历史已经证明，历史也必将继续证明，雷锋精神是我们的“传家宝”，任何时候，雷锋精神永远值得人人学、家家学、行行学、业业学，世世代代传承学。

三、学雷锋永远在路上

学雷锋永无止境。站在哪里，哪里就是路的开端；走到哪里，就把好事做到哪里。每一次学雷锋、做好事、献爱心都是一次新的开始，都是路的开端。这样，学雷锋才能越学越新，常学常新，越走越远，越学越有劲头，越走越有力量。

需要就是命令。党和人民的需要就是命令，就要去执行，就要去完成。我是军人，军人以服从命令为天职。

学雷锋的精神，决不放松；当雷锋的传人，决不后退；走雷锋的道路，决不停步。

当我踏上学雷锋之路，就像登上长征的列车，只有生命的结束才算到站。

做一颗永不生锈的螺丝钉

庄仕华*

党的二十大擘画了全面建设社会主义现代化国家，推进中华民族伟大复兴的宏伟蓝图。近期，习近平总书记又对深入开展学雷锋活动作出重要指示。在这个大背景下，纪念毛主席等老一辈革命家为雷锋同志题词意义更加重大。

毛主席的题词，坚持人民的主体地位，通过对特定英模的题词，把党的马克思主义信仰、政治理念和路线方针政策，有力地传达给人民，有效地与人民群众实践结合，孕育熔铸了中国共产党人精神谱系的重要组成部分——雷锋精神，为建设两个文明协调发展的中国式现代化文明观提供了历史经验。今天，我们纪念毛主席题词六十周年，就要把握题词的精髓，在已有的基础上继续前进，不断实现理论和实践上的创新，进一步深化对中国式现代化文明观内涵和本质的认识，推进和拓展中国式现代化。

我是在毛主席题词指引下成长的，经历了爱雷锋、学雷锋、做雷锋的过程。2013年3月，在纪念毛主席为雷锋同志题词50周年的日子里，中央文明委授予我“当代雷锋”荣誉称号，不断激励我像雷锋那样做人，像雷锋那样做事，把有限的时间用在无限的为伤病员、人民群众、部队官兵服务中。

做一名合格医生。我把患者的痛苦当作自己的痛苦，把患者的生命当作自己的生命。带领医生为国内外肝胆疾患微创手术13万多例，其中年龄最大的104岁，最小的1岁。我帮维吾尔族大妈帕坦木汗除病根、拔穷根、种福根，让他们过上好日子，她把我当亲儿子。

做一位称职院长。我和党委一班人，坚持以病人为中心，开展无假日门诊、无假日检查、无假日手术、无假日24小时服务。医疗科室由5个发展到37个，住院病床由300个增加到900个，门诊量由日诊200多人增加到2000多人，开发新技术207项，

---

* 作者系“当代雷锋”。

获医疗成果奖45项。医院两次荣立集体三等功，获全国民族团结先进单位、全军优秀医院、全国“三八”红旗集体等荣誉。

做一个好志愿者。组建“庄仕华医疗小分队”，爬雪山、越戈壁、进大漠，为边远农牧区各族群众义务巡诊，送医送药。累计行程近40万公里，服务39万多人次。义务帮助27家贫困偏远的农牧区医疗单位改善医疗条件，培养了300多名技术骨干。我们还帮助600多名病人脱贫致富，资助61名有困难的学生完成学业，给7户有困难的家庭建起了新房。2019年3月，“庄仕华医疗小分队”被国家卫生健康委员会表彰为“最美医生团队”。

我还支持和指导伊犁、克拉玛依成立“当代雷锋庄仕华志愿服务团”和“庄仕华小雷锋服务队”，将学雷锋志愿服务有效融入新疆治理，为乡村振兴、疫情防控贡献力量，被伊宁市人民政府授予抗疫勋章，被伊犁慈善总会授予“爱心志愿者团队”称号。

荣获“当代雷锋”称号十年来，中组部、中宣部、国家卫生健康委员会分别授予我“践行三严三实好榜样”“最美医生”“优秀共产党员”等多项荣誉。最让我感到自豪的是，我曾先后8次受到习近平总书记亲切接见。

雷锋是时代的楷模，是社会主义核心价值观的生动体现，新征程上要认真学习领会习近平总书记的重要指示，把学雷锋志愿服务融入日常，化作经常，做一颗永不生锈的螺丝钉，为实现中华民族伟大复兴贡献智慧和力量。

赓续雷锋精神 践行为民宗旨

夏　厦[*]

我所地处毛泽东同志故居附近，担负守护伟人故里平安、服务来韶游客的光荣使命，所辖景区景点年接待国内外游客近2000万人次。自1954年建所以来，始终秉承“传承红色基因、践行为民宗旨、铸造忠诚警魂”的工作理念，坚持不懈学习弘扬雷锋精神，矢志不渝践行“人民公安为人民”的庄严承诺，谱写了一曲曲“警民鱼水深情”的时代赞歌。

一、把暖心服务送到游客心坎里

习近平总书记指出：“学习雷锋精神，就要把崇高的理想信念和道德品质追求融入日常的工作生活，在自己岗位上做一颗永不生锈的螺丝钉。”走进韶山的游客，人人怀着敬仰的心、感恩的情，他们的事就是我们的大事。我们在毛泽东广场快警站设立学雷锋活动示范岗，组建“涉旅事务快速处置”微信群，快速受理、高效处理涉旅事务，快警站常年配备雨伞、医药箱、手机充电器等用品，让每一个游客都能感受到主席故乡的温暖。所里有一面“迟到25年的锦旗”。1987年，云南籍游客罗大能在韶山景区不慎丢失钱款和证件，民警热情接待并资助了他，在找到证件后，免费寄给了他。由于各种原因，罗大能直至临终前都未能当面向民警致谢，但他把未了心愿嘱托给家人。25年后，罗大能的儿子专程送来写着“感谢韶山冲派出所爱民警察”的锦旗。近3年，我们共服务游客1.8万余人次，收到锦旗、感谢信160余面（封），被游客亲切称为“景区的活地图”“走失孩子的亲人”。

二、把救助服务送到人民急需处

习近平总书记指出，要主动承担社会责任，热诚关爱他人，多做扶贫济困、扶弱

---

[*] 作者系韶山市公安局韶山冲派出所所长。

助残的实事好事，以实际行动促进社会进步。救危、扶弱、帮困是我们坚持69年的光荣传统。民辅警“深夜冒雨救助落崖游客”被央视报道，“寒冬勇救落水老人”在主流媒体宣传，“除夕夜八小时不间断山间搜寻、新年凌晨三点成功救援跌落山脚老人”在网络刷屏。党支部定期慰问辖区敬老院孤寡老人，从没间断。十几年来，我所五届所领导持续资助一名孤儿，直到他顺利考上大学、成家立业。现在，我们又接过上任所领导的接力棒，资助韶山学校学生刘亦雅、刘亦凡姐弟。他们的爷爷激动地说：“韶山冲派出所帮助了我，我感谢他们!”近年来，我所有3名同志入选“湖南好人榜”。“有困难找警察”成为辖区群众共识，全所民警成为当之无愧的人民贴心人。

三、把便民服务送到群众家门口

习近平总书记指出：“雷锋精神，人人可学；奉献爱心，处处可为。”坚持把每一件小事做好，将“我为群众办实事”做好做细是我们日常的必修课。户籍室添置24小时自助办证设备和便民设施，常态推行窗口业务“假日办证”“上门办证”“送证上门”等服务。我们常年在辖区各学校设立护学岗，风雨无阻护送学生出行，不定期联合辖区学校开展警营开放日、安全教育进校园等活动，提高法治意识和安全防范意识。经常有中小学生在路过执勤岗时，向执勤民警深情敬礼。退休民警罗启南的工作记事本上密密麻麻记满了一个个警民情深的动人故事。他回忆道：“我曾经被评为湘潭市的劳模，妻子称我是‘磨人’的模范，从警41年来，家里大小事情都是老婆操心。”

新时代开启新征程，新时代呼唤新作为。我们将始终牢记“为人民服务”的根本宗旨，继续以实际行动书写伟人故里的雷锋故事。

让雷锋精神与时代同行

邹　文*

60年前，毛主席亲笔题词，号召全国人民“向雷锋同志学习”，家乡人民响应号召，在雷锋同志的母校荷叶坝完小筹办了“雷锋烈士遗物和图片展览”，这也是湖南雷锋纪念馆的前身。60年来，在雷锋家乡场馆、雷锋故居所在地，一代又一代雷锋馆人始终秉承着“播雷锋精神，做雷锋传人”的宗旨，在宣传、研究、践行雷锋精神的道路上接力传承、持续发力，努力把传承弘扬雷锋精神落到实处。下面，我将围绕“新时代新雷锋”主题，结合湖南雷锋纪念馆实际，向大家汇报三个方面的体会。

一、源自平凡，铸就伟大，雷锋精神“常讲常新”

雷锋是平凡的，他没有轰轰烈烈的事迹，有的只是在平凡岗位上的默默奉献；雷锋也是鲜活的，他喜欢写诗、爱照相，有时也会赶时髦；作为英模榜样，雷锋精神是人人可学、处处可为的。党的十八大以来，我们组织雷锋精神宣讲团深入开展雷锋精神“六进”活动，宣讲足迹遍布全国20多个省市的80多个县市，听众达300多万人次。我们在深圳、天津、上海等地举办“永远的雷锋”流动展览，举办了“雷风侠”正能量动漫展、雷锋精神公益广告作品展、青少年续写雷锋日记展、“像雷锋那样跟党走”等10多个临时展览。我们积极探索新媒体宣传，改版运营中国雷锋网、纪念馆官微，打造了网上VR展馆，在各大平台开设了原创专栏，潜心创作设计了新时代雷锋精神公益广告作品。面向人民群众，雷锋精神“常讲常新”，总能以源自平凡、铸就伟大的特点，让人们发自内心地认同、敬仰和推崇。

二、与时俱进，内涵丰富，雷锋精神“常研常新”

从“奉献精神”到“钉子精神”再到“螺丝钉精神”，随着时代发展，人们总能

---

* 作者系湖南雷锋纪念馆党组书记。

从雷锋精神中挖掘出丰富的精神财富。习近平总书记强调：“雷锋精神是永恒的，是社会主义核心价值观的生动体现。”近年来，我们收集整理习近平总书记关于学雷锋的重要论述作为新时代研究和宣传雷锋精神的纲领性指导，着力诠释雷锋精神的时代意义。深入研究解析雷锋精神的萌芽、发展、形成过程，编辑出版《榜样》丛书、《雷锋年谱》和《雷锋文稿》，将雷锋精神最新研究成果惠及大众。依托高校资源，成立了“雷锋精神话语研究中心”，在学习强国平台上开设《向世界讲好雷锋故事》专栏，助推国际传播能力建设。放眼不同时期，雷锋精神“常研常新”，总能以与时俱进、内涵丰富的特点，为时代发展筑牢思想基础，注入奋进力量。

三、根植社会，立足实践，雷锋精神“常学常新”

雷锋精神是孕育于社会主义建设时期的时代精神，扎根于广大人民群众的如火实践，纳入了中国共产党人精神谱系。雷锋是志愿服务的先行者。近年来，我们以“一家三代学雷锋”“母女同走雷锋路”“雷锋后代讲雷锋”等学雷锋先进典型为榜样示范，成立了正兴学雷锋志愿服务中心，联合成立 18 支志愿服务队，累计招募志愿者 2343 名，开展志愿服务活动 3284 场，打造了“老馆长故事吧”“谭荒芳志愿服务工作室”“雷小锋”种子工程等品牌，以学雷锋志愿服务助力社会治理、乡村振兴、文明城市创建。辐射不同领域，雷锋精神“常学常新”，总能以根植社会、立足实践的特点，引领社会风尚，助推社会进步。

习近平总书记强调：“雷锋是时代的楷模，雷锋精神是永恒的。”新时代新征程，作为雷锋家乡的纪念馆，我们要持续擦亮雷锋家乡学雷锋品牌，传承红色基因，用好红色资源，赓续红色血脉，始终走在全国宣传雷锋精神、研究雷锋精神、践行雷锋精神的前列，让雷锋精神与时代同行，为全面建设社会主义现代化国家、全面推进中华民族伟大复兴凝聚强劲的精神力量！

当好雷锋家乡兵

肖三军*

60年前，毛泽东等老一辈革命家发出“向雷锋同志学习”的伟大号召。半个世纪以来，驻守在雷锋家乡的望城区人民武装部，牢记主席嘱托，持续擦亮“雷锋家乡学雷锋”名片，让雷锋精神穿透时空、血脉相传。2022年，望城区人民武装部被中央军委国防动员部评为正规化建设先进单位，记集体三等功一次。下面，我结合本单位学习雷锋工作实践，谈三点体会。

一、以驻守雷锋家乡为荣耀，着力在争做雷锋精神的种子上当排头树标杆

我们深入把握雷锋精神的时代内涵，在弘扬雷锋精神上，争做“雷锋样子”，当排头树标杆。像雷锋一样对党忠诚。坚持把弘扬雷锋精神与军人核心价值观教育结合起来，开展“雷锋大讲堂”，在学习中坚定爱党爱国爱军信念。像雷锋一样爱岗敬业。引导官兵在精武强能、履行使命中展示新时代雷锋传人风采。成建制组织民兵参加抗洪抢险、维稳安保等重大活动，在完成急难险重任务中用兵练兵。像雷锋一样为民服务。积极开展“一部帮一村，一人帮一户”“大手牵小手”“关爱空巢老人”“戍边情·报母恩”等学雷锋活动。

二、以学习雷锋精神为己任，着力在培育雷锋精神的种子上勇担当强作为

雷锋是望城的一张特殊名片、一个特殊品牌、一面道德旗帜。我们认为，在践行雷锋精神上，要有担当精神，在培育雷锋精神的种子上强作为。创建培育机制。每年评选“优秀职工”“最美民兵”“精武强能标兵”。将学习雷锋精神融入日常工作中，使学雷锋活动制度化、规范化、常态化。营造文化氛围。打造富有强军和国防氛围的

---

* 作者系长沙市望城区人民武装部部长。

雷锋特色营院，建成3个强军文化场所、8个雷锋文化场所、2条国防文化街巷，7000余人次先后到营院学习参观，中南大学等院校在我部建立“雷锋精神践行基地”。开展特色活动。组建望城区雷锋民兵应急连等五支雷锋民兵分队，开展“接过雷锋钢枪、争当民兵榜样”“像雷锋那样当兵”等活动。开通“雷锋·强军号”公交专线。组织雷锋民兵宣讲分队宣讲700余场次，近万余人受到雷锋精神的洗礼。

三、以传承雷锋精神为使命，着力在播撒雷锋精神的种子上创品牌领风尚

我们感到，传承雷锋精神，树立良好道德风尚，是净化社会风气、创建和谐社会的重要途径，着力在播撒雷锋精神的种子上创品牌。征集优质新兵。与雷锋生前部队、驻地高校三方共育“雷锋式好战士”，鼓励适龄青年走雷锋成长道路。制定入伍新兵回访制度，建立“战士联系卡”，鼓励他们用实际行动当好雷锋家乡的“形象代言人”。有500多名望城籍战士提干、立功受奖。编配优秀民兵。对学历高、能力强、专业精的人才，重点纳编、重点培养，采取军事培训、实践锤炼、分类考核等措施，选拔优秀的高素质人才担任民兵干部骨干。共有100余名民兵被评为“最美民兵”“雷锋之星”等。感召优秀老兵。教育引导广大退役军人“离军不离党、退役不褪色”，涌现出一批又一批雷锋精神种子。共有200余名优秀退伍老兵，像雷锋精神的种子一样，扎根在各行各业，用微微星光点亮乡村文明之路。

驻守雷锋家乡，深感雷锋精神是望城的城市之魂，也是人民武装部发展的力量源泉，我们将倍加珍惜政治荣耀，坚定扛起政治责任，在新征程上把学习、传播和践行雷锋精神引向深入，为强军梦注入不竭动力。

时代的楷模 不朽的丰碑

林泽龙*

我是雷锋的同龄人，雷锋只比我大三个月。雷锋牺牲时我正在读大三。也就是说，当我还没有为国家做出丝毫贡献时，雷锋短暂的生命就已经达到光辉的顶点，实现了他“把有限的生命投入到无限的为人民服务之中去”的誓言。我后来六十年的人生是在雷锋的名字和雷锋精神的陪伴中度过的。我退休后不久即开始从事关心下一代工作。近十几年来，我在学习雷锋的同时，着手进行雷锋和雷锋精神的理论研究和宣传。我用雷锋精神学习雷锋、研究雷锋、宣传雷锋，先后写下了“六论雷锋和雷锋精神”6篇，共4万多字。

长期以来，我一直在思考：雷锋的出身、身份、经历、工作、事迹都极其平凡。可就是这样一个各方面都极其平凡、入伍仅2年8个月、工龄只有6年、年仅22岁的雷锋，为什么能在短暂的人生中先后获得数十次奖励，并在牺牲后得到党和国家领导人的高度肯定，为他题词的领导人人数之多、规格之高、评价之高，无出其右。其中，习近平总书记关于雷锋和雷锋精神的讲话、批示达18次之多。在所有英雄模范人物中，有关雷锋和雷锋精神的新闻报道最多，文艺作品特别是出版物最丰富、形式最多样，其中，《雷锋日记》累计发行量多达千万册。由此可见，雷锋的知名度最高，真正做到了家喻户晓、妇孺皆知，雷锋的事迹也让人感到格外可亲、可信、可敬、可学。学习雷锋、传承和弘扬雷锋精神，已经成为新中国成立以来参与人数最多、持续时间最长、社会影响最深广的活动，形成了一种将流行文化与高雅文化和谐统一起来的大众文化，从而创造了群众性学习活动的一个奇迹、一种文化现象。

雷锋没有高大的身躯，身高只有1.54米，却为我们树起了一座巍峨的历史丰碑，被亿万人翘首景仰。他的人生是如此短暂，但他的精神却如日月经天、浩气长存！一

---

* 作者系海南省关工委副主任，海南省教育厅关工委副主任。

个普通战士成为“做好事”的代名词，成为人民军队的形象代言人，成为当代中国的道德楷模，成为全军、全民争相学习仿效的杰出榜样和几代中国人的共同记忆，成为新中国成立后影响最广泛、最持久、最深刻的模范人物，感动了半个多世纪的中国。雷锋精神作为第一批纳入中国共产党人精神谱系的伟大精神，已经成为以个人命名的中国精神的代表性人物，成为大众的主体意识，成为全党、全军、全国人民共同的精神财富。

那么，雷锋精神的“根”在哪里？雷锋的魅力和雷锋精神的价值何在？学习雷锋有什么时代意义？雷锋精神有哪些丰富内涵？当前开展学雷锋活动的特点和发展趋势是什么？新时代我们怎样学雷锋？这些都是值得我们深入思考、探究的，也是我这次提交大会六篇论文的标题。

恩格斯曾说，在崇高的土地上，必然成长起许多高尚的精神。那么，雷锋精神“根”在哪里、“源”自何处？是怎样的“崇高的土地”孕育了雷锋精神这一“高尚的精神”？对此，可以从下面六个维度进行分析。

（1）雷锋精神的文化之根：民族文化。

（2）雷锋精神的思想之根：毛泽东思想。

（3）雷锋精神的精神之根：中国精神（包括民族精神）。

（4）雷锋精神的环境之根：军旅文化。

（5）雷锋精神的时代之根：时代精神。

（6）雷锋精神的地域之根：湖湘大地。

有人说，辽宁是雷锋的第二故乡，是雷锋精神的发祥地。那么，雷锋精神的“根”又扎在哪里、“源”自何方？

2021年9月3日，《雷锋》杂志社湖南工作站正式成立。会上，《雷锋》杂志社总编辑、解放军报原副总编辑陶克少将在讲话中指出：“湖南是中华道德始祖舜帝的陵寝之地，是新中国道德楷模雷锋同志的家乡，道德文化源远流长，道德薪火代代相传。雷锋精神源于湖湘大地、植根湖湘大地、滋养湖湘大地。”陶克总编辑的这番话很有见地、非常精辟。

说湖湘大地是雷锋精神的地域之“根”，这不是一个“一方水土养一方人”的单纯的地理概念，而是指湖湘大地所蕴含的湖湘文化、所孕育的湖湘精神。湖湘大地历史悠久，人才辈出，文化积淀深厚，尤其是道德文化源远流长，是孕育雷锋精神的道德高地。主要包括善德文化（代表人物善卷）、祖帝文化（代表人物炎帝、黄帝、舜帝）、屈楚文化（代表人物屈原）以及本土文化四个方面。

四千多年前的善德文化和祖帝文化、两千三百年前的屈楚文化，这是古代楚湘文化和整个中华文化发展的三座高峰，也是孕育雷锋精神的肥沃土壤。

还有湖湘的本土文化。众所周知，湖南是雷锋的故乡。实际上，湖南不仅是雷锋的故乡，而且是雷锋精神的“根”之所在、“源”之所属。雷锋精神扎根于人杰地灵的湖湘大地，植根于底蕴厚重的湖湘文化，浸透着特色鲜明的湖湘精神。

湖南钟灵毓秀，人杰地灵。千百年来形成的“哀民生之多艰”“上下求索”“九死未悔”“先天下之忧而忧，后天下之乐而乐”“心忧天下，敢为人先”“吃得苦，霸得蛮”的湖湘精神已深深融入湖南人的血脉，成为湖湘人民开拓进取的强大精神力量。这片红色的土地、英雄的土地、神奇的土地是英雄辈出、前赴后继、风流人物层出不穷的沃土。这一切，都润物细无声地、潜移默化地化成了雷锋成长的人文环境和雷锋精神形成的肥沃土壤。

首先，雷锋的童年是在湖南度过的。他出身于一个苦大仇深的农民家庭。祖父、父亲、母亲、哥哥、弟弟相继悲惨死去，年仅 7 岁的雷锋从此沦为孤儿。地主阶级的残酷压迫和饥寒交迫的苦难生活，让雷锋比别的孩子经受了更多的磨难，因而他也比同龄人成熟得更早，阶级觉悟也更高。他从小就养成了艰苦朴素、吃苦耐劳、克勤克俭的高尚品德。根红苗正的家庭出身为他的成长发展奠定了可靠的阶级基础。

其次，雷锋的学生时代是在湖南度过的。好心的乡政府党支部书记供他免费读书，他便在望城县接受小学教育。他就读的小学离长沙市市区只有十来公里。长沙是一座拥有厚重文化底蕴的千年古城，拥有高质量的基础教育，为雷锋的成长奠定了坚实的思想文化基础，使他在德智体美劳各方面都得到了全面发展，尤其是使他的思想、品格都得到了锤炼。上小学四年级时，他加入中国少年先锋队。在此期间，他的学习异常勤奋刻苦，语言文字修养和口头表达能力都得到了很大的提升，从而为他日后长期写日记、谈学习毛泽东思想的体会、在各地做优秀事迹报告，奠定了良好基础。小学毕业时，雷锋在毕业典礼上发言：“将来，我要响应党的号召，当一名新式农民，驾起拖拉机耕耘祖国大地；将来，如果祖国需要，我就去做个好工人建设祖国；将来，如果祖国需要，我就去参军做个好战士，拿起枪用生命和鲜血保卫祖国，做人类英雄。”他用自己的青春不折不扣地践行了自己的诺言。

最后，雷锋是在湖南走向社会的。1956 年夏，雷锋小学毕业后在生产队当了近 3 个月秋征助理员。之后在安庆乡政府当通讯员，不久调到望城县委当公务员。这使得他的人生有了一个比较高的起点。仅仅几个月后的 1957 年 2 月 8 日，雷锋光荣地加入中国新民主主义青年团。他虚心地向老同志学习，跟随领导同志深入基层，在社会实践中摸爬滚打、增长见识，在良好的机关氛围中学会自律、为老百姓服务，年纪轻轻就被评为县委机关的工作模范。也正是从这时候开始，他养成了写日记的良好习惯。

从出生到离开湖南远赴辽宁，雷锋在湖南整整生活了 18 年。从苦难童年到翻身解放，从接受小学教育到成为公务员，从少先队员到青年团员，雷锋一步一个脚印，为他无比辉煌的人生奠定了坚实的阶级基础、思想基础和文化基础。由此可见，是湖湘大地这片肥沃的土壤孕育了雷锋精神，而这块红色的土地、英雄的土地、神奇的土地正是雷锋精神的“根”之所在。

续写新时代学雷锋活动新篇章

冯　健*

（一）

往事越一个甲子。重温毛主席“向雷锋同志学习”题词暨论述，回顾这些年以来一浪高过一浪、深入持久地向前发展的学雷锋活动热潮，如沐春风，如饮醍醐，倍感毛主席题词对于推进新时代学雷锋活动不断向前发展依然具有重大现实指导意义。

“雷锋值得学习啊！”——这是为之题词前不久毛主席对罗瑞卿说的话。在为之题词后，毛主席与秘书林克的交谈中对这个“值得”作了全面深刻的论述：因为雷锋有“好思想，好作风，好品德”；雷锋“长期一贯地做好事，而不做坏事”；雷锋“一切从人民的利益出发”，具有“全心全意为人民服务的精神”。这是毛主席对雷锋先进事迹和精神品德的全面概括。正是基于这样的事实，毛主席开宗明义指出：学雷锋“不是学他哪一两件先进事迹，也不只是学他某一方面的优点”。这也就告诉我们，雷锋的先进典型事迹很全面，学雷锋要把握全局，全面了解雷锋的先进事迹和蕴含其中的精神，抓住实质，从根本上学习雷锋的优秀思想、品德、作风、情操和崇高精神。

毛主席对雷锋日记倍加赞赏倡导学习。1963 年 5 月 11 日，在杭州的一次中央会议上，毛主席又一次谈到雷锋：“我看过雷锋日记的一部分，此人懂得一点哲学。”毛主席还说过，雷锋日记比那些死读书的大学生写的论文强多了。

毛主席“向雷锋同志学习”的题词及相关论述，深刻揭示了雷锋先进事迹以及蕴含其中的精神深入人心的根本原因，指出了把雷锋精神代代传承下去的历史必然，高瞻远瞩，为全国各族人民树立了学习好榜样，指明了学习内容、方向、方法，提出了明确要求，从而成为扣人心弦、催人奋进的动员令与行动指南。举国上下，人同此心，

---

* 作者系雷锋生前好友。

心同此情，薪火相传，创新发展，“向雷锋同志学习”的跨世纪热潮逾一个甲子而笃行不怠，方兴未艾。

《中国共产党简史》记载：“人民解放军战士雷锋，在平凡工作岗位上甘当螺丝钉，勇于奉献，乐于助人，表现出崇高的共产主义情操，成为那个年代最响亮的名字。1962 年 8 月，他因公殉职时，年仅 22 岁。毛泽东题词：‘向雷锋同志学习’。雷锋精神，成了新中国社会风尚的一个标志。”

（二）

雷锋在日记中写道：“人的生命是有限的，可是，为人民服务是无限的，我要把有限的生命，投入到无限的为人民服务之中去。”这是雷锋对人生价值及其有限与无限的辩证认知，对人生之旅的追求与目标，亦是雷锋精神实质的自白与存照，且更可贵者在于其行，他把自己青春的生命毫无保留地献给了为人民服务的伟大事业。

毛主席的论述极为赞赏雷锋“一切从人民的利益出发，全心全意为人民服务”的“好思想，好作风，好品德”，特别强调和号召大家学习雷锋“一切从人民的利益出发，全心全意为人民服务的精神”。毛主席在另一次学习雷锋的题词中，把他在各个时期一贯倡导的“为人民服务”写在同一题词上，把“学习雷锋”与“为人民服务”相提并论，明确“学习雷锋”的目标与要求，彰显“学习雷锋”与坚守和践行党的全心全意为人民服务的根本宗旨高度统一。

毛主席关于雷锋“一切从人民的利益出发，全心全意为人民服务”的论述是雷锋精神时代内涵与价值意蕴的科学诠释，亦是伟大建党精神孕育雷锋精神的形象写照，深刻揭示伟大建党精神是构建锤炼雷锋精神的精神之源。这也是雷锋之所以成为雷锋、雷锋之所以是现象、是传奇、是人文之谜的“谜底”之所系。

请察其详：随着新中国的建立，孤儿雷锋得到了彻底解放翻身。自此以来，雷锋在其 13 年的人生之旅特别是高小毕业后参加工作的六七个年头，他无时无刻不沐浴着党的思想光辉。就是在这一历史进程中，4 个层面 32 字的伟大建党精神，像阳光像雨露，为雷锋树立正确理想信念提供了方向引领和动力源泉。源头活水，润物无声。共产党人“坚持真理、坚守理想”的崇高追求和奋斗目标，为一心向党的雷锋树立理想信念，坚定正确的世界观、人生观、价值观指明了方向。“践行初心、担当使命”，引导雷锋自觉地为人民幸福和民族复兴贡献自己的智慧和力量。“不怕牺牲、英勇斗争”，教育雷锋在实践和成长过程中不断战胜各种困难和挑战，并为此作出应有的奉献和牺牲。“对党忠诚、不负人民”，鞭策雷锋把自己的理想追求融入国家、民族和人民的伟大事业之中，崇德向善，知恩图报，无私奉献，有一分热发一分光，甘做一颗永不生锈的螺丝钉。

事实也正是这样。雷锋不忘本，信仰坚。他在日记中摘抄了一首诗：“唱支山歌给党听，我把党来比母亲，母亲只生我的身，党的光辉照我心。”他在日记中深情地写道：“伟大的党啊，是您把我从虎口中拯救出来，抚育我成长。是您，给了我无产阶级的思想，是您，给我指出了前进的方向，是您，给了我前进的动力，是您，给了我一切……”言为心声，知行合一。雷锋自觉而坚定地“实践其所信，励行其所知”，把青春的智慧和力量乃至生命投入到无限的为人民服务之中，铸就了光辉的永恒，构建起了伟大的雷锋精神，被纳入以伟大建党精神为源头的中国共产党人精神谱系。显而易见，形成于社会主义革命和建设时期的雷锋精神被纳入中国共产党人精神谱系，科学而坚实地确立了雷锋精神与中国共产党人精神谱系中各个历史时期的所有伟大精神的同属关系，进而亦从政治的、社会的、文化的、学术的层面界定与确立了雷锋精神的社会属性与政治品格，生动形象地彰显着雷锋精神的崇高、伟大与价值意蕴，为新时代弘扬践行雷锋精神进一步指明了方向。

（三）

毛主席指出学雷锋要“形成好风气”。为此，他着重强调要注意两个方面：一是“学雷锋要实事求是，扎扎实实，讲求实效，不要搞形式主义”。二是“不但普通干部、群众学雷锋，领导干部也要带头学，才能形成好风气。”当年毛主席在与罗瑞卿谈话时即说：“向雷锋同志学习，也包括我自己，我也要向雷锋同志学习嘛！”毛主席还对自己的子女毛岸青、李敏、李讷说：“我们要向雷锋同志学习。”

在毛主席光辉题词和论述的指引下，党中央决定推动学雷锋活动常态化。党的十七届六中全会审议通过的《中共中央关于深入文化体制改革、推动社会主义文化大发展大繁荣若干重大问题的决定》明确提出，把“深入开展学雷锋活动，采取措施推进学习活动常态化”作为“推进社会主义核心价值体系建设，巩固全党全国各族人民团结奋斗的共同思想道德基础”的一项重大要求和举措。

“领袖号召，春风化雨；神州一夜，满目新绿。”“洪流滚滚，薪尽火传，馨风正气，承贯令昔。”这是为纪念雷锋因公殉职50周年抚顺人民《祭雷锋文》追思与怀念的话，触类旁通，不妨借以视之为对迄今六十年以来学雷锋活动的动因、实践、经验、成效的“诗意表达”。雷锋是时代楷模。人民需要雷锋，时代呼唤雷锋。

（四）

伟大时代呼唤伟大精神，崇高事业需要榜样引领。雷锋身上所具有的信念的能量，大爱的胸怀，忘我的精神，进取的锐气，正是中国共产党人赤子情愫和民族精神的生动体现。雷锋精神作为中华民族传统美德与共产主义光辉思想相结合的时代精神，具有永久的生命力，必然随着时代与实践的发展而不断发展。习近平总书记指出："雷锋精神，人人可学；奉献爱心，处处可为。积小善成大善，善莫大焉。"在新时代，实现第二个百年奋斗目标，实现中华民族伟大复兴的中国梦，需要不断涌现新的时代楷模，必须继续大力弘扬践行雷锋精神，书写新时代的雷锋故事。

伟大建党精神是中国共产党的精神之源。雷锋精神被纳入以建党精神为源头的中国共产党人精神谱系，引导我们在思想上进一步认识到，随着时代的发展，弘扬践行新时代雷锋精神，就是要从根本上读懂中国共产党的精神之源，要继续弘扬光荣传统，赓续红色血脉，把伟大建党精神传承下去，发扬光大。

我们要深刻领悟毛主席"向雷锋同志学习"题词及相关论述，以习近平总书记关于学雷锋的系列重要讲话为遵循，紧贴时代，贯彻党的二十大精神，在党史学习教育中深刻领悟和把握以建党精神为源头的中国共产党人精神谱系的丰富内涵和时代意义，进一步增强雷锋精神的感召力，把雷锋精神内化于心，外化于行，矢志不渝像雷锋那样无限忠于党，无限忠于祖国，无限忠于人民，不忘初心，牢记使命，敢于担当。继往开来，与践行社会主义核心价值观相结合，引领人们既要学习雷锋的精神，也要学习雷锋的做法，把崇高理想信念和道德品质追求转化为具体行动，体现在平凡的工作生活中。健全志愿服务体系，推进学雷锋与志愿服务一体化，在全社会形成人人学雷锋、人人做雷锋的生动局面。与此同时，要进一步加强学雷锋活动的研究，不断赋予雷锋精神新的时代内涵，激励人们不断提高弘扬践行新时代雷锋精神的自觉性和坚定性，从而把学雷锋更好地融入中国特色社会主义的伟大实践，在推进国家发展和社会文明进步中彰显时代价值与实践意义。

值此隆重纪念毛主席"向雷锋同志学习"光辉题词发表60周年之际，我们重温毛主席题词暨论述，铭记历史，守正创新，建功新时代，奋进新征程。让我们踔厉风发，勇毅前行，在充满光荣与梦想的远征中续写弘扬践行雷锋精神的历史新篇章！

朝辉之答 呼应雷锋之问

刘朝辉*

2023年3月5日，是毛主席“向雷锋同志学习”题词发表60周年纪念日。60年来，“雷锋”已远远超出个人姓名符号，他的事迹和精神哺育了一代代中国人的成长。60年来，雷锋式的先进人物不断涌现，他们以实际行动在祖国大地上书写新的雷锋故事，引领社会文明新风。

习近平总书记指出：“雷锋、郭明义、罗阳身上所具有的信念的能量、大爱的胸怀、忘我的精神、进取的锐气，正是我们民族精神的最好写照，他们都是我们‘民族的脊梁’。”

在新时代新征程上，我们要从雷锋精神中汲取营养，使雷锋精神绽放新的光彩，为实现中华民族伟大复兴提供更加有力的精神力量。

“如果你是一滴水，你是否滋润了一寸土地？如果你是一线阳光，你是否照亮了一分黑暗？如果你是一颗粮食，你是否哺育了有用的生命？如果你是一颗最小的螺丝钉，你是否永远坚守在你生活的岗位上？”

我立足基层30年，以实际行动自觉践行雷锋精神，呼应雷锋之问。

一、用美好的追求作答，做一颗“永不生锈的螺丝钉”

无论在哪一个岗位上，雷锋总是干一行爱一行、专一行精一行，发扬“螺丝钉精神”，将自己的力量发挥到最大。无论时代怎样变化，这种工匠精神和职业道德都是不可或缺的。在新时代新征程中，既要学习发扬雷锋这种忘我精神，也要学习雷锋的做法，像一颗螺丝钉一样有“钻”劲，尽一切可能做好自己的工作，忠于职守，精益求

* 作者系湖南省第十二届人大代表，现任长沙市芙蓉区荷花园街道工委委员兼恒达社区党委第一书记，“中国好人”。

精，从而“永不生锈”。

1993 年 7 月，我从教师队伍调入朝阳街道从事基层工作，后从朝阳街道党政办调任人民东路居委会（后与恒达居委会合并为恒达社区），先后任恒达社区主任、书记、第一书记至今。

社区地处城郊接合部，居委会一无场地，二无经费；违章建筑多，脏乱差严重，居民素质参差不齐。当时，最迫切的问题是要了解掌握群众的诉求与愿望。我日日夜夜走家串户，短短的时间内就收集民情民意 520 多条，成立长沙市第一个职业介绍所，解决就业岗位 600 多个。居委会是居民的娘家，筹建没钱，就从自己的生活费拿出一部分作为启动资金。由于在拆迁开发中，服务工作做得贴心到位，开发商同意把一间 20 平方米的放工具的房子给居委会办公。

从这个简陋的办公场地起步，居委会在长达十多年的拆迁开发过程中，日夜穿梭于拆迁户家做工作，把群众的意见及时反馈给开发商。这期间开发的保利苑小区、天心小区、天心丽城小区和东方之珠小区无一例上访、无一例安全事故，圆满完成了各级政府交办的拆迁改造任务。

二、用美好的心灵作答，扶贫帮困滋润一方热土

雷锋的一生始终坚持以人民利益至上，践行着为人民服务的人生观，展现出对党、国家、人民和社会主义的无限热爱，是一种将小我融入大我的大爱胸怀、积小善为大善的境界和行动。服务人民、奉献社会是公认的崇高品质，传承了守望相助的中华传统美德，体现了为人民服务的社会主义道德核心和集体主义的道德原则。党的二十大报告指出，中国式现代化是物质文明和精神文明相协调的现代化。在新时代新征程中，应学习雷锋服务人民、奉献社会的大爱胸怀，成为中华传统美德和社会主义道德规范的模范践行者，通过实际行动促进社会进步，营造时代新风新貌。

我扎根基层 30 年来，尽心尽力为民办实事解难题。2012 年 3 月，我倡导成立以退休老党员罗维周的名字命名的“罗维周欣馨互助会”，实行居民代表公开评议。几年来，互助会共筹措爱心款 20 万余元，帮扶困难群众 500 余人次。

2014 年 4 月，保利苑小区老党员罗运林的老伴汤毛珍患重病后瘫在床上，变成了植物人，我一有空，就往罗运林老人家里跑，帮助料理家务活。罗运林老人曾对湖南经视的记者说，我就像他的亲女儿一样对待他和他的家人。

2015 年，田家炳实验中学有一个学生患白血病，家中倾其所有并举债治疗，我得知情况后，立马送去善款 3000 元，解病人家属燃眉之急。几十年来，我用宣讲的劳务费和获得的奖励帮扶弱势群体达 1000 多人次。

2017 年，我在小区走访时了解到孤寡老人程宏媄眦生病在家，没有办法自理。程

娭毑有过两次婚姻，孩子都判给了对方。于是，我成立帮扶小组，经多方打听，终于促成程娭毑与儿子施政见面，把老人送到了青松敬老院。到了敬老院后，老人病情加重，她的儿子施政又回珠海了。我把老人送医院、转医院，来来回回不知多少次，一直到老人离世。

我经常利用下班时间及节假日走访癌症病人熊炳章、五保老人黄湘柳、植物人刘秧青、聋哑人廖俊等家庭。黄湘柳娭毑弥留之际，当着众人断断续续地说："刘书记是个好人，会有好报的!"黄湘柳娭毑去世时正值大年三十，当人们都在与家人欢聚一堂吃年饭的时候，我正和工作人员在料理老人的后事。

三、用永恒的青春作答，危难时刻冲锋在前

习近平总书记指出："每个时代都有每个时代的精神，每个时代都有每个时代的价值观念。"60年来，人们在践行雷锋精神中不断丰富雷锋精神的时代内涵。其中，具有时代特色的现代职业精神和工匠精神在丰富和发展雷锋精神中日益得到彰显。

雷锋精神集中表现为：热爱党、热爱祖国、热爱社会主义的崇高理想和坚定信念；服务人民、助人为乐的奉献精神；干一行爱一行、专一行精一行的敬业精神；锐意进取、自强不息的创新精神；艰苦奋斗、勤俭节约的创业精神。要大力弘扬"执着专注、精益求精、一丝不苟、追求卓越"的工匠精神。雷锋在日记中写道："要做一个永不生锈的螺丝钉。"雷锋这种精益求精的"螺丝钉"精神和追求卓越的"钉子"精神，正是雷锋精神所蕴含的现代工匠精神的集中体现，具有深刻而丰富的时代价值。

2020年，一场突如其来的新冠疫情，打乱了人们的日常生活。疫情就是命令。大年三十，刚到广州女儿家准备一起吃年夜饭的我接到通知，就立即和丈夫驱车7小时火速返回长沙，迅速组织社区党员、楼栋长、志愿者，召开动员大会，以小区划分网格，将工作人员、志愿者铺排到网格，对辖区所有人员摸排到位、管控到位。

恒达社区0.32平方公里，9个小区，3165户，16000多人，284家经营户，在我心里是明明白白的一本账。我既是一名指挥员，又是一名战斗员，始终冲在一线，自始至终都做到了摸排核查底子清，台账明，对重点人群、重点区域、重点情况做到"早发现、早报告、早隔离、早治疗"。

2022年3月至4月，长沙疫情突发反弹，我按照防疫要求，早晨6：30到达社区核酸采样点，迅速组织辖区居民有序进行全员核酸检测。为了不漏一人，我还在居民楼栋间用小喇叭提醒居民做核酸检测，对居家隔离的"重点人员"，上门服务送生活必需品，并带走生活垃圾到指定地点进行集中处理。

防疫期间，我每天工作16个小时以上。在短时间内筹集口罩68000个、护目镜600个、84消毒液和酒精500多件、体温枪22把、各类食品2160余件，防疫捐款

26000余元，确保疫情防控阻击战取得阶段性胜利。

四、用铁肩担当作答，做基层治理的领航人

雷锋的英雄事迹发生于社会主义建设时期，当时外部条件并不友好，国内百废待兴，中国共产党带领人民独立自主地探索社会主义建设，雷锋身上所具有的进取的锐气正是那一时期人民自信自立、艰苦奋斗的精神写照。新时代与雷锋所处年代情况不同、挑战不同，但战胜挑战、赢得胜利所需要的进取锐气没有变，所需要的那种自信自立、艰苦奋斗的精神没有变。作为基层工作者，我们前行之路会有坎坷，我们将攻坚克难，勇毅前行。

建设强有力的基层党组织，关键靠一个好的带头人和一个好的班子。按照城市基层党建“五化”建设的要求，我们致力打造“党建+劳模”特色。以小区为网格，完善“社区党委－小区党支部－楼栋党小组－党员中心户－楼栋长”五级组织体系、居民自治的架构。小区党支部书记、支委、在职党员加入业委会，交叉任职，优势互补，形成了小区党支部、业委会、楼栋长、物业服务“四位一体”社区治理体系。

通过开展“先锋行动”，2021年全年共化解矛盾60多起，为居民办实事、解难事60多件。党员根据“积分卡考核制度”进行民主评议，满意率达到98%以上。

为了创新社会化管理，我积极推动新时代文明实践站建设，组织广大党员、楼栋长、志愿者参与文明志愿者活动，参与老旧小区提质提档改造活动等。经过长期努力，9个老旧小区面貌焕然一新，创造了“零失误、零矛盾、零问题”的奇迹，成为长沙市的试点标杆，吸引省内外460余批次观摩团前来参观学习。

我叫刘朝辉，中共党员，原湖南省第十二届人大代表，现任长沙市芙蓉区荷花园街道工委委员兼恒达社区党委第一书记，曾获得“长沙好人·身边雷锋”“湖南好人”“湖南省优秀共产党员”“全国先进工作者”“中国网事十大感动人物”“中国好人”等多项荣誉。2019年10月1日，受邀参加国庆70周年观礼活动。2020年9月17日，我受邀参加习近平总书记在湖南考察调研时召开的基层代表座谈会，并受到习近平总书记的亲切接见。

我的雷锋情缘

——从一幅水墨画说起

王晓平*

时光荏苒，岁月不居，掐指算来不觉已近耳顺之年。今年欣逢毛主席“向雷锋同志学习”题词60周年，近来不由自主地翻拣出尘封已久的画作，特意找出那张微微发黄的水墨雷锋画像，那是一张国人再熟悉不过的面孔，英姿飒爽的雷锋身着戎装、手握钢枪，年轻的脸庞透出从容、自信与坚定，瞬时我又一次被感动了，脑海中不时闪现出我们这代人与雷锋半个多世纪的不解情缘。

也许是秉承了父辈嗜书如命的习性，我自幼酷爱文学艺术，喜欢写写画画，渴望有朝一日能成为出人头地的大画家。作为生在新社会、长在红旗下的六十年代生人，可以说是唱着《学习雷锋好榜样》、读着《雷锋的故事》长大的，整个学生时代听得最多的故事就是有关雷锋的故事，参加得最多的活动就是学雷锋活动，黑板报、墙报上画得最多的也是雷锋的头像。尽管中国的历史上英雄辈出、灿若群星，但没有哪个英模能像雷锋那样刻骨铭心、历久弥新，雷锋始终与我的成长相伴相随。记得上初中时，学校组织观看电影《雷锋》，其中感人肺腑的一幕至今记忆犹新，一次雷锋奉命给灾区运送救灾物资并悄悄捐出100元钱，村主任执意不收并让他把钱捎回家去，此刻雷锋一下愣住了，银幕中出现了他那只满是刀疤的手。老主任诧异地问道：“怎么你没有家?”雷锋想了想深情地说：“不，我有家，党和毛主席就是我的再生父母，全中国到处都是我的家，现在这儿的家遭受了水灾，我有权利也有义务来帮助自己的家，哪有做父母的不接受自己儿子的一片心意呢?”随后，老主任又发现了纸包里雷锋那双千缝万补的袜子。是啊，这个连一毛五分钱一瓶汽水都舍不得喝、穿着补了又补的袜子的年轻战士，却毫不吝啬地将辛苦攒下的津贴捐给灾区，这是一种何等崇高的境界啊!看到这里，我不禁为之动容、潸然泪下，回家之后心情久久不能平静，于是摊开画纸，

---

* 作者系内蒙古党委宣传部副部长、文明办主任。

照着笔记本上雷锋那张标准像画了起来，也许是投入了太多的专注和情感，那张水墨画竟超出了当时自己的绘画水平，成为众多画稿中的得意之作。多年来，由于工作变动几经搬迁，当年的画稿习作如今已所剩无几，而这张雷锋画像却奇迹般一直陪伴左右、不忍丢弃，每每看到它都会激动不已。

“如果你是一滴水，你是否滋润了一寸土地？如果你是一线阳光，你是否照亮了一分黑暗？如果你是一粒粮食，你是否哺育了有用的生命？如果你是一颗最小的螺丝钉，你是否永远坚守在你生活的岗位上？”半个多世纪以来，雷锋精神就像一盏明灯，时时照亮我的人生轨迹，从为汶川地震捐款、为灾区捐出特殊党费、义务献血到参加抗疫志愿服务，点点滴滴无不践行着雷锋精神。由于工作关系，我每年都会接触到大量的英模人物和先进典型，他们那一桩桩、一件件感人至深、催人泪下的动人故事，深深地震撼和荡涤着我的心灵。“为什么我的眼里常含泪水，因为我对这土地爱得深沉。”雷锋精神就是这样一代代扎根于每个中华儿女的心中，成为永不过时的精神坐标。

把“雷锋家乡学雷锋”的品牌擦得更亮

孔令强*

在这春回大地、万象更新的美好时节，我们十分荣幸地迎来了参加“2023 雷锋精神论坛”各位尊贵的客人。在此，我谨代表中共长沙市望城区委、区人民政府以及 95 万热情好客的望城人民，向各位领导和嘉宾的到来表示最诚挚的欢迎！向一直以来关心支持望城发展的各级领导、各界朋友表示最衷心的感谢！

望城是雷锋家乡，六十年来，我们坚持以雷锋精神兴区育人，始终把学雷锋作为一份情感来守护、一大传统来传承、一种习惯来延续，近年来涌现出了一大批学雷锋先进典型、道德模范。“学雷锋、当好人”已经成为望城人民的精神标签和道德追求，雷锋精神已经成为望城的城市之魂。在毛泽东等老一辈革命家为雷锋同志题词六十周年到来之际，在雷锋家乡举办以“新时代 新雷锋”为主题的高规格论坛，意义重大，影响深远。下面，我谈三点个人认识。

一要把握弘扬雷锋精神的时代内涵。雷锋精神是中国共产党人精神谱系的重要组成部分，是伟大建党精神的具体体现。习近平总书记多次对学习雷锋作出重要论述和指示批示，是新时代学雷锋的根本遵循。新时代弘扬雷锋精神，应深入贯彻习近平总书记重要指示精神，把弘扬雷锋精神与践行社会主义核心价值观、培育时代精神相结合，不断增强雷锋精神的凝聚力、生命力、感染力，以雷锋精神激励人心、凝聚力量、赋能发展。我们将结合新时代、新思想、新理念，进一步发挥雷锋精神研究会、雷锋学院、雷锋纪念馆等研究平台的作用，对雷锋精神的本质内涵、时代特征和发展规律进行更加深入的研究，使雷锋精神更加贴近实际、更富时代气息。

二要创新弘扬雷锋精神的形式载体。坚持面向基层、面向群众，创新方式方法，整合资源，使雷锋精神常学常新。要搭建好新时代文明实践平台，不断创新“好人宣

---

* 作者系望城区委副书记、区长。

讲团”“声声在望”等特色宣讲载体，进一步丰富学习研究、宣传展示、互动交流等形式，为传承弘扬雷锋精神提供更加便利的条件。要探索开通网上展馆、抖音等新媒体平台，以“移动化、互动化、全媒化”手段，力促学雷锋“天天见、天天新、天天深”。要进一步加大雷锋驿站、“雷锋580”、政务窗口、爱教基地等阵地资源的整合力度，着力建设志愿者“15分钟服务圈”，吸引、发动更多群众参与学雷锋志愿服务，推动雷锋精神走进城镇乡村、融入日常生活、引领社会风尚。

三要健全弘扬雷锋精神的长效机制。近年来，望城区委、区政府建立定期研究机制，每年专题研究学雷锋工作，推动形成了党委领导、政府支持、群团主办、部门协同、社会参与的学雷锋发展格局；创新开展“雷小锋”德育建设、吹响“雷锋哨”、“跟着望城消防学雷锋”、寻访新时代“学雷锋”好青年、“巾帼学雷锋”、“雷锋义警”、“爱岗敬业学雷锋”等各具特色的学雷锋活动，“雷锋家乡学雷锋”活动品牌不断擦亮；注重挖掘不同领域、不同类型的学雷锋先进典型，建立完善激励褒奖机制，定期开展“岗位学雷锋标兵”“雷锋之星”“身边雷锋”“星级雷锋志愿者”等先进典型选树活动，展示雷锋精神的时代风采。我们将继续坚持和完善这些行之有效的机制，不断开创“出了雷锋学雷锋，学了雷锋出雷锋”的生动局面。

我们将以此次论坛的举办为契机，认真学习借鉴各地好的经验做法，充分吸纳用好雷锋精神研究的最新成果，将这些好的经验做法和研究成果贯穿到学雷锋活动的具体实践中去，为建设产强、城美、民富、人和的现代化新望城提供更加强大的精神力量。

新时代新雷锋精神内涵篇

新时代雷锋精神永放光芒

汤建军*

演讲家李燕杰曾说：一个人活在世上，重要的不在于生命活了多久，而是在有限的生命中，是否为人民奉献了一颗赤子之心，通过自己的辛勤劳动与不懈努力，把幸福与美好东西全部献给他人。

雷锋同志就是这样一个人。他用年仅22岁的生命，浇筑了伟大的雷锋精神。

一、雷锋没有过时，学雷锋持续走热

今年是毛主席题词“向雷锋同志学习”六十周年。

六十年以来，学雷锋活动遍布全国乃至世界部分地区，雷锋精神不仅成为中华民族的精神旗帜，而且成为海内外人民的宝贵财富。

2018年，习近平总书记在辽宁省抚顺市参观雷锋纪念馆时指出：“雷锋是时代的楷模，雷锋精神是永恒的。”受雷锋精神感召，全国学雷锋活动持续升温。

神州大地，先后涌现了“一不怕苦、二不怕死”舍己救人的王杰，十余年如一日开展学雷锋志愿服务的张黎明，矢志不渝传承雷锋精神的“当代雷锋”郭明义，被誉为“老人的拐杖、盲人的眼睛、外地人的向导、病人的护士、群众的贴心人”的最美奋斗者李素丽，“前一秒劈柴生火、下一秒执鞭上课”的乡村小学校长张玉滚等无数先进个人。

神州大地，还涌现了“雷锋战友要为雷锋争光”的“邓州编外雷锋团”，学雷锋为民服务几十年不断线的“南京路上好八连”，“学雷锋模范消防大队”长沙市望城区消防救援大队等无数先进集体，神州大地还源源不断地涌现数以万计的“中国好人”“道德模范”“时代楷模”等“活雷锋”。

---

* 作者系湖南省社会科学院副院长、湖南省人民政府发展研究中心副主任。

这就生动表明，学雷锋已经蔚然成风，新时代雷锋精神已经广播于祖国大地，为实现中华民族伟大复兴中国梦凝聚起了强大精神力量。

雷锋精神过去是、现在是、将来仍然是我们宝贵的精神财富。

中华大地学雷锋热潮一浪高过一浪，历经六十年而不衰，其中定有奥秘，值得探究。

二、“五子”要义，标注雷锋精神精髓

透过雷锋的事迹、经历、日记以及感人故事，我们追其本在雷锋的感恩、忠诚、奉献，索其源在马克思主义与中华优秀传统文化的有机结合，在伟大的建党精神及中国共产党人精神谱系，在集中体现这些宝贵精神财富如方志敏、刘胡兰、黄继光等英雄模范身上。习近平总书记说：“雷锋精神是社会主义核心价值观的生动体现。”那么，雷锋精神的精髓到底何在？我认为，其精髓就在“五子”要义。

一是赤子情怀忠诚爱民。这是雷锋精神的核心所在。对党忠诚是党性先进的灵魂所在，是党性纯洁的鲜明标志。英国作家塞缪尔斯·迈尔斯在《信仰的力量》中说：“能够激发一颗灵魂的高贵和伟大，只有虔诚的信仰。”这里说雷锋忠诚爱民，就是指他对理想信念忠诚，对党忠诚，对人民忠诚，对事业忠诚。正是因为雷锋同志的无限忠诚，他才会勇于全心全意地去克服困难，自觉为国分忧、爱岗敬业、奋发进取、乐于奉献。他在日记写道：“长着一个心眼，一心跟着党，向着社会主义、共产主义。”“我活着只有一个目的，就是做一个对人民有用的人。”“对待同志像春天般温暖；对待工作像夏天般热情；对待缺点像秋风扫落叶一样。”雷锋同志之所以能够远离极端个人主义、享乐主义的侵蚀，正确地处理个人与国家、个人与集体、个人与他人的利益关系，以自己的一言一行把“善待他人、奉献社会”的中华传统美德演绎到了完美境界，都是源于他的忠诚。雷锋同志在日常学习工作生活中不仅憎爱分明，敢于同邪恶势力作斗争，追求正义和真理，而且热爱祖国，热爱集体，乐于为国家为集体牺牲，还顾全大局，忠于职守，克己奉公，严守纪律，维护社会正常秩序，这都是他的一片赤诚所致。

二是“傻子”境界乐于奉献。这是雷锋精神的突出特征。雷锋同志尊老爱幼、关心他人、助人为乐、无私无我的事迹，至今为亿万人民所传颂和效仿。过去人们说：“雷锋出差三千里，好事做了一火车。”今天，“雷锋”二字已经成为奉献、高尚、无私、助人的标志，已经成为热心公益、见义勇为的代名词。雷锋同志在日记中写道：“人的生命是有限的，为人民服务是无限的，我要把有限的生命投入到无限的为人民服务之中去。”他在高小毕业典礼上说：“我响应党的号召，去当新式农民，决心做个好农民，驾起拖拉机耕耘祖国大地；将来，如果祖国需要，我就去做个好工人建设祖国；

将来，如果祖国需要，我就去参军做个好战士，拿起枪用生命和鲜血保卫祖国。”他以自己的亲身经历，感受到党的伟大和恩情，始终怀抱人生理想，他在每一个岗位上都尽职尽责、追求卓越，坚定不移地把个人努力毫无保留地投入到社会主义建设事业之中，因而他才有充沛的热情投入到无限的为人民服务中去，才会甘做一颗革命的螺丝钉，不停地做好事不留名、助人为乐，完美实现了其做一个好农民、好工人和好战士的三大人生理想。

三是“钉子”钻劲爱岗敬业。这是雷锋精神的基础所在。雷锋同志始终服从组织需要，党叫干啥就干啥，对技术精益求精，一丝不苟。他总是立足本职，尽职尽责，锲而不舍，干一行爱一行、钻一行专一行，努力以钉子的“挤”劲和“钻”劲，使自己成为工作的内行。在参军的第一天，雷锋就写下：“听党的话，服从命令听指挥。党指向哪里，我就冲向哪里。”“革命需要我烧木炭，我就去做张思德；革命需要我去堵枪眼，我就去做黄继光。”这都体现了他忠诚爱民的赤子情怀。

四是“孺子”心态甘于平凡。这是雷锋精神的重要特征。雷锋同志出身贫苦，是个孤儿，在旧社会，哥哥、弟弟都悲惨离世，他自己几近死亡的边缘，是党和人民给了他第二次生命。正因如此，他对党和人民始终怀有感恩之心。雷锋同志谦虚待人，甘于平凡，从点滴小事做起，把自己的生命融入党和人民的事业之中，在平凡中干出不平凡的业绩，乐于做一颗永不生锈的“螺丝钉”。他在日记中写道：“一个人的作用，对于革命事业来说，就如一架机器上的一颗螺丝钉。机器由于有许许多多的螺丝钉的联接和固定，才成了一个坚实的整体，才能够运转自如，发挥它巨大的工作能。螺丝钉虽小，其作用是不可估计的。我愿永远做一个螺丝钉。螺丝钉要经常保养和清洗，才不会生锈。人的思想也是这样，要经常检查，才不会出毛病。”

五是“君子”美德自强不息。这是雷锋精神的根基所在。“天行健，君子以自强不息。”雷锋同志作为中华儿女的普通一员，他不仅乐观对待生活、肯干吃苦、耐得劳累、积极进取，而且勤俭节约、艰苦奋斗，还能勇于面对困难、战胜困难、奋力拼搏。雷锋同志的一言一行中生动而典型地体现出中华民族传统美德——自强不息。

三、奋进新征程，以“两个融入”弘扬雷锋精神

今天，雷锋精神已经不仅仅代表雷锋个人，而是一种忠于党、忠于国家、忠于人民的崇高信仰和爱岗敬业、乐于助人、甘于奉献的精神丰碑。雷锋精神是一座具有丰富内涵和崇高意蕴的精神宝库，伴随历史发展进程又不断被赋予新的时代内涵。奋进新征程、建功新时代，雷锋精神愈发彰显出独特价值与意义。我们要把雷锋精神融入日常、化为经常，融入善心、化为真心，学习雷锋好榜样，追求世间真善美。

新时代新征程，我们仍然需要弘扬雷锋热爱党、热爱祖国、热爱社会主义的忠诚

信念，用习近平新时代中国特色社会主义思想武装头脑、指导实践。习近平新时代中国特色社会主义思想是新时代中国共产党人的思想旗帜和精神旗帜。当前，向雷锋同志学习，就要学习他那种“一心向着党，向着社会主义，向着共产主义”的忠诚信念，坚定拥护“两个确立”，坚决做到“两个维护”，始终把党和人民的利益摆在第一位，无论何时何地，都坚定不移地站在党和人民的立场上，旗帜鲜明地坚决反对“个人主义”“英雄主义”“无组织的状态”“独立主义”“反集中的分散主义”以及“七个有之”等违反党性的倾向，以自己的言行，有效防止“破窗效应”，有效防治“劣币驱逐良币”。自觉抵制弄虚作假、欺上瞒下等各种不良社会风气，自觉抵制“历史虚无主义”“搞两面派、做两面人”“低级红，高级黑”等错误思想侵蚀。

新时代新征程，我们仍然需要弘扬雷锋服务人民、无私奉献、胸怀天下的忘我大爱，践行社会主义核心价值观，自觉引领文明社会风尚。社会主义核心价值观是凝聚人心、汇聚民力的强大力量。雷锋精神是社会主义核心价值观的生动体现。当前，向雷锋同志学习，就要学习他那种“把有限的生命，投入到无限的为人民服务之中去”的忘我大爱，学习他乐于助人、甘于奉献的品格，不要小聪明、不钻空子，甘当“傻子”服务人民。既有助于自觉抵制自私自利、冷漠无情等各种不良习气，又有助于坚持人民至上，培育向上向善的道德力量，有效抵制“精致利己主义”“官僚主义”等各种不良社会风气。

新时代新征程，我们仍然需要弘扬雷锋自信自强、艰苦朴素、锐意进取的奋斗精神，务实创新，积极推进中国式现代化。以中国式现代化全面推进中华民族伟大复兴是一项伟大而艰巨的事业，一切畏缩不前的想法、贪图安逸的想法、骄傲自满的想法都是要不得的。当前，向雷锋同志学习，就要学习他那种“我们是国家的主人，应该处处为国家着想”的主人翁意识，独立自主、艰苦奋斗、不怕困难、积极进取的优良品格，保持永不懈怠的精神状态和一往无前的奋斗姿态，自觉抵制“贪图安逸”“奢靡浪费”“畏难怕事”“热于攀附”“消极怠工”等各种不良社会风气。

新时代新征程，我们仍然需要弘扬雷锋干一行爱一行、专一行精一行的“螺丝钉”精神，刻苦钻研，勇敢创造美好生活。新时代是不断创造美好生活，逐步实现全体人民共同富裕的时代。美好生活从来不可能坐享其成，幸福都是奋斗出来的。当前，向雷锋同志学习，就要学习他那种热爱集体、爱岗敬业、大胆创新的精神，在自己的岗位上做一颗永不生锈的“螺丝钉”，把个人梦、家庭梦融入国家梦、民族梦，自觉抵制“得过且过、不思进取甚至玩忽职守”“只想出彩，不想出力”“只想当将军，不想做士兵”“不愿深挖一口井”等各种不良社会风气。

新时代新征程，我们仍然需要弘扬雷锋立场坚定、爱憎分明、勇于担当的斗争精神，团结奋斗、服务人民，共赴中华民族伟大复兴梦。实现中华民族伟大复兴，是近代以来中国人民和中华民族最伟大的梦想。民族复兴伟业不是轻轻松松、敲锣打鼓就能实现的，必须勇于进行具有许多新的历史特点的伟大斗争。当前，向雷锋同志学习，就要学习他“对待同志要像春天般的温暖，对待工作要像夏天一样的火热，对待个人主义要像秋风扫落叶一样，对待敌人要像严冬一样残酷无情”，学习他服从安排、少讲价钱、无私奉献的品格，增强志气、骨气、底气，做到不信邪、不怕鬼、不怕压，知难而进、迎难而上，自觉抵制“躺平”“佛系”“爱惜羽毛”以及好出风头、热衷炒作、争权夺利不择手段、争名夺利不讲道德等各种不良社会风气。

新时代志愿服务与雷锋精神研究

吴仕新[*]

党的二十大报告提出："提高全社会文明程度。实施公民道德建设工程，弘扬中华传统美德，加强家庭家教家风建设，加强和改进未成年人思想道德建设，推动明大德、守公德、严私德，提高人民道德水准和文明素养。"要求在新时代要完善志愿服务制度和工作体系。强调中华优秀传统文化源远流长、博大精深，是中华文明的智慧结晶。

在党的十九大报告中，第一次对志愿服务工作提出了"志愿服务制度化"的要求，这与以往我们对志愿服务工作更多冠以"志愿服务常态化"相比，要求更加明确和具体，更进了一步。从"常态化"转化为"制度化"，再到二十大报告提出要"完善志愿服务制度和工作体系"，可以看到，今天我们党对志愿服务工作要求更高、更明确、更具体，志愿服务工作成为我们党在新的历史时期的一项重要工作。

一、志愿服务与雷锋精神

联合国定义志愿者为"自愿进行社会公共利益服务而不获取任何利益、金钱、名利的活动者"。现代的志愿服务理念，起源于19世纪初的西方宗教性慈善服务，后被联合国组织采纳。联合国志愿者（UNV）组织成立于1970年，是通过联合国大会决议成立的机构，专门用于推动志愿服务发展，在行政管理上隶属于联合国开发计划署（UNDP），旨在通过推动全球志愿者工作促进和平与发展。1979年，第一批联合国志愿服务人员来到中国。20世纪80年代中期，我国天津和平区成立第一个志愿服务的街道服务组织。20世纪90年代，我国成立首个青年志愿服务组织——中国青年志愿者协会。随着全国各地志愿服务组织的发展，2008年四川汶川地震让爱凝聚，也让中国志愿者瞬间爆发巨大能量。北京奥运会因志愿者的微笑让世界和国人难忘。时任联合国

---

* 作者系贵州省雷锋精神研究会副会长。

秘书长科菲·安南在“2001 国际志愿者年”启动仪式上的讲话中指出：“志愿精神的核心是服务、团结的理想和共同使这个世界变得更加美好的信念。从这个意义上说，志愿精神是联合国精神的最终体现。”这句话指出了志愿精神的本质，表达了人们对志愿服务的由衷赞美和向往。我们对志愿者较认可的定义是：在自身条件许可的情况下，参加相关团体，在不谋求任何物质、金钱及相关利益回报的前提下，在非本职职责范围内，合理运用社会现有的资源，服务于社会公益事业，为帮助有一定需要的人士，开展力所能及的、切合实际的，具有一定专业性、技能性、长期性服务活动的人。

我国志愿者服务活动起源于 20 世纪 60 年代开始的学雷锋活动，“向雷锋同志学习”是毛泽东当年向全国人民发出的号召。学雷锋就是学习他那种无私奉献、敢于牺牲的共产主义情操，发扬他那种不怕苦、不怕累的钉子精神，从而更加自觉地树立正确的人生观、世界观和价值观。从志愿服务的释义内涵中，我们不难看出，雷锋精神与志愿服务理念有着高度的契合度，以“奉献、友爱、互助、进步”为精神内涵的志愿服务活动能够在中国大地蓬勃开展，得益于中华民族仁者爱人、邻里相望、互帮互助的传统美德。中国青年志愿者行动就是近年来在学雷锋活动的基础上将学雷锋活动从自上而下、有组织的活动向自觉的、有组织的活动转变而来的有益探索，是对学雷锋活动的继承、丰富和发展。学雷锋志愿服务体现着我国人民积极向上的精神追求，反映了我国社会文明进步的良好形象，是中华传统美德的具体体现，是社会主义道德观在中华大地的生动实践，是中华民族大国包容形象的具体表现。可以说，联合国倡导全球开展的志愿服务工作，在我们的实践进程中，更多的活动载体是由学雷锋活动演变而来，雷锋精神是我们开展志愿服务活动的一种精神引领。

二、中华民族优良传统与志愿服务理念高度契合

在中华民族五千年的历史进程中，儒家和墨家就曾经奉行“仁爱”和“兼爱”修为，《淮南子·缪称训》：“君子不谓小善不足为也而舍之，小善积而为大善；不谓小不善为无伤也而为之，小不善积而为大不善。”

2012 年 3 月 2 日，中共中央办公厅印发了《关于深入开展学雷锋活动的意见》，对雷锋精神做出了新的定义和解读，对新形势下深入开展学雷锋活动、大力弘扬雷锋精神提出了新要求：要大力弘扬雷锋热爱党、热爱祖国、热爱社会主义的崇高理想和坚定信念，弘扬雷锋服务人民、助人为乐的奉献精神，弘扬雷锋干一行爱一行、专一行精一行的敬业精神，弘扬雷锋锐意进取、自强不息的创新精神，弘扬雷锋艰苦奋斗、勤俭节约的创业精神。

我们在总结研究雷锋精神时发现：雷锋精神的精髓是忘我；雷锋精神的灵魂是爱国；雷锋精神的实质是无私奉献；雷锋精神的核心是共产主义思想；雷锋精神的特征

是毫不利己、专门利人。雷锋精神是与时俱进的、是发展的，当代雷锋精神，体现了当今时代的特征，被赋予了更加全面的新内涵。

党的二十大报告要求加强思想道德教育，坚持不懈用习近平新时代中国特色社会主义思想凝心铸魂。用党的创新理论武装全党是党的思想建设的根本任务。全面加强党的思想建设，坚持用新时代中国特色社会主义思想统一思想、统一意志、统一行动，组织实施党的创新理论学习教育计划，建设马克思主义学习型政党。加强理想信念教育，引导全党牢记党的宗旨，解决好世界观、人生观、价值观这个总开关问题，自觉做共产主义远大理想和中国特色社会主义共同理想的坚定信仰者和忠实实践者。坚持学思用贯通、知信行统一，把新时代中国特色社会主义思想转化为坚定理想、锤炼党性和指导实践、推动工作的强大力量。坚持理论武装同常态化长效化开展党史学习教育相结合，引导党员、干部不断学史明理、学史增信、学史崇德、学史力行，传承红色基因，赓续红色血脉。

从 1963 年 3 月 5 日毛泽东题词"向雷锋同志学习"，到 2000 年团中央将每年 3 月 5 日作为"中国青年志愿者服务日"，从全国军民掀起的学雷锋活动，到组织青年集中开展内容丰富、形式多样的志愿服务活动，南有"义工"团体的奉献作为，北有"志愿者"的公益行动，各地各种公益组织如雨后春笋般出现，学雷锋志愿服务得到了更好的普及和提升。

由于历史的情结，我国较为年长者在参加公益活动时，更愿意以学雷锋作为开展公益活动的标识。除了受全国上下开展学雷锋活动的影响外，他们还亲身经历了领袖号召的特殊影响。在他们的心目中，雷锋精神不仅仅是一种纯粹的个人思想，更蕴藏了中华礼教和传统美德。我们在新时代开展以学雷锋为主要形式的志愿服务公益活动，正是充分结合了中华民族尊德树人、互助友爱、敬业奉献的优良传统。

三、开展学雷锋志愿服务的现实意义

习近平总书记在党的二十大报告中指出：中华优秀传统文化源远流长、博大精深，是中华文明的智慧结晶，其中蕴含的天下为公、民为邦本、为政以德、革故鼎新、任人唯贤、天人合一、自强不息、厚德载物、讲信修睦、亲仁善邻等，是中国人民在长期生产生活中积累的宇宙观、天下观、社会观、道德观的重要体现，同社会主义核心价值观具有高度契合性。我们必须坚定历史自信、文化自信，坚持古为今用、推陈出新，把马克思主义思想精髓同中华优秀传统文化精华贯通起来、同人民群众日用而不觉的共同价值观念融通起来，不断赋予科学理论鲜明的中国特色，不断夯实马克思主义中国化时代化的历史基础和群众基础，让马克思主义在中国牢牢扎根。

习近平总书记在评价雷锋精神时指出：雷锋精神，人人可学；奉献爱心，处处可为。雷锋精神是永恒的，是社会主义核心价值观的生动体现。2013 年 5 月 4 日，习近平总书记同各界优秀青年代表座谈时指出：要倡导社会文明新风，带头学雷锋，积极参加志愿服务，主动承担社会责任，热诚关爱他人，多做扶贫济困、扶弱助残的实事好事，以实际行动促进社会进步。

在开展学雷锋志愿服务的过程中，我们也看到一个现象：越是经济发展的地区，开展学雷锋志愿服务的基础越成熟；越是经济条件好的人，实现奉献价值的需求也越高。这一现象与人的需求心理变化过程是一致的，人类从物质安全的满足，逐步上升到追求获得尊重和自我实现的心理变化过程，也是从物质满足到精神满足的过程，而这种追求满足也从个人目标向社会目标不断变化着。学雷锋与志愿服务是相辅相成、相互融合的，任何一种割裂了学雷锋活动和志愿服务的做法都是片面的。

开展学雷锋志愿服务活动，是培育文明道德风尚的有效途径。要以社会主义核心价值体系建设为根本，以弘扬雷锋精神为主题，广泛深入开展志愿服务活动，建立完善参与广泛、形式多样、活动经常、机制健全的学雷锋志愿服务体系，在全社会兴起践行雷锋精神、开展志愿服务的热潮，推动学雷锋活动常态化，培育我为人人、人人为我的良好风尚。

党的二十大提出：“从现在起，中国共产党的中心任务就是团结带领全国各族人民全面建成社会主义现代化强国、实现第二个百年奋斗目标，以中国式现代化全面推进中华民族伟大复兴。”要实现这一宏伟目标，我们就要正确认识好我国的基本国情与实际，坚持把实现人民对美好生活的向往作为现代化建设的出发点和落脚点，着力维护和促进社会公平正义，着力促进全体人民共同富裕，坚决防止两极分化。坚持物质文明和精神文明协调发展，大力发展社会主义先进文化，加强理想信念教育，传承中华文明，促进物的全面丰富和人的全面发展。

要大力弘扬雷锋精神，广泛普及奉献他人、提升自己的志愿服务理念，在全社会培育志愿服务文化。要把志愿服务纳入整个学雷锋活动之中，通过诠释学雷锋志愿服务的深刻内涵和精神实质，潜移默化地影响人们的思想观念、价值判断和道德情操。这些年来，由中央文明办倡导组织开展的创建文明城市、文明村镇、文明单位，都将学雷锋志愿服务活动纳入其中进行评审考核，这对更好地践行学雷锋志愿服务活动起到了有力的推动作用。

原解放军报副总编、《雷锋》杂志创始人陶克将军，在《用雷锋精神引领志愿服务活动》中曾发表观点：将学雷锋和志愿服务活动结合在一起，融合发展，体现了我们面向世界同国际接轨的大国气度，体现了我们构建人类命运共同体的大国担当，也体现了我们坚持中国文化和雷锋精神的文化自信。只有这样，学雷锋志愿服务活动才能健康、持久地开展下去。

四、开展学雷锋志愿服务活动要始终坚持党的领导

党的二十大报告强调：坚持和加强党的全面领导。坚决维护党中央权威和集中统一领导，把党的领导落实到党和国家事业各领域各方面各环节，使党始终成为风雨来袭时全体人民最可靠的主心骨，确保我国社会主义现代化建设正确方向，确保拥有团结奋斗的强大政治凝聚力、发展自信心，集聚起万众一心、共克时艰的磅礴力量。

这种要求与雷锋精神的实质有着高度的一致性。雷锋精神体现了中华民族的传统美德，雷锋精神作为中国共产党人精神谱系中的伟大精神，顺应了社会进步的时代潮流，彰显了我们党的先进本色。

各级学雷锋志愿服务组织要始终坚持在各级党组织的关心领导下开展好各种活动，在志愿服务的机构组织中建立好党的基层组织，完善党的领导制度体系，增强“四个意识”，自觉在思想上、政治上、行动上同党中央保持高度一致，不断提高政治判断力、政治领悟力、政治执行力，确保党发挥总揽全局、协调各方的领导核心作用，主动接受各级党组织的工作任务，特别要在公益服务、各种灾难应急事件中，争当公益先锋队、助困排头兵。

外在形式是内在变化的诱因，我们在开展学雷锋志愿服务活动时，还应该通过各种活动引导好参与者和受众树立正确的思想价值观，树立正确的人生信仰。要通过外部活动的影响，对人品、道德、价值观进行塑造。通过学雷锋志愿服务活动，实现帮助他人、提升自己的目的。

志愿服务的思想是没有国界的，我们党作为全世界最大的执政党，要树立正确的世界观、人生观、价值观，以雷锋精神为坐标，以志愿服务为方向，在习近平总书记的带领下，解决好人民日益增长的美好生活需要和不平衡不充分的发展之间的矛盾，铸就和谐美好的社会环境，以14亿多中国人民聚合的磅礴之力，吸吮五千多年中华民族漫长奋斗积累的文化养分，牢记空谈误国、实干兴邦，坚定信心、同心同德，埋头苦干、奋勇前进，为全面建设社会主义现代化国家、全面推进中华民族伟大复兴而团结奋斗！

新时代弘扬雷锋精神的几点思考

罗开阳*

2023年3月5日，是毛泽东“向雷锋同志学习”题词发表60周年纪念日。60年来，雷锋精神穿越时空、传承不息，深深融入中华民族的血脉，激励着一代又一代中华儿女勇于担当、甘于奉献。

雷锋精神形成于20世纪60年代，是对雷锋积极进取、爱岗敬业、尽职尽责、乐于助人、甘于奉献、艰苦奋斗、勤俭节约等言行和事迹所表现出来的先进思想、高尚品德、优良作风与模范行为的凝练和概括，体现了全心全意为人民服务为实质和核心，蕴含着中华民族的传统美德，是中国共产党人精神谱系的光辉一员，是社会主义核心价值观的生动体现。其内涵丰富，概括起来为：热爱党、热爱祖国、热爱社会主义的崇高理想和坚定信念，服务人民、助人为乐的奉献精神，干一行爱一行、专一行精一行的敬业精神，锐意进取、自强不息的创新精神，艰苦奋斗、勤俭节约的创业精神。

党的十八大以来，习近平总书记多次就学习和弘扬雷锋精神作出重要论述，为新时代弘扬雷锋精神指明了方向。遵循习近平总书记的重要论述，我们认为，新时代弘扬雷锋精神，应从以下四个方面进行努力。

一、把雷锋精神的爱党爱国转化为坚决拥护“两个确立”，努力做到“两个维护”

雷锋在其短暂而光辉的一生中体现了热爱党、一心跟着党的思想情怀。他把党看成自己的母亲，无论遇到什么样的艰难困苦，都“坚决听党的话，一辈子跟党走”。新时代弘扬雷锋精神，就是要把雷锋这样热爱党、跟着党的思想情怀转化为坚决拥护

---

* 作者系贵州大学党校原常务副校长，教授。

“两个确立”，努力做到“两个维护”。党确立习近平同志党中央的核心、全党的核心地位，确立习近平新时代中国特色社会主义思想的指导地位，反映了全党全军全国各族人民共同心愿，对新时代党和国家事业发展、对推进中华民族伟大复兴历史进程具有决定性意义，必须坚决拥护。要激励引导广大青年将“两个确立”转化为坚决维护习近平总书记党中央的核心、全党的核心地位，坚决维护党中央权威和集中统一领导的自觉行动，确保自己的言行站在人民的立场上，同党中央保持高度一致。

习近平总书记在党的二十大报告中对广大青年寄语：“广大青年要坚定不移听党话、跟党走，怀抱梦想又脚踏实地，敢想敢为又善作善成，立志做有理想、敢担当、能吃苦、肯奋斗的新时代好青年，让青春在全面建设社会主义现代化国家的火热实践中绽放绚丽之花。”广大青年应不辜负习近平总书记的希望，不辜负党和人民的希望，努力做新时代的好青年。

二、用雷锋精神筑牢理想信念，坚定“四个自信”

雷锋具有坚定的共产主义理想和信念，他在日记中写道：“我一定要听党和毛主席的话，把我的青春献给世界上最壮丽的事业——为人类解放而斗争。”新时代学习雷锋精神，就是要在自己的思想上筑牢“道路自信、理论自信、制度自信、文化自信”。要在思想上明确，中国特色社会主义道路，是实现社会主义现代化的必由之路，是中华民族走向繁荣富强、中国人民幸福生活的根本保证。坚持理论自信就是要坚持对马克思主义理论特别是中国特色社会主义理论体系的科学性、真理性的自信。坚持制度自信就是要相信社会主义制度具有巨大优越性，相信社会主义制度能够集中精力办大事，推动经济社会发展、维护社会稳定，能够科学治理好国家，保障人民群众的自由平等权利和人身财产权利。坚持文化自信，就是要增强全体人民对中华优秀传统文化的历史自豪感，更好继承红色革命文化，坚持社会主义先进文化方向，在全社会形成对社会主义核心价值观的普遍共识和价值认同。

要以道路自信增强坚定理想信念的志气，以理论自信增强坚定理想信念的勇气，以制度自信增强坚定理想信念的底气 ，以文化自信增强坚定理想信念的骨气。要将“四个自信”融于内心，外化于行动，增强干事创业的志气、勇气、底气和骨气，牢固树立为祖国为人民永久奋斗、赤诚奉献的坚定理想，将个人的理想融入党和人民的伟大事业中，在奋进新征程中，以坚如磐石的信念、坚忍不拔的毅力，书写人生华彩篇章。

三、以雷锋为榜样锐意进取，努力学习现代科学技术知识

作为担负着国家富强、民族振兴、人民幸福等责任的新时代青年，要像雷锋那样

锐意进取，努力开阔新视野、掌握新知识、练就硬本领，才能从容应对新挑战，肩负起责任担当，与时代并肩前行。

当前，中国已踏上了实现第二个百年奋斗目标的新征程。放眼世界，面临百年未有之大变局和国际战略竞争加剧的复杂局面，以及科技革命和产业变革加速推进的重大机遇，新时代的青年，要认真学习领会习近平新时代中国特色社会主义思想，筑牢政治理论基础。要结合工作需要进行学习，做到干什么学什么、缺什么补什么，不断为自己的人生“加油充电”。要注重学习经济文化、法律法规、社会管理等方面的基础知识，刻苦钻研新业务、新知识、新技能。通过系统性、持久性的学习，进一步坚定理想信念，练就工作本领，努力成为素质高、专业精、能力强的通达之才。要结合时代发展迅猛、知识更新速度越来越快的现实，刻苦钻研业务技能，做到干一行、爱一行、钻一行，更好地为人民服务，搭建好展示青春风采的舞台。

四、把践行社会主义核心价值观同弘扬雷锋精神有机结合起来

以“富强、民主、文明、和谐，自由、平等、公正、法治，爱国、敬业、诚信、友善”为内容的社会主义核心价值观，是兴国之魂，是引领和凝聚最广大人民群众团结奋斗的伟大旗帜。

雷锋精神根植于社会主义社会，吸取和传承了中华传统美德的精髓，体现了社会主义核心价值观的基本内涵，是对社会主义核心价值观的生动诠释。可以说，社会主义核心价值观是雷锋精神的内在灵魂，雷锋精神是社会主义核心价值观的生动体现。因此，新时代弘扬雷锋精神，要把学雷锋活动与培育和践行社会主义核心价值观有机结合起来，广泛开展各种形式的学雷锋主题实践活动，广泛营造时时受教育、处处受熏陶的学雷锋浓厚氛围。要大力表彰宣扬学雷锋先进单位和个人，树立不同层次领域、体现时代精神的学雷锋先进典型。要积极采用喜闻乐见的学习形式，形成乐于接受的学习渠道，搭建便于参与的实践平台，使学雷锋活动更加贴近生活实际、更加富有时代气息、更加吸引人打动人，使学雷锋活动成为培育和践行社会主义核心价值观的生动载体。

把践行社会主义核心价值观同弘扬雷锋精神有机结合起来，关键要在“常”“长”二字上下功夫。要深刻把握雷锋精神的时代内涵，加强对雷锋精神的时代解读，增进人们的思想共识和价值认同。要突出学雷锋活动的实践性，抓好基本道德规范的践行，抓好基础道德行为的养成，推动形成“我为人人、人人为我”的良好氛围。要建立长效机制、创新途径办法，把学雷锋活动作为经常性工作纳入精神文明建设，完善组织领导机制和奖励激励机制，总结推广成功经验，探索新的活动载体，使学雷锋活动更有时代感、吸引力，不断向深度广度发展。

党员、干部要在学雷锋活动与培育和践行社会主义核心价值观实践中走在前列，以雷锋精神为镜子，做中国特色社会主义共同理想的坚定信仰者，坚持讲党性、重品行、作表率，用自己的模范行为和高尚人格感召，团结带领人民群众共同向着建设社会主义现代化强国的宏伟目标不断前进。

新时代雷锋精神的创造性转化

阳海飞*

一、雷锋成长轨迹

（一）孤苦的儿童

雷锋，原名雷正兴，因生于庚辰年，乳名“庚辰伢子”，1940 年出生在湖南省望城县一个贫苦农家。爷爷以租佃田为生，一生困苦。父亲在湖南农民运动中当过自卫队长，先后遭国民党和日寇毒打，最终不治而亡。母亲张元满一生坚忍，受尽苦难，在受到地主的凌辱后，于 1947 年中秋之夜悬梁自尽。哥哥小小年纪便当了童工，最终英年早逝。弟弟也因疾病饥饿早早离世。不满 7 岁，雷锋就成了孤儿，幸好被好心的六叔奶奶收养，得以苟活。

（二）坚强的革命战士

1949 年，湖南解放，雷锋的人生迎来历史性的转折点。雷锋从懵懂的孤苦少年逐渐成长为一名坚强的革命战士。1950 年，雷锋当了儿童团长，积极参加土改。同年夏，乡政府保送他免费读书，后来他加入少先队。1956 年夏天小学毕业后，他在乡政府当了通讯员，由于表现突出，不久调到望城县委当公务员，被评为机关模范工作者，并于 1957 年加入共青团。1958 年春，雷锋到团山湖农场，只用了不到 10 天的时间就学会了开拖拉机，成为拖拉机手。同年 9 月，雷锋响应支援鞍钢的号召，到鞍山做了一名推土机手。1960 年，雷锋应征入伍，被编入工程兵某部运输连四班当汽车兵。1960 年 11 月，雷锋加入中国共产党。雷锋入伍后表现突出，沈阳军区《前线报》开辟了

* 作者系湖南财政经济学院马克思主义学院专职教师。

“向雷锋学习”专栏。1961 年，雷锋晋升为班长，被选为抚顺市人民代表。1962 年 8 月 15 日，他因事故不幸逝世。

（三）坚定的信仰者

雷锋在实践中成长为共产主义坚定的信仰者。一是持续不断地学习党的相关理论。虽然只有小学文凭，理论学习对雷锋而言是艰苦的，但雷锋一直十分注重理论知识的学习，而且还会带动身边的战士一起学习，一有时间就会研读党的相关理论。雷锋积极认真地完成各种学习任务，自主学习性强，“每天早上学习一小时，晚上总是要自学到深夜十至十一点。”[1]不论一天的劳动有多累，深夜，雷锋都会坚持学习。入党后，雷锋没有停止理论学习，积极学习毛主席著作，看报，读《向秀丽》《黄继光》等经典书籍，努力提高自己的理论水平。二是在劳动实践中不断磨炼和提升自己。他曾说：“青春啊，永远是美好的，可是真正的青春，只属于这些永远力争上游的人，永远忘我劳动的人，永远谦虚的人。”他叮嘱自己：“在工作上，要向积极性最高的同志看齐；在生活上，则向水平最低的同志看齐。”三是在为人民服务中检验和坚定自己的信仰。雷锋认为：“人的生命是有限的，可是，为人民服务是无限的，我要把有限的生命，投入到无限的为人民服务中去。”他始终将人民放在首位，认真对待来自“人民的意见”，雷锋在学习、劳动和为人民服务的实践中不断坚定自己的信仰，逐渐突破了个人思想上和主观上的狭隘，成长为一名坚定的共产主义信仰者。

二、雷锋精神的内涵

雷锋一生虽然短暂，但在其人生蜕变的历程中，他用崇高的理想追求和高尚的道德情操，影响着后世千千万万的人。雷锋精神内涵十分丰富。

（一）热爱党、热爱祖国、热爱社会主义的崇高理想和坚定信念

雷锋出生贫苦，他将自己人生命运的转折归功于党的培养、国家的发展和社会主义的建设，全身心地投入到社会主义建设之中，将共产主义作为自己坚定的奋斗目标。从理论学习到工作探索再到实践服务，雷锋积极向党组织靠拢。雷锋将党的理论内化于心，将党的宗旨奉为自己日常行动的指南，将党的奋斗目标作为自己一生不懈的追求。理论学习不止步，有时间就看，没时间就挤时间看。人民始终放心头，人民群众有事，不论大小，从不马虎与懈怠。他曾说：“我们每个人的幸福依赖于祖国的繁荣。如果损害了祖国的利益，我们每个人就得不到幸福！”

（二）服务人民、助人为乐的奉献精神

“感恩”是雷锋日记中的高频词，在他曲折而不平凡的一生中，他受到非常多人的

帮助。在他成为孤儿后，本家六叔奶奶收留了他。在他与地主儿子斗争时，拉黄包车的彭大叔帮助了他。在成长为战士的路上，雷锋遇到了可亲的小通讯员和连长，在他心中埋下了对党向往的种子。小学毕业后，他在中共望城县委当公务员，遇到温暖的张书记。上鞍山，到焦化厂，再到当兵，雷锋在成长的道路上得到了很多人的帮助。在党的培养和教育下，雷锋把全心全意为人民服务作为自己的人生信条和准则，时刻把人民的利益放在首位，真正做到了把有限的生命投入到无限的为人民服务当中，创造了人生的最大价值。雷锋在日记中写道："我们吃饭是为了活着，可活着不是为了吃饭。我活着是为了全心全意为人民服务，是为人类的解放事业——共产主义而斗争。"雷锋用满腔的热情，回报着党、国家、社会和人民，他把人民捧在手心，也赢得了人民的爱戴。他用助人为乐的品质，打造了属于他的个人传奇，为后世留下了永久宝贵的精神财富。

（三）干一行爱一行、专一行精一行的敬业精神

雷锋的职业生涯中实现了多次岗位轮动，从通讯员、公务员、拖拉机手、推土机手、防汛固河工作者、炼钢人、焦化厂工人再到战士，在其短暂的一生中，雷锋不断地挑战新的领域，并在新的领域中做到了精湛。雷锋曾经在日记中写道："一个人的作用，对于革命事业来说，就如一架机器上的一颗螺丝钉。"雷锋致力于将自己打造为一颗不可缺少的"螺丝钉"，爱岗敬业、恪尽职守，不管在哪个岗位上都投入了火一样的热情，把自己所有的精力都投入到工作当中，并取得卓越的成就。雷锋得过无数的嘉奖，无论在哪里，他都能发光发热，并能调动周围人的做事热情与积极性。无论在什么地方，他都争取成为骨干，干一行爱一行，在平凡的岗位上尽心尽力，在普通的工作中发光发热，努力让自己的价值最大化，将自己打造为关键且不可缺少的"螺丝钉"。社会主义事业需要这种螺丝钉精神，新时代也需要这种勤勤恳恳实干的螺丝钉精神。

（四）锐意进取、自强不息的创新精神

雷锋虽然没有接受很多文化教育，但他从来没有停止学习，一直精益求精。上学时，可以对一道与同学答案不一样的题目反复验算，并督促同学不可偷懒。出车时，就算是一颗小螺帽不见，没找到则坚决不出车，避免了重大安全事故。对驾车途中的安全标志等细小的问题力争精准。他积极上进，即使工作再繁忙、条件再艰苦，他也会不断挤时间来学习，钻研技术。他学习新知识、钻研新技能，将"耗油大王"汽车成功改造为"节能大王"汽车。雷锋始终保持思考，不断改进工作方式，用锐意进取、自强不息的创新精神，让自己不论在哪个岗位都成为骨干力量，靠着像钉子一样"挤"

和“钻”的精神，夯实了理论基础，练就了过硬本领，在平凡的岗位上成就了非凡的人生。

（五）艰苦奋斗、勤俭节约的创业精神

雷锋是从困苦中走出来的，他深刻体悟过极其艰苦的生活，他深感当前美好生活来之不易，工作中哪里艰苦他就往哪里奔。他放弃了环境优良的工作去农场当拖拉机手，之后又放弃高额的报酬去鞍钢当工人。报酬和环境永远都不是他第一考虑的因素，他永远将国家、社会需要放在首位，不断开拓创新。日常生活中，他极其勤俭，除了必要开支，他会把钱都存起来。参军后，他特意制作了“节约箱”。他认为：“事事要精打细算，不能今朝有酒今朝醉，明日愁来明日忧。”更值得一提的是，雷锋的勤俭节约并不是为了他个人，而是为了支援国家建设，他会把卖废品得来的钱上交给部队。此外，他还号召他人“自力更生”“增产节约”。艰苦的环境对他而言不是阻碍，而是前进的动力，正如他所说的：“我们靠什么战胜困难呢？主要就是要把一切有利的因素充分调动起来，用以克服不利的因素。有利因素发扬了，不利因素克服了，困难也就被战胜了。”雷锋在工作上向先进靠拢，在生活水平上向最低的看齐，保持艰苦朴素的优良作风，为国家和人民十年如一日地奉献着自己的光和热。

三、雷锋精神与新时代高校“劳动育人”机制的融合

习近平总书记曾说：“劳动是财富的源泉，也是幸福的源泉。人世间的美好梦想，只有通过诚实劳动才能实现；发展中的各种难题，只有通过诚实劳动才能破解；生命里的一切辉煌，只有通过诚实劳动才能铸就。”雷锋在其短暂一生中能有如此辉煌的成就并为后人所牢记，取决于他从来没有放弃劳动，并在劳动中不断提升和发展自己。

（一）雷锋的劳动观

雷锋的童年是困苦的，但他用自己的劳动创造了一个又一个奇迹，改变了他自己和身边的人与世界。

第一，雷锋认为劳动是幸福的、美丽的。雷锋认为：“世界上最光荣的事——劳动。世界上最体面的人——劳动者。”雷锋不论是在工作的实践中、日常的生活中，还是在文字记录中，都毫不掩饰自己对劳动的热爱，对劳动者的敬畏与崇拜。在鞍钢时，雷锋曾写道：“一群小伙笑呵呵，背起锄头上山坡，只听一声锄头响，笑看荒山荡绿波。”“什么是时代的美？”在雷锋看来，“工人身上油渍斑斑的蓝工装是最美的，农民粗壮的、满是厚茧的手最美，劳动人民被晒得黝黑的脸最美……”

第二，雷锋认为应该在劳动中不断思考，提高劳动技能。雷锋不仅仅是简单地从

事机械劳动，更注重思考和学习，将理论知识在实践中进行转换。雷锋有着非常阳光积极的心态，青春于他而言永远是美好的，他认为："真正的青春，只属于那些永远力争上游，忘我劳动的人，永远谦虚的人。"雷锋有着非常明确的职业规划，为此，他坚持不懈地学习，勤勤恳恳地劳动，在短暂的人生中，既做了好农民、好工人，还当了好战士。有一次，雷锋和战友一起参加生产劳动，但大家并没有按照计划携带生产工具，影响了生产。雷锋立马进行了反思，他认识到不按计划行事，害处很大。雷锋在焦化厂工作时，在建设工地上，面对墙砌高后运泥困难的问题，雷锋发明了"横杆吊斗运泥法"，大大提高了工作效率。

第三，雷锋在劳动中建构了良好的社会关系。雷锋不论是与上级还是同事都相处得非常好，极具团队精神，构建了非常好的社会关系，这也是他成长道路上能不断前进的关键所在。他与各级领导关系都非常好，在工作中能坚决服从安排。他本想去炼钢第一线，却去了洗煤车间开推土机；他本想去作战部队，却去了汽车连。对于上级的安排，雷锋没有抱怨，而是从大局出发，勤勤恳恳地做一颗"螺丝"。他与同事和战友的关系也非常好。雷锋曾说："由于党的教育，我懂得了这个道理：'一朵鲜花打扮不出美丽的春天，一个人先进总是单枪匹马，众人先进才能移山填海。'""一滴水只有放进大海里才能永远不干，一个人只有当他把自己和集体事业融合在一起的时候才能有力量。""力量从团结来，智慧从劳动来。行动从思想来，荣誉从集体来。"诸如此类的论述经常出现在雷锋的日记里。雷锋通过劳动实践，让自己得到全面发展，也因此成就了自己非凡的一生。

（二）新时代将雷锋精神融入高校劳动教育

劳动形成人的本质，劳动是实现人的全面发展的重要途径，教育与生产劳动相结合是社会主义教育的根本原则。劳动可以改造人，人的生产劳动是构建社会关系的主要载体。劳动教育是我国"五育并举"的重要一环，劳动教育不仅是对学生劳动技能的培养，也是其他"四育"的重要补充，劳动可以"树德"，可以"增智"，更能"健体"。

雷锋精神蕴含着雷锋成熟的劳动观，雷锋精神与新时代高校劳动教育在理念、实践和教育价值方面高度契合。要以雷锋为榜样，推动新时代高校劳动教育的变革。

第一，以雷锋精神为指引，改变新时代大学生对劳动认知的滞后性。2020 年 3 月 20 日《中共中央国务院关于全面加强新时代大中小学劳动教育的意见》出台，强调新时代要将劳动教育贯穿人才培养全过程。但在实践过程中，部分高校出现了劳动教育任务化的现象，没有科学的教材、专业的教师和多样化的实践体系。很多大学生在重智轻劳的教育下，劳动概念淡化、劳动认知片面、劳动形式化、劳动功利化现象严重。[2]因此，加强劳动教育是时代所需。雷锋精神内涵丰富，雷锋干一行爱一行、专一行精一行的敬业精神，锐意进取、自强不息的创新精神，艰苦奋斗、勤俭节约的创业精神，深刻阐释了劳动者主体作用和劳动的创造性价值。应以雷锋精神为指引，解读新时期的工匠精神，凸显劳动主体性，强化劳动的创造价值，进而打破学生对劳动的固化认知。

第二，以雷锋的劳动实践为依托，强化新时代大学生对劳动目标的认知。党的二十大报告中，习近平总书记强调：“培养造就大批德才兼备的高素质人才，是国家和民族长远发展大计。”科技是第一生产力、人才是第一资源、创新是第一动力。雷锋有着坚定的信仰和为人民服务的信念，因此，劳动于他而言不是苦、不是累，而是一种幸福。雷锋在确定劳动目标后，在职业技能的提高、科学技术的创新上，都勇于自我突破，把自己打造为符合时代需求的人才。

第三，以雷锋的培养机制为案例，改善新时代高校劳动教育培养机制。雷锋的成长离不开党的培养和教育，雷锋能成为后人学习的榜样，一方面是由于其个人坚定的信仰、优秀的品质、过硬的本领和创新性的思维，另一方面是由于党的栽培、鼓励与宣传，形成了雷锋式人物培养机制。具体表现为：一是积极加强思想教育。二是加强技术技能培养。三是大力宣传。四是注重传承。

四、立雷锋之志，做新时代雷锋

在雷锋精神的感染下，出现了一批批雷锋式的人物，他们信仰坚定、乐于奉献、业务精湛，他们敢拼、敢闯。习近平总书记说过：“雷锋精神是永恒的，是社会主义核心价值观的生动体现。”因此，我们应在五育并举教育理念的指导下，以雷锋精神为指引，深入解读雷锋的劳动观，推动新时代劳动教育的全面发展，引导高校学生立雷锋之志，做新时代雷锋。

参考文献：

[1] 雷锋．雷锋日记［M］．北京：中国青年出版社，2019.
[2] 程文宣，黄海鹏．新时代高校劳动教育面临的挑战与对策［J］．学校党建与思想教育，2022（22）：57－59.

毛泽东“向雷锋同志学习”题词的价值伟力

翟元斌*，刘丰华**

毛泽东在领导中国人民进行革命和建设的道路上，共题词四百余幅，他的题词是其伟大革命实践和理论创作的重要组成部分。这些题词，体现了党在各个历史时期的工作重心，内容涉及党和国家在各个历史时期的战略、策略、方针政策。在毛泽东诸多题词中，“向雷锋同志学习”题词（以下简称“毛泽东题词”），字词凝练，内涵丰富，意义重大，影响深远，为世代铭记。

一、毛泽东题词奠定学雷锋活动启始和学雷锋话语体系建构的原点

20 世纪 60 年代初期，毛泽东为雷锋题词，揭开全国学雷锋活动的序幕，同时也开启了指导学雷锋实践的理论建构。

1963 年 3 月 5 日，毛泽东题词在《人民日报》发表后，党和国家的许多领导人相继为雷锋题词，党的各级机关制发了一系列关于学雷锋的指导性文件，许多社评、文章在《人民日报》等权威媒体上发表。党的各级学雷锋文献大体有三类：一类是党和国家领导人、各级党政领导、社会著名人士为雷锋题词。据大型辞书《雷锋志》记载，党和国家、军队领导人为雷锋题词 65 人次，中央政治局常委以上的党和国家领导人的题词 19 人次，人大副委员长、全国政协副主席、国务委员以上领导的题词 25 人次，元帅、大将及上将的题词 21 人次。湖南长沙市望城区雷锋精神研究会提供的数据显示，历年来党和国家领导人（副国级以上）为雷锋题词、讲话有 56 人 105 次。第二类是党和国家领导人发表的讲话文章，党的权威媒体刊发的社论（评论员文章）。大型辞书《雷锋志》中，收录党和国家领导人从 1960 年到 2013 年间部分重要讲话、文章就有 60

* 作者系雷锋杂志社雷锋文化研究院秘书长、抚顺市雷锋精神研究所原所长。
** 作者系湖南湘江新区雷锋新城实验小学书记、校长。

余篇，《人民日报》《解放军报》等主流权威媒体发表的社论有50余篇。习近平总书记先后发表学雷锋重要指示25次之多（数据来源“湖南望城雷锋精神研究会”数据库）。第三类，党政军工青妇等各部委制发的部分指导性文件，1960年至2013年间达48篇。

这些浩瀚文献都是在把握毛泽东题词精髓的基础上，以问题为导向，针对不同历史阶段的具体情况，对题词精神的强调、展开、引申与阐发。以毛泽东题词阐明雷锋精神实质是全心全意为人民服务为例，检索副国级以上党和国家领导人关于雷锋的题词，配以“为人民服务”这一关键词，共有3幅内嵌在其中。检索讲话、社论、文件等，有326处。清晰地呈现出毛泽东题词原点—领导人话语—指导性文献—实践活动的历史逻辑、理论逻辑、实践逻辑。

以毛泽东题词为原点的学雷锋话语体系，内容丰富，体系完备。主要包括：雷锋典型特征论、雷锋精神本质论、雷锋精神内涵论、学雷锋活动目的论、学雷锋活动层次论、学雷锋活动载体论、学雷锋志愿服务论、学雷锋活动保障论、雷锋精神传播论等。这些文件串联起来，就是一部鲜活的学雷锋活动史，记录了党对学雷锋活动的发动和领导。

以毛泽东题词为原点的学雷锋话语体系，立足于“中国学雷锋活动本位”，用中国自主的概念、范式和话语，解读“学雷锋活动道路”“学雷锋活动经验”“学雷锋活动规律”等，充分体现中国特色、中国风格、中国气派，是几代中国共产党人半个多世纪指导、探索学雷锋活动实践的结晶，凝结了中国共产党人最深沉的精神追求，代表着中国共产党独特的精神标识，成为马克思主义中国化理论宝库中的重要资源。

二、毛泽东题词凝结党和人民的意志，开启以学雷锋为标志的“为党育人”“立德树人”的伟大实践

伟大的事业需要伟大的领袖，伟大的领袖推进伟大的事业。领袖人物是实现一定历史任务的发起者和倡导者，是实现一定历史任务的领导者和组织者，他们总是能够站在时代的高度，把握时代的脉搏，反映历史发展的趋势和人民群众的要求，肩负起历史赋予的任务，指明社会前进的方向。毛泽东题词正值党的社会主义革命和建设时期，怎样建设社会主义，如何推进中国的现代化，对新中国成立之初的中国共产党来说，是一个全新的课题。“向雷锋同志学习”题词，是毛泽东在思考和解答这个全新课题过程中提出来的。

20世纪50年代末60年代初，面对内忧外患的严峻形势，党一方面总结经验教训，着手采取国民经济调整措施，一方面从精神上鼓舞干部和群众增强战胜困难的勇气和斗志。在当时的严峻形势下，迫切需要一种精神信仰来鼓舞、激励当时的全国人民，需要一个人民普遍认同的英雄形象来提振信心。

随着社会主义改造的完成和社会主义制度的确立，社会主义意识形态逐步确立起

其在社会思想领域的指导地位。必须在全国范围内强化社会主义价值体系的话语权，鼓励和引导人们学习和践行共产主义精神、社会主义道德和集体主义原则，正确处理好个人与社会的关系。牢牢把握意识形态领域斗争的主动权，建构起抵御敌对势力和平演变图谋的铜墙铁壁。为雷锋题词，开展学雷锋实践活动，是当时加强意识形态工作的一项重要举措，在人们精神上构筑起一道抵御资产阶级思想侵蚀的防线。

党的事业需要培养造就千千万万的接班人。早在江西苏区，党就提出：“苏维埃政府教育的基本原则，是以共产主义的教育来教育群众。”[1]抗日战争时期提出：“努力在工人阶级中宣传社会主义和共产主义，并适当地有步骤地用社会主义教育农民和其他群众。”[2]在我国完成社会主义改造，开始社会主义建设时期，毛泽东敏锐地发现青年的思想变化，提出加强政治教育的要求。1957 年，毛泽东指出：“在知识分子和青年学生中间，最近一个时期思想政治工作减弱了，出现了一些偏向。在一些人的眼中，好像什么政治，什么祖国的前途，人类的理想，都没有关心的必要。好像马克思主义行时了一阵，现在就不那么行时了。”[3]毛泽东及时指出：“针对这种情况，现在需要加强思想政治工作。无论是知识分子，还是青年学生，都应该努力学习。除了学习专业以外，在思想上要有所进步，政治上也要有所进步。这就需要学习马克思主义，学习时事政治。”同时强调：“思想政治工作，各个部门都要负责任。共产党应该管，青年团应该管，政府部门应该管，学校的校长教师更应该管。”[3]为了锻炼和造就一代新人，我党在 20 世纪 60 年代开展了一系列阶级斗争史教育活动，学习毛泽东著作，树立榜样。新中国成立后，推动社会文明进步的常规手段和重要特点，就是利用英雄模范的符号效应，在全社会进行广泛的政治动员。那个时期，人们学习的榜样有白求恩、张思德、黄继光、时传祥、向秀丽、安业民等。

毛泽东题词顺应历史发展和人民需要，代表人民意志。毛泽东为雷锋题词之前，一些军地已经开展了学雷锋活动，取得了很好的效果。毛泽东是一个对群众实践活动有着深刻敏锐感的领导人，一向相信群众，依靠群众，尊重人民群众的首创精神。各地开展学雷锋活动的热情和成果他看到了，群众的呼声他听到了，群众的需要他也了解到了。毛泽东欣然题词“向雷锋同志学习”。领袖题词与人民群众实践的互动，创造了一段恢宏的历史。

毛泽东题词与我们的社会性质、党的宗旨、人民的意志紧紧联系在一起。组织和发动学雷锋活动，绝非偶然。“向雷锋同志学习”，是党的百年历史主题和发展主线的必然逻辑，是中国共产党在带领人民实现救亡、兴邦、富国、强国目标过程中作出的一项重大决策。

三、毛泽东题词深刻揭示了雷锋精神本质，指明了学雷锋活动的正确方向

毛泽东题词深刻揭示了雷锋精神的本质核心，以毛泽东题词为原点的学雷锋话语

体系阐明了雷锋精神内涵、雷锋典型特征等，为学雷锋活动指明正确的方向。

（一）揭示雷锋精神的本质核心

学雷锋首先要明确雷锋精神的本质是什么。毛泽东明确指出，雷锋精神的本质是全心全意为人民服务。毛泽东的秘书林克回忆，当年毛主席交给其雷锋题词时曾说过："学雷锋不是学他哪一两件先进事迹，也不只是学他的某一方面的优点，而是要学他的好思想、好作风、好品德；学习他长期一贯地做好事，而不做坏事；学习他一切从人民的利益出发，全心全意为人民服务的精神。"[4]

1965年7月20日，毛泽东与工作人员高殿英谈话时说："青年同志们，你们应该好好向雷锋同志学习。"并将"好好学习，努力为人民服务"写在高殿英的笔记本上。[5]

1965年8月30日，毛泽东写给钟学坤的题词"学习白求恩，学习雷锋，为人民服务"。[6]

毛泽东把雷锋与著名的"老三篇"中的张思德、白求恩作为理想人格并列起来，高屋建瓴指明雷锋精神的实质。

（二）概括雷锋精神的基本内涵

学雷锋活动经历了从学习雷锋事迹到学习雷锋精神的过程。雷锋事迹是指雷锋过去做过的事情，具体而言，就是作为生命个体的雷锋的人生经历，以及呈现其思想历程的雷锋日记的内容。雷锋精神是从雷锋事迹中抽象概括出来的内容实质。雷锋事迹是构建雷锋精神的依据，雷锋精神是雷锋事迹的抽象概括和升华。毛泽东题词深刻阐明了雷锋精神的本质，为雷锋精神基本内涵的概括提供了根据。

对雷锋精神基本内涵的概括是一个逐步深入的过程。1963年2月9日，中国人民解放军总政治部下发《号召全军迅速开展宣传和学习雷锋同志模范事迹的活动》通知，要求着重宣传和学习雷锋的四种精神：阶级立场坚定，憎爱分明，忠于党、忠于人类解放事业的革命精神；处处以党的利益为重，处处从革命的需要出发，决心做"永不生锈的螺丝钉"，全心全意为人民服务的精神；艰苦朴素，克勤克俭的精神；努力学习毛主席著作，自觉接受党的教育，严格要求自己，积极锻炼自己，认真改造自己的好学上进精神。

1963年2月26日，在全国农业科学技术工作会议和解放军政治工作会议联合举行的报告会上，周恩来说："雷锋同志的高贵品质，可以总结成这样的几句话：坚定的阶级立场，表现在爱憎分明上；充沛的革命精神，表现在学习和工作上；高尚的共产主义风格，表现在公而忘私上；伟大的无产阶级斗志，表现在奋不顾身上。"[7]

1963年3月，应解放军总政治部之约，周恩来为雷锋题词。此时，已经知道毛泽东为雷锋题词内容的周恩来仔细阅读雷锋日记，反复斟酌推敲，概括雷锋精神为："憎爱分明的阶级立场，言行一致的革命精神，公而忘私的共产主义风格，奋不顾身的无产阶级斗志”。周恩来的题词根据毛泽东题词精髓，对学雷锋学什么，进一步做了全面、系统、准确的概括，从而把毛泽东题词具体化为行动原则。

2012 年，中共中央办公厅印发《关于深入开展学雷锋活动的意见》，概括雷锋精神的基本内涵为五个方面，这是遵循毛泽东题词精髓，延续周恩来题词基本框架，适应时代变化做出的新鲜表达。

（三）揭示雷锋的典型特征

先进典型都有各自不同的朴素底色，准确概括先进典型的特征，揭示他们身上一般人缺少却是时代进步不可或缺的品质，学典型事半功倍。刘少奇为雷锋题词：“学习雷锋同志平凡而伟大的共产主义精神”。谢觉哉题词为：“雷锋同志是平凡的，任何人都可以学到；雷锋同志是伟大的，任何人都要努力才能学到。”两段题词深刻揭示了雷锋的典型特征——平凡而伟大，强调其先进性与普适性。题词为学雷锋活动提供了有力的思想理论支撑。

（四）定位学雷锋活动根本目的

周恩来的第一个题词：“雷锋同志是劳动人民的好儿子，毛主席的好战士”。朱德的题词：“学习雷锋，做毛主席的好战士”。陈云的题词：“雷锋同志是中国人民的好儿子，大家向他学习”。邓小平的题词：“谁愿当一个真正的共产主义者，就应该向雷锋同志的品德和风格学习。”所有的题词都指向了做什么样的人这个问题。

（五）创新学雷锋志愿服务

学雷锋活动与志愿服务的关系及其协调发展，是改革开放以来遇到的新问题。关于两者之间关系的明确阐释最早见于 2008 年中央文明委《关于深入开展志愿服务活动的意见》。意见指出：“我国的志愿服务作为伴随改革开放出现的新生事物，是长期开展的学雷锋活动的发展和延续，有着广泛的群众基础和独特优势。”[8] 阐明了学雷锋活动与志愿服务的关系。我国的志愿服务一开始就和学雷锋活动紧密相连，具有鲜明的中国特色。2013 年 12 月，中共中央办公厅印发了《关于培育和践行社会主义核心价值观的意见》，强调要把学雷锋和志愿服务结合起来，把学雷锋志愿服务活动做到基层、做到社区、做进家庭。“学雷锋志愿服务”作为全新概念，开始出现在党的文献中。以此为开端，在实践层面推动学雷锋和志愿服务融合一体化发展，构建中国特色学雷锋志愿服务文化。

党在新时代指导公民道德建设的重要文献《新时代公民道德建设实施纲要》中，用精炼的 196 个字阐述了两者关系。字斟句酌将“学雷锋”与“志愿服务”、“雷锋精神”与“志愿精神”用“和”字连接并列，揭示两者既有区别又有联系的辩证统一关系。在次序上，将“学雷锋”列前，体现了历史与逻辑的一致。志愿服务是在学雷锋战略统御下具体层面的实践载体和形式。

习近平总书记多次谈到学雷锋和志愿服务，将二者联系在一起。2014 年给“郭明义爱心团队”回信、2019 年致中国志愿服务联合会第二届会员代表大会的贺信，结尾点睛之处，强调以实际行动书写新时代的雷锋故事，明确指出学雷锋与志愿服务是相互依存，不可分割的。党的十八大以来，党对中国特色志愿服务事业作了升级换代的顶层设计，学雷锋志愿服务是学雷锋活动时代化、志愿服务中国化的理论创新、制度创新、实践创新，全面开启了中国特色志愿服务事业新的时代征程，走出了一条与西方有本质区别的发展道路。

四、毛泽东题词推进学雷锋活动历史进程，书写新时代的雷锋故事

在毛泽东题词的统御下，在党的领导下，学雷锋活动一开始就形成了党、政、军各级组织和妇、青、工等群众团体互相配合、齐心协力、共同推进的组织体系，使党的政治优势和组织优势得到了充分体现。开展学雷锋活动较早的抚顺，在 1963 年年初总结学雷锋活动取得显著效果的四点原因，头两条讲的都是科学的组织动员：一是领导重视，看展览、听报告，从市委第一书记到各级党委书记都身体力行地与广大群众一起受教育；二是从上到下，充分发挥各级党组织的作用。

在历史发展的重要关节点重新发表毛泽东题词，是进一步动员和指导学雷锋活动的重要形式。毛泽东题词发表后的 60 年间，先后在 1973 年、1977 年、1981 年、1983 年重新发表毛泽东题词。1973 年 3 月 5 日，毛泽东题词重新发表在全国各大报刊的显要位置，发表了介绍各地学雷锋活动动态和经验的文章和社论。据望城县志记载，当年，在雷锋家乡湖南，《湖南日报》发表了社论《学习雷锋，做无产阶级革命事业接班人》。雷锋纪念馆举行纪念大会，市县党政主要领导出席，参加大会的人民群众及解放军战士共 3000 多人。县委根据省委指示，本着尊重历史和实事求是的精神，对雷锋纪念馆展出的内容作了修改。[9]

1977 年 3 月 5 日，毛泽东、周恩来、朱德的题词重新发表在《人民日报》等各大报上。《人民日报》、《红旗》杂志、《解放军报》联合发表了社论《向雷锋同志学习》。形成了继 20 世纪 60 年代初之后的第二个学雷锋活动高潮。

1983 年 3 月 5 日，《人民日报》《解放军报》等各大报纸重新发表老一辈无产阶级革命家关于向雷锋同志学习的题词手迹。在首都各界纪念向雷锋同志学习 20 周年大会上，胡乔木作了《做 80 年代的新雷锋》的讲话。

党的几代领导集体在回答不同时代课题中实现历史主题转换，把学雷锋活动推向

新阶段。邓小平两次在中央军委会议上用“雷锋叔叔不在了”的故事警醒全党，呼唤雷锋精神回归。党的十二大特别强调社会主义精神文明是社会主义的重要特征。

1990 年，以江泽民为核心的第三代中央领导集体为雷锋题词，召开了全国学雷锋先进代表座谈会，再次掀起学雷锋活动的新高潮。“岗位学雷锋、行业树新风”是这一时期学雷锋活动的集中体现，与青年志愿者活动有机结合是学雷锋活动的亮点。

2010 年 10 月，胡锦涛作出重要指示，要求学习宣传郭明义先进事迹。2011 年 10 月，党的十七届六中全会强调“深入开展学雷锋活动，采取措施推动学习活动常态化”。2012 年 2 月，中共中央办公厅印发《关于深入开展学雷锋活动的意见》。通过学雷锋活动，不断夯实社会主义核心价值体系建设的群众基础。

2012 年 11 月，党的十八大胜利召开。党立足新时代，以问题为导向，从更高的政治、理论和实践层面，进行新时代学雷锋活动的顶层设计。“向雷锋同志学习”实践活动以培养担当民族复兴大任的时代新人为着眼点，全面融入“中国之治”战略布局，实现新的历史跨越，赋予新时代学雷锋活动全新主体内容和时代特色。

毛泽东坚持人民的主体地位，通过对特定英模的题词，把党的马克思主义信仰、政治理念和路线方针政策最有力地传达给人民，最有效地与人民群众实践结合。纪念毛泽东题词，要把握题词的精髓，在已有的基础上继续前进，更加深入持久地开展学雷锋志愿服务，不断实现理论和实践的创新突破。历史已经证明，并将继续证明毛泽东等老一辈革命家为雷锋同志题词的价值伟力。

参考文献：

[1] 顾明远，刘复兴．从新民主主义教育到社会主义教育（1921—2012）[M]．北京：教育科学出版社，2015.

[2] 毛泽东．新民主主义论 [M] //毛泽东选集（第二卷）．北京：人民出版社，1991.

[3] 毛泽东．毛泽东文选（第七卷）[M]．北京：人民出版社，1999.

[4] 抚顺市政协文史资料委员会，抚顺市总工会工运史编委会．回顾学雷锋活动的起源和发展 [M]．沈阳：白山出版社，1991.

[5] 毛泽东．建国以来毛泽东文稿（第一册）[M]．北京：中央文献出版社，1987.

[6] 梁瑞郴，游和平．毛泽东题词趣谈 [M]．武汉：长江文艺出版社，2003.

[7] 中国中共文献研究会．周恩来风采 [M]．杭州：浙江人民美术出版社，2017.

[8] 中国精神文明建设年鉴编辑委员会．中国精神文明建设年鉴（2009）[M]．北京：学习出版社，2009.

[9] 湖南省望城县志编纂委员会．望城县志 [M]．北京：生活·读书·新知三联书店，1995.

弘扬雷锋精神与新时代党的执政理念

刘罄瑜*

2023年3月5日，是毛泽东“向雷锋同志学习”题词发表60周年纪念日。60年来，“雷锋”已远远超出个人姓名符号，他的事迹和精神哺育了一代代中国人精神世界的成长；60年来，雷锋式的先进人物不断涌现，他们以实际行动在祖国大地上书写新的雷锋故事，引领社会文明新风。习近平总书记指出：“雷锋、郭明义、罗阳身上所具有的信念的能量、大爱的胸怀、忘我的精神、进取的锐气，正是我们民族精神的最好写照，他们都是我们‘民族的脊梁’。”[1]当前，世界正处于百年未有之变局，党的治国理政面临十分错综复杂的国内外环境，“四大危险”更加尖锐，“四大考验”依然严峻。在新时代新征程中，弘扬雷锋精神，对创新和践行党的执政理念，有效应对重大挑战、抵御重大风险、克服重大阻力、解决重大矛盾、实现伟大梦想具有重要意义。

一、雷锋精神鲜明的人民性是中国共产党执政理念的永恒坚守

雷锋的一生始终坚持以人民利益至上，践行着为人民服务的人生观，展现出对党、国家、人民和社会主义的无限热爱，是一种将“小我”融入“大我”的大爱胸怀、积“小善”为“大善”的境界和行动。服务人民、奉献社会是一种公认的崇高品质，传承了守望相助、民胞物与的中华传统美德，体现了为人民服务的社会主义道德核心和集体主义的道德原则。党的二十大报告指出，中国式现代化是物质文明和精神文明相协调的现代化。精神文明的高度发展必然要求社会道德水平的提升。在新时代新征程中，应学习雷锋服务人民、奉献社会的大爱胸怀，成为中华传统美德和社会主义道德规范的模范践行者，通过实际行动促进社会进步，营造时代新风新貌。

执政理念是政党政治中一个至关重要的问题，是执政党在执政实践过程中形成的

* 作者系湖南省社会科学院（湖南省政府发展研究中心）助理研究员。

以执政宗旨为核心的整体价值判断，表明执政党的指导思想和执政活动的基本原则，贯穿于执政基础的建构、执政方略的制定、执政方式的选择等各个方面，揭示执政党执政的根本目的和宗旨，事关执政党的前途和命运。主要由为何执政、为谁执政、如何执政三部分组成[2]。为何执政，彰显执政主体的价值目标追求；为谁执政，突出执政实践的出发点和依靠力量；如何执政，明确执政的行为方略，体现为执政的政策、方针和路线，三者相互联系且相互依存，构成一个层次性与系统性相统一、内涵丰富的思想观念体系。其中，为谁执政是最核心要素，反映了执政党的性质、利益和愿望，决定了执政理念的本质，回答的是执政理念中最根本性的问题，制约着执政方式的确定，具有高度的稳定性、唯一性和阶级性，成为社会成员政党认同的重要依据。

全心全意为人民服务是中国共产党不变的情怀。毛泽东在《为人民服务》中提出："我们这个队伍完全是为着解放人民的，是彻底为人民的利益工作的。"[3]把"为人民服务"当作我们党区别于其他政党的显著标志，明确规定"为人民服务"是党的一切政策的出发点和最高标准。

党的十八大以来，在习近平系列讲话中，出现频率最高的是"人民"，他从不同的维度阐述了"以人民为中心"的执政理念。2012 年 11 月 15 日，习近平在当选为中共中央总书记后的中外记者见面会上郑重宣告："人民对美好生活的向往，就是我们的奋斗目标。"开启了中国共产党极不平凡的奋斗新征程。

首次明确提出"以人民为中心"是在 2013 年 8 月 19 日的全国宣传思想工作会议上："要树立以人民为中心的工作导向。"在庆祝中国共产党成立 95 周年大会上，习近平强调："坚持不忘初心、继续前进，就要坚信党的根基在人民、党的力量在人民，坚持一切为了人民、一切依靠人民，充分发挥广大人民群众积极性、主动性、创造性，不断把为人民造福事业推向前进。"[4]指明不忘初心，就是要时刻谨记"为什么建党"和"为谁建党"。2022 年 10 月 16 日，习近平在中国共产党第二十次全国代表大会上指出："坚持以人民为中心的发展思想。维护人民根本利益，增进民生福祉，不断实现发展为了人民，发展依靠人民、发展成果由人民共享，让现代化建设成果更多更公平惠及全体人民。"[5]由此，"以人民为中心"回答了"为何执政"和"如何执政"的双重问题，是习近平新时代中国特色社会主义思想的价值旨归，指导着党的一切执政实践活动。

二、中国共产党新时代执政理念的本质内涵

习近平总书记指出："中国共产党之所以能够发展壮大，中国特色社会主义之所以能够不断前进，正是因为依靠了人民。"[6]"只有始终相信人民，紧紧依靠人民，充分调动广大人民的积极性、主动性、创造性，才能凝聚起众志成城的磅礴之力。"[7]建党

一百年来，我们党正是依靠人民，拥有人民的支持，才得以生存、发展和壮大。党的根基在人民、党的力量来自人民。人民是推动历史发展的根本力量。面对未来，我们仍然必须进行具有许多新的历史特点的伟大斗争，只有坚持靠人民执政，我们党才能团结带领人民有效应对重大挑战、抵御重大风险、克服重大阻力、解决重大矛盾。当然，靠人民执政是具体的、实在的，最重要的是体现在治国理政的各个环节之中，巩固党执政的阶级基础，厚植党执政的群众基础。在实际工作中，靠人民执政关键是要用制度作保障，这涉及各个领域、各个方面。在政治制度设计层面，要坚持党的领导、人民当家作主、依法治国有机统一。习近平指出："坚持中国特色社会主义政治发展道路，关键是要坚持党的领导、人民当家作主、依法治国有机统一，以保证人民当家作主为根本，以增强党和国家活力、调动人民积极性为目标，扩大社会主义民主，发展社会主义政治文明。"[8]要坚持和完善人民代表大会制度、中国共产党领导的多党合作和政治协商制度、民族区域自治制度以及基层群众自治制度。发展更加广泛、更加充分、更加健全的人民民主，推进协商民主广泛、多层、制度化发展，切实保障人民管理国家事务和社会事务、管理经济和文化事业的权利。尊重和保障人权，广开言路，建立健全民主选举、民主决策、民主管理、民主监督的制度和程序。完善中国特色社会主义法律体系，加强法律实施工作，实现国家各项工作法治化。

党的二十大报告进一步强调，贯彻以人民为中心的发展思想，这不仅是马克思主义政党的内在理论要求，同时也是中国共产党在领导中国人民认识世界和改造世界过程中得出的重要论断。正如习近平总书记在党的二十大报告中指出，一切脱离人民的理论都是苍白无力的，一切不为人民造福的理论都是没有生命力的。站在新的发展阶段，民生领域中仍然有一些不平衡不充分的矛盾，这一系列问题背后，既有新挑战，也有老问题。因此，必须站稳人民立场、把握人民愿望、尊重人民创造、集中人民智慧，以中国式现代化全面推进中华民族伟大复兴。

三、弘扬雷锋精神是践行新时代党的执政理念的必然选择

雷锋精神源自对共产主义远大理想和中国特色社会主义共同理想的坚定信仰，是无产阶级执政党政德在中国大地上的生成和呈现。精神的实质是一种信仰，信仰具有崇高的价值特征和主体超越现实、超越自我的精神追求和精神定力。雷锋精神首先表现为理想坚定、赤胆忠心的政治热忱[9]，进而外化为雷锋对党无限忠诚、对社会主义祖国无比热爱的为人民服务的自觉行动中。雷锋把自己的生命看成是属于党和人民的，始终听党话跟党走。"为了人类的解放事业——共产主义，我要献出自己的毕生精力和整个生命。"[10]表现了一位共产党员为实现伟大理想而不懈奋斗的崇高品德，带动了一批又一批雷锋式的模范争相涌现，成为最持久最温暖的道德符号，信仰的能量使平凡

成就伟大。

习近平指出，中国共产党人的精神追求就是对马克思主义的信仰、对共产主义和中国特色社会主义的信念。我们党是靠坚定的理想信念从小到大、由弱到强，不断取得胜利的。共产主义事业是长期的充满艰难险阻的伟大事业，需要一代又一代共产党人矢志不渝为之奋斗。教育全党同志以雷锋为榜样，对于始终不忘初心、牢记使命，不断自我净化、自我革命，自觉做共产主义远大理想的坚定信仰者和忠诚践行者，展现中国共产党执政理念的鲜亮底色，赢得人民拥护，忠诚履行好党治国理政的职责使命具有重要意义。

人民群众是历史活动的主体，在为谁执政的问题上，马克思主义政党的本质决定了“它是人民群众全心全意的服务者，它反映了人民群众的利益和意志，并且努力帮助人民群众组织起来，为自己的利益和意志而斗争。”“同资产阶级的政党相反，工人阶级的政党不是把人民群众当做自己的工具，而是自觉地认定自己是人民群众在特定历史时期为完成特定历史任务的一种工具。”[11]这就要求，每一位共产党员都要牢固确立人民至上的根本价值观，始终站在人民的立场上，牢记全心全意为人民服务的执政理念，以党和人民的意志为意志。这一点在雷锋的身上得到了最生动的体现。雷锋用自己始终如一的行动和彻底的奉献精神，映照了一百年来，无数优秀中国共产党人前仆后继，勇担历史使命，敢于做出巨大牺牲，为祖国和人民无私奉献的为民情怀和高尚情操。雷锋精神内涵的无私奉献、忘我工作的“甘当革命的螺丝钉”精神充分诠释了无产阶级执政党的优良作风，展现了中国共产党执政为民的政治本色。“我要永远愉快地多给别人，毫不计较个人得失。”“我是人民的勤务员，自己辛苦点，多帮人民做点好事，这就是我最大的快乐和幸福。”理想信念既是原则的，也是具体的。雷锋精神，人人可学。吃苦在前、享受在后，勤奋工作、廉洁奉公，助人为乐、无私奉献的忘我精神是其现实转化。以雷锋精神为新时代中国共产党人践行执政理念的行为规范，是实现人民对美好生活向往的执政目标，坚持一切为了人民、一切依靠人民，始终与人民同甘共苦，做好人民勤务员的必然要求。

在新时代中国特色社会主义新征程中弘扬雷锋精神，就是要在新的历史条件下重新审视我们民族的核心价值，打牢我们民族的精神支柱。雷锋作为一个平凡的人，创造出巨大的精神价值，有着广泛的社会影响。新时代学习弘扬雷锋精神，践行党的执政理念，就是以雷锋精神为坚定共产主义远大理想信念的载体，补足共产党人精神之“钙”。全体党员干部要像雷锋一样保持坚定的政治信仰，不断自我净化、自我革新，牢固树立“四个意识”，坚决做到“两个维护”，始终坚持执政为民，以满腔的爱国情怀，做人民的勤务员，增强“以人民为中心”的自觉执政意识。

参考文献：

[1] 新华社．习近平号召“做一颗永不生锈的螺丝钉”［EB/OL］．（2018－09－29）［2019－01－20］．http：//cpc.people.com.cn/n1/2018/0929/c64094－30320711.html.

[2] 高翔莲，郭关玉．抗战时期中国共产党的执政理念：内涵、实践与价值［J］．江汉论坛，2017（10）：49－53.

[3] 毛泽东．毛泽东选集（第三卷）［M］．北京：人民出版社，1991.

[4] 习近平．在庆祝中国共产党成立95周年大会上的讲话［N］．人民日报，2016－07－02（1）.

[5] 习近平．高举中国特色社会主义伟大旗帜 为全面建设社会主义现代化国家而团结奋斗——在中国共产党第二十次全国代表大会上的报告［M］．北京：人民出版社，2022.

[6] 中共中央党史和文献研究院，中央“不忘初心、牢记使命”主题教育领导小组办公室．习近平关于“不忘初心、牢记使命”论述摘编［M］．北京：中央文献出版社、党建读物出版社，2019.

[7] 习近平谈治国理政（第二卷）［M］．北京：外文出版社，2017.

[8] 中共中央文献研究室．习近平关于全面深化改革论述摘编［M］．北京：中央文献出版社，2014.

[9] 张仲国．锋芒淬砺——雷锋精神与文化自信研究［M］．沈阳：辽宁大学出版社，2016.

[10] 总政治部．雷锋日记选［M］．北京：解放军文艺出版社，2003.

[11] 邓小平．邓小平文选（第二卷）［M］．北京：人民出版社，1994.

雷锋精神对建设中国式现代化的时代意义

王真茂*

党的二十大报告提出："弘扬以伟大建党精神为源头的中国共产党人精神谱系，用好红色资源，深入开展社会主义核心价值观宣传教育。"这是在当代中国团结奋斗迈向建设中国式现代化新历史节点提出的一项具有重大意义的治国理政方略，是贯彻落实习近平新时代中国特色社会主义思想的政治需要、应对错综复杂形势的战略需要、党的事业薪火相传的客观需要、实现民族复兴伟业的时代需要。

雷锋精神是伟大建党精神的一个具体精神形态，是伟大建党精神的生动体现、丰富发展，也是闪亮坐标。新时代新征程，弘扬雷锋精神，对于落实党的二十大精神、建设中国式现代化，具有重大现实意义和历史意义。

一、党的建设、治国理政的实践力量

全面建设社会主义现代化国家，全面推进中华民族伟大复兴，关键在党。

2018 年 9 月 28 日，习近平总书记在参观雷锋纪念馆时指出："如果 13 亿多中国人、8900 多万党员、400 多万党组织都能学习雷锋精神，都能在自己的岗位上做一颗永不生锈的螺丝钉，我们的凝聚力、战斗力将无比强大，我们将无往而不胜。"

弘扬雷锋精神，将示范激励肩负组织带领亿万人民群众迈向民族伟大复兴重任的党员干部，对照雷锋等先进英雄模范"照镜子"、净化灵魂，增强走中国特色社会主义道路、为党和人民事业不懈奋斗的自觉性和坚定性，做共产主义远大理想和中国特色社会主义共同理想的坚定信仰者，在培育和践行社会主义核心价值观方面带好头，以身作则、率先垂范，讲党性、重品行、作表率，为民、务实、清廉，把为党尽责、为民奉献作为价值追求，忠诚于党的组织和党的事业，为共产主义奋斗终身。不辜负人

* 作者系辽宁省互联网协会新时代雷锋文化研究传播中心主任。

民群众对党的信任和重托，坚持人民至上，兢兢业业为人民谋幸福，以昂扬的精神状态、矢志不移的价值追求、勇往直前的奋进姿态、艰苦奋斗的工作作风，在自己岗位上做一颗永不生锈的螺丝钉，从而形成无比强大的凝聚力、战斗力而无往而不胜。

弘扬雷锋精神，将示范激励各级国家机关及其工作人员在治国理政实践中，像雷锋那样心怀“国之大者”，把为民造福作为立党为公、执政为民的本质要求和出发点、落脚点，维护人民根本利益，增进民生福祉，不断实现人民对美好生活的向往。把雷锋精神融入现代社会治理之中，化解各种矛盾纠纷，优化法治“公序良治”，促进依法治国与以德治国的有机结合，促进社会公平正义，创造安全和谐的社会环境。

二、坚守初心、践行使命的先锋示范

中国式现代化是全体人民共同富裕的现代化，这是中国特色社会主义的本质要求，也是一个长期的历史过程。雷锋“把有限的生命，投入到无限的为人民服务之中去”。雷锋对初心的坚守和践行，为各级国家机关工作人员特别是党员领导干部树立了先锋示范。

新时代新征程，就要像雷锋那样，把全心全意为人民服务作为毕生价值追求，作为自己的最大幸福，以高度的思想自觉和行动，坚持以人民为中心的发展思想，矢志不移践行党的初心使命和历史责任，以坚定的理想信念坚守初心，担当使命，自觉做好本职工作，满腔热忱为人民群众排忧解难，彰显共产党人的使命担当，不断实现发展为了人民、发展依靠人民、发展成果由人民共享，让现代化建设成果更多更公平惠及全体人民。

三、爱岗敬业、执着奋斗的标兵表率

党的二十大提出，物质富足、精神富有是社会主义现代化的根本要求。

要实现这个根本要求，需要全党和全国各族人民持续不断、坚忍不拔的长期奋斗。要像雷锋那样，增强主人翁意识，服从党和人民需要，以实现人民对美好生活的向往为使命，积极投身民族复兴伟大实践。立足平凡岗位，脚踏实地、奋发向上，积极进取、不懈奋斗，昂扬活力、争先创优，蓬勃担当、执着前行，做一颗新时代闪闪发光的雷锋式“螺丝钉”，贡献自己的光和热，在平凡中追求卓越，在奋进中绽放光彩。

四、敢于斗争、敢于胜利的斗志激励

雷锋把“生为人民生，死为人民死”作为自己的信条，“时刻准备着为党和阶级的最高利益，牺牲个人的一切，直至生命”。其中蕴涵着中国共产党人攻坚克难的顽强意志、无私无畏的担当精神。

建设中国式现代化，充满各种不确定因素，会遇到各种艰难险阻，需要夺关闯隘。要学习雷锋精神，继承和发扬中国共产党人的斗争精神，增强志气、骨气、底气，昂扬革命斗志，增强斗争本领，在党和人民需要的时候，勇于干在前、冲在前，不畏艰难险阻，不怕流血牺牲，在中华民族伟大复兴的新征程中建功立业。

五、胸怀天下、无私奉献的品质标杆

党的二十大提出：“在全社会弘扬劳动精神、奋斗精神、奉献精神、创造精神、勤俭节约精神，培育时代新风新貌。”雷锋精神与五种精神高度契合。雷锋的“傻子”精神蕴含着深厚家国情怀，彰显了胸怀天下、无私奉献的崇高。

新时代新征程，要学习弘扬雷锋的“傻子”精神，将个人之梦融入中华民族伟大复兴之梦，当国家和人民需要时，不计个人得失，甘于牺牲奉献，以实际行动书写新时代的雷锋故事。

六、崇德向善、社会风尚的影响感召

中国式现代化是物质文明和精神文明相协调的现代化。

雷锋崇德向善、乐于奉献的精神，拥有崇高的道德力量，具有穿越时空的感染力和影响力。

新时代新征程，需要崇德向善的社会新风尚。雷锋精神将影响和感召人们不断提高思想道德素质，常怀仁爱之心，从小事做起，从身边做起，乐于助人，扶危济困，有一分光发一分热，积极传递真善美，传播正能量，书写更多更好的新时代雷锋故事，让中华传统美德蔚然成风。

七、文化认同、民族团结的精神家园

党的二十大提出，不断巩固全国各族人民大团结，加强海内外中华儿女大团结，形成同心共圆中国梦的强大合力。

实现国家富强、民族复兴、人民幸福，是全国各族人民的共同心愿，也是中华民族整体利益的根本所在。雷锋精神是五千年优秀中华文化和红色革命文化的结合，拥有鲜明的民族特征，体现了中华民族的理想、智慧、意志、情感、性格和传统，是中华民族精神的继承、丰富和发展。

新时代新征程，要充分发挥全国各族人民对雷锋精神的理念认同、情感认同和价值认同，采取各种手段和措施，以鲜明的时代导向和价值引领，将其转化为凝心聚力实现中华民族伟大复兴的中国梦的巨大精神力量，进一步增强全国各族人民的凝聚力、创造力，齐心协力、团结奋斗建设社会主义现代化国家。

八、涵育新人、血脉赓续的丰厚滋养

党的二十大提出，着力培养担当民族复兴大任的时代新人。用社会主义核心价值观铸魂育人，完善思想政治工作体系，推进大中小学思想政治教育一体化建设。

要建设中国式现代化并实现第二个百年奋斗目标，必须坚持中国共产党领导，坚持中国特色社会主义。这就要求弘扬光荣传统，传承红色基因，赓续红色血脉，将伟大建党精神融入新时代中国特色社会主义伟大实践。

雷锋精神是对广大青少年进行爱党、爱国、爱社会主义教育的生动鲜活教材，能使他们从中吸取立德树人、铸根塑魂的丰厚精神滋养，扣好人生第一粒扣子，树立崇高信仰和远大理想、坚定信念，勤学、修德、明辨、笃实，当好雷锋精神的种子，传承红色基因，赓续红色血脉，把雷锋精神代代传承下去，在与国家、人民命运相向而行的过程中，勤奋学习、掌握本领，敢于创业、砥砺前行，以新时代青年的担当作为，为实现人民群众对美好生活的向往作出应有贡献，成为堪当民族复兴重任、德智体美劳全面发展的社会主义建设者和接班人，在实现中国梦伟大实践中书写精彩人生。

雷锋精神对新时代高校落实立德树人根本任务的作用

薛瑞众*，龙超男**

一、雷锋精神的主要内涵和重要地位

自1963年3月5日《人民日报》发表毛泽东同志亲笔题词“向雷锋同志学习”以来，全国人民广泛、深入开展学习雷锋精神活动，雷锋精神的学习、践行在中华大地蔚然成风，成为中国人精神文明建设道路上的靓丽风景。

2014年3月11日，习近平总书记亲切接见部分基层人大代表时指出，雷锋精神是永恒的，是社会主义核心价值观的生动体现。2021年9月，党中央批准了中央宣传部梳理的第一批纳入中国共产党人精神谱系的伟大精神，雷锋精神被纳入，进一步深刻彰显了雷锋精神的重要地位。

雷锋精神作为中国共产党革命精神的具体形态，集中反映了中国共产党人的优良传统和作风，充分展现了中国共产党人初心和使命的传承，是对社会主义道德和共产主义理想信念的深刻诠释。[1]

雷锋精神已成为中华民族最为宝贵的精神之一，激励着一代又一代中国人。在新时代，我们仍然需要大力传承和弘扬雷锋精神，将其内化于心、外化于行，不忘初心、牢记使命，以忠诚、勤劳、奉献、热忱的优秀品质和向上、向善、追求卓越的坚毅行动，为中国特色社会主义事业的蓬勃发展、中华民族伟大复兴的中国梦贡献力量。

二、新时代高校践行雷锋精神的必要性及重要导向

“百年大计，教育为本”。教育是国之大计，党之大计。新时代高校肩负着立德树

---

* 作者系湘潭理工学院教师，新闻中心宣传科科长。

** 作者系湘潭理工学院教师，人文与艺术学院副院长，讲师。

人根本任务和“为党育人、为国育才”的光荣使命，要更加透彻认识、领悟立德树人的本质要求。

立德树人，重在立德与树人并举，既强调品德对于人的首要性，也体现培育人才的重要性，即坚持德育为先、育人为本。应该说，践行雷锋精神不仅是立德树人的内在要求，更是立德树人的重要路径，必须秉持人民至上的要求，抓好抓牢，一以贯之，担责尽责。

（一）新时代高校大学生践行雷锋精神的必要性

新时代的大学生绝大部分充满了爱国情怀，拥有主见和担当，在国家政治建设和经济建设快速发展的大潮中，能够深切感受到中国道路和中国制度的优势，能够坚定“四个自信”。[2]

但是，在西方意识形态不断渗透以及互联网自媒体的舆论冲击下，有很多学生不同程度地存在着“理想信念模糊，社会责任缺失”“劳动观念不强，享受意识强烈”“勤俭观念淡薄，浪费现象严重”“自我意识突出，集体观念弱化”等问题。[3]

为此，对于处于“拔节孕穗期”的新时代大学生来说，更需要恒久的榜样力量。雷锋就是具有这种力量的榜样人物，他身上所展现的精神，传递着浓郁的社会主义核心价值观，闪耀着向上、向善的伟大光辉，其中有坚定的共产主义信念，服务人民、助人为乐的奉献精神，坚持集体利益至上、克己奉公的螺丝钉精神，誓做有利于人民、有利于国家的人的“傻子”精神，干一行、爱一行、专一行、精一行的敬业精神，刻苦钻研理论和业务知识的钉子精神，锐意进取、自强不息的创新精神，艰苦奋斗、勤俭节约的创业精神，言行一致、表里如一的诚信精神，严于律己、自省修身的自律精神等[4]，这些正是新时代大学生所需要并应持之以恒、毕生践行的宝贵精神。

只有始终践行雷锋精神，大学生才不会迷失方向，才会以进取的状态和奋斗的姿态，更好地学习和实践，在宝贵的青春年华锻造过硬的为人民服务的本领，在成就个人的同时，为将来回报社会、造福人民储势蓄能。

（二）“四个强化”

新时代，高校要深刻认识雷锋精神的重要地位，深刻把握雷锋精神内涵的本质要求，在教育教学过程中，通过各种行之有效的途径，教育、引导大学生认真学习雷锋精神，践行雷锋精神，弘扬雷锋精神，努力提升品德素养，强化奉献意识，增强专业本领，让雷锋精神入脑、入心，转化为日常的行动自觉和价值共识。

1. 强化大学生的理想信念

理想信念是指引人奋进的旗帜，对人的成长、进步、发展具有巨大的推动作用。

高校要教育、引导大学生坚定理想信念，树立共产主义远大理想，深化对马克思列宁主义、毛泽东思想和中国特色社会主义理论体系的坚定信仰，让大学生深刻认识到真理的力量和“幸福是奋斗出来的”深刻道理，激励大学生认真学好专业知识，锤炼扎实专业本领，不断提升综合素质，以更坚定的理想信念，更强大的知识储备、能力储备，为更好地为服务祖国和人民时刻准备着。

2. 强化大学生的大爱胸怀

“大爱无疆，胸怀似海”。这不仅是博爱的体现，更是打开格局、面向未来的体现，彰显了一个人的正心正念、心底无私的广博精神。高校要教育、引导大学生向上向善，无私奉献，热爱人民，热爱集体，热爱劳动，以精诚付出、无怨无悔的行动，将爱播撒在周围人的心田，在服务他人的同时提升自己，为社会的和谐发展、团结进步作出应有贡献，让大学生拥有正能量、传递正能量，而不是成为精致的利己主义者。

3. 强化大学生的忘我精神

“精诚所至，金石为开”。忘我不仅是一种高尚的境界，也是一种实现梦想、攻克难关的重要路径。聚精会神、心无旁骛、一心一意，更能够取得优异成绩。高校要教育、引导大学生“学会坐冷板凳”，以沉心静气、不急不躁的心态，认真做事，敬业勤勉，精益求精，一丝不苟，“学一行，精一行”“干一行，爱一行”，以工匠精神要求自己、锤炼自己，争做业内的行家里手、能工巧匠。

4. 强化大学生的进取锐气

进取是青春的应有之义，锐气是青春的独特品质。高校要教育、引导大学生保持“初生牛犊不怕虎，越是艰险越向前”的勇毅，踔厉奋发，笃行不殆，积极进取，永葆锐气，勇敢面对学习、生活中的艰难，做只争朝夕、不负韶华、砥砺奋斗、无愧青春的大学生，将“吃得苦、耐得烦、霸得蛮”的湖湘精神融入个人气质。

（三）“五个教育”

2012 年 2 月，中共中央办公厅印发的《关于深入开展学雷锋活动的意见》指出，要大力弘扬雷锋热爱党、热爱祖国、热爱社会主义的崇高理想和坚定信念，弘扬雷锋服务人民、助人为乐的奉献精神，弘扬雷锋干一行爱一行、专一行精一行的敬业精神，弘扬雷锋锐意进取、自强不息的创新精神，弘扬雷锋艰苦奋斗、勤俭节约的创业精神。新时代，高校必须结合实际，在落实这五点要求上下深功夫、真功夫，突出对大学生的品德教育和行动引领。

第一，要通过思政课、主题班会、校园活动、校园宣传等途径，潜移默化地教育、引导大学生坚定“听党话、感党恩、跟党走”的信念和行动，树立热爱祖国、热爱人民、热爱社会主义的信念，把个人理想追求融入党和国家的事业之中，融入全心全意为人民服务之中。

第二，要通过党史学习教育、志愿服务活动、学术讲座、论坛沙龙等途径，教育、引导大学生始终践行党全心全意为人民服务的根本宗旨，树立助人为乐、甘于奉献的道德情操，做“只问耕耘、不问收获”“不计名利、不计得失”的实干家、奋进者。

第三，要通过工匠精神教育、先进事迹熏陶等途径，教育、引导大学生立足实际，立足当下，脚踏实地，埋头苦干，用心、用情做好手中事，把小事做好、做精，力争在平凡的岗位上做出不平凡的业绩。

第四，要通过励志教育、挫折教育等途径，教育、引导大学生永葆青春朝气，永葆进取锐气，敢于面对困难、克服困难、解决困难，自立自强，奋发图强，做永不言败、锲而不舍、攻坚克难、创新求变的弄潮儿。

第五，要通过劳动教育、苦难教育等途径，教育大学生珍惜当下，敢于吃苦，能够吃苦，勤劳、简朴、节约，做脚踏实地、勤勉坚韧的“实在人”。

三、新时代高校践行、弘扬、传承雷锋精神的可行性路径

习近平总书记指出：“雷锋精神，人人可学；奉献爱心，处处可为。”

2022年北京冬奥会闭幕式上，主持人以“点亮我，温暖你”的话语赞扬践行雷锋精神的志愿者的无私付出。新时代，高校要大力倡导大学生践行雷锋精神、弘扬雷锋精神、传承雷锋精神。

（一）强化理论研究阵地，加强对雷锋精神的研究、诠释

新时代，高校要结合时代特点、学生特点和办学实际情况，建立研究、传播、弘扬雷锋精神的雷锋精神研究会等学术性研究型组织，经常性组织相关专家、学者对雷锋精神开展深入研究，力争推出一批研究成果，增强理论支撑，强化理论武装，推动学校立德树人根本任务的进一步落实。这既有利于学习、贯彻雷锋精神，也有利于学校打造精神文明品牌。

（二）大力倡导志愿服务，为大学生践行雷锋精神提供平台

新时代，高校要支持、引导大学生成立以加强自我管理、服务便利群众、提升综合素质为出发点、落脚点的大学生志愿者协会等群团组织，指导学生经常性开展弘扬

雷锋精神的志愿服务活动。通过开展志愿服务，展现新时代大学生的良好风貌和青春风采，培养大学生的奉献精神、吃苦精神，提升他们的品德素养、社会实践能力、协调能力、沟通能力，增强大学生的团队意识、集体意识、服务意识、大局意识，让雷锋精神映射到每一位志愿者身上，影响到每一位大学生。

（三）通过各种有效载体，加强对雷锋精神和好人好事的宣传

新时代，高校宣传部门要通过学校官方网站、校园宣传橱窗、官方微信公众号、官方微博、官方抖音账号、校报、校刊等各种宣传载体，常态化宣传雷锋精神，对涌现出的践行雷锋精神的好人好事进行宣传报道，让雷锋精神传遍校园的每一个角落，让好人好事心口相传，营造健康向上的校园文化，进一步建构良好的校风、学风、教风，提升学校的美誉度，推动教育教学工作高质量发展。

（四）注重对优秀典型的推选，选树雷锋精神传承标兵和先进个人

新时代，高校要加强对好人好事和先进典型的评选和激励。可以设立“雷锋精神”传承标兵、“践行雷锋精神”先进个人等个人奖项及“践行雷锋精神”先进寝室、班级、学院等集体奖项，通过评选、表彰，在全校掀起“人人学雷锋、人人争做雷锋”的浓厚氛围。

（五）邀请先进典型和专家学者，开办雷锋精神讲座

新时代，高校要邀请各级道德模范、“好人”典型等到校，以开展报告、讲座的形式，传播、弘扬雷锋精神，激励大学生学雷锋、做雷锋。与此同时，可组织学校的学雷锋先进典型走上舞台、讲台现身说法，增强大学生对雷锋精神的认识、理解、感知，以榜样的强大力量激励实践的深度落地。

（六）认真贯彻“三全育人”，把雷锋精神这一伟大精神带入课堂

新时代，高校要切实加强对学生的思政教育工作，认真贯彻“三全育人”要求。要将雷锋精神带入课堂，让雷锋精神成为课堂上滋润学生成长的“营养品”，深化大学生对雷锋精神的理解、认识，进而转化为“知行合一”的实际行动。

（七）倡导“百花齐放”，支持学生策划、组织各类学雷锋活动

高校具有深厚的人文底蕴、活跃的文化氛围和开展活动的良好基础与条件，要以“百花齐放”的胸怀，充分调动各方面的积极性，支持学生策划、组织各类学雷锋活动，鼓励、支持大学生通过各种喜闻乐见的形式开展学雷锋活动，让学生通过活动感

知雷锋精神，崇尚雷锋精神，践行雷锋精神。高校要出台相关制度、规定，为学雷锋活动健康、持续、有效地开展提供遵循和指引。

（八）探索成立以雷锋命名的班级、社团，以点带面，传播雷锋精神

高校可出台有关方案、制度和规定，在竞争、择优、审核的基础上，成立以雷锋命名的班级和学生社团，让“雷锋班”成为学校一面靓丽的旗帜，提振学校学雷锋的氛围。2019 年，湘潭理工学院成立了“雷锋班”学生社团，该班积极学习雷锋精神、践行雷锋精神，活跃在社区、养老院、汽车站、湘潭北站和学校大型活动现场，以高效、热忱的志愿服务，赢得社会广泛好评，成为学校一张靓丽的名片，推动了立德树人根本任务的高质量落实。

四、结语

习近平总书记指出，雷锋是一个时代的楷模，雷锋精神是永恒的。实现中华民族伟大复兴，要不断闯关夺隘，也需要更多的时代楷模。积小善为大善，善莫大焉，这和中国共产党“为人民服务”“做人民勤务员”是一脉相承的。我们要见贤思齐，把雷锋精神代代传承下去。

几十年来，雷锋精神犹如一座巍然矗立的灯塔，不断放射出夺目的光芒，照亮着一代又一代人的心灵。在全面建设社会主义现代化国家新征程上奋勇前进的今天，我们要把雷锋精神广播在祖国大地上，弘扬无私奉献、团结互助的理念，自觉服务社会、服务人民，在全社会形成人人学雷锋、人人做雷锋的生动局面，让雷锋精神在新时代绽放新光芒。[5]

人者，德为先。作为肩负着立德树人根本任务和“为党育人、为国育才”使命的新时代高校，更要高度重视践行雷锋精神对于落实根本任务和实现使命所发挥的重大作用。新时代，高校要从着眼于培养合格接班人和社会主义建设者的角度，积极践行社会主义核心价值观，以社会主义核心价值观引领教育教学全过程，这也是学校教育的应有之义。[6]应该指出的是，雷锋精神是社会主义核心价值观的人格化，社会主义核心价值观支持着雷锋精神的延续与发展，两者在本质上具有高度统一性，能够实现内在契合。[7]

总之，新时代高校要认真把握雷锋精神的主要内涵和重要地位，明确践行雷锋精神的必要性及重要导向，通过认真实践，努力探索出更多践行雷锋精神、弘扬雷锋精神的可行性路径，让雷锋精神滋养全体大学生，进而更好地落实立德树人根本任务，实现教育教学的高质量发展。

参考文献：

[1] 杨忠民，贺培育，李晖，等. 雷锋精神与红色文化［M］. 北京：社会科学文献出版社，2019.

[2] 叶丹. 红色文化与新时代高校理想信念教育研究［M］. 南昌：江西人民出版社，2020.

[3] 姜克微，姜雯. 用雷锋精神引领大学生树立崇高的理想信念［J］. 辽宁师专学报（社会科学版），2021（2）：83－85.

[4] 张文生. 从雷锋精神的本质看弘扬雷锋精神的着力点［J］. 延安大学学报（社会科学版），2013（3）：12－15.

[5] 本报评论员. 把雷锋精神代代传承下去——论中国共产党人的精神谱系之九［N］. 人民日报，2021－08－16（01）.

[6] 陆世宏. 思想引领 立德树人［M］. 北京：人民日报出版社，2019.

[7] 周杨. 雷锋精神永不过时——关于雷锋精神的三点思考［J］. 兰州学刊，2012（3）：8－11.

新时代持之以恒传承和弘扬雷锋精神

李雨薇*，姚选民**

习近平总书记在党的二十大报告中指出："弘扬以伟大建党精神为源头的中国共产党人精神谱系，用好红色资源，深入开展社会主义核心价值观宣传教育，深化爱国主义、集体主义、社会主义教育，着力培养担当民族复兴大任的时代新人。"1963 年，毛泽东同志亲笔题词，号召全国人民"向雷锋同志学习"。他指出："学雷锋不是学他哪一两件先进事迹，也不只是学他的某一方面的优点，而是要学他的好思想、好作风、好品德；学习他长期一贯地做好事，而不做坏事；学习他一切从人民的利益出发，全心全意为人民服务的精神。"雷锋，生命定格在 22 岁的普通中共党员，以平凡但不普通的实干实绩，赢得亿万中国人民长久的尊敬和效仿，树起了令人景仰的道德丰碑。雷锋精神高度凝练了中华民族的传统美德，是第一批被纳入中国共产党人精神谱系的伟大精神。习近平总书记将雷锋精神提炼为"信念的能量、大爱的胸怀、忘我的精神、进取的锐气"。中共中央办公厅印发的《关于深入开展学雷锋活动的意见》中指出："要大力弘扬雷锋热爱党、热爱祖国、热爱社会主义的崇高理想和坚定信念，弘扬雷锋服务人民、助人为乐的奉献精神，弘扬雷锋干一行爱一行、专一行精一行的敬业精神，弘扬雷锋锐意进取、自强不息的创新精神，弘扬雷锋艰苦奋斗、勤俭节约的创业精神。"[1]中国特色社会主义进入了新时代，雷锋精神和"雷锋传人"承前启后、继往开来。尽管岁月有变迁，但爱国、奉献、敬业、创新、奋斗的雷锋精神经历时光打磨，仍熠熠生辉，依旧是时代主旋律。新时代，"雷锋传人"以朝气蓬勃的干劲、奋发有为的闯劲，活跃在各自舞台上，践行初心使命，活出不一样的精彩。

---

* 作者系湖南省社会科学院（湖南省政府发展研究中心）县域治理研究中心特约研究员。

** 作者系湖南省社会科学院（湖南省政府发展研究中心）研究员。

一、传承雷锋热爱党、热爱祖国、热爱社会主义的崇高理想和坚定信念

雷锋为人处世的思想基础和动力源泉，源于对党和祖国深沉而炽热的爱。在1960年8月20日的日记中，他坦诚了自己的所思所想："我就是长着一个心眼，我一心向着党，向着社会主义，向着共产主义。""我要做一个有利于人民、有利于国家的人。如果说这是'傻子'，那我甘心愿意做这样的'傻子'，革命需要这样的'傻子'，建设也需要这样的'傻子'。"正因为心里装着这样的大爱，顾不上治好在街道工厂中救火被烧伤的手，雷锋转身又投入抗洪抢险当中，与战友们共同奋战7天7夜不眠不休。正因为将国家和人民放在心中最重要的位置，雷锋才能在每月津贴费只有6元的前提下，果断将自己共计203元的存款存折中取出200元捐献给区委办公室，用以支持大生产建设。在看到接待的同志坚决只肯收不超过100元的捐赠之后，雷锋没有将另一半钱收回口袋，而是毫不犹豫地拿出来，支援饱受洪水困扰的辽阳人民。

新时代，在脱贫攻坚、疫情防控等战场上，也有这么一批人，将个人追求立足于社会需要，融入时代大潮，克己奉公、忠诚担当，立足本职发光发热，实现了自我价值与社会价值的有机统一，他们就是当代雷锋的最好写照。毛相林，全国脱贫攻坚楷模，这位下庄村党支部书记被称作"当代愚公"，为了断村子穷根，不惜掏出自身积蓄，又用自己的房子担保贷款，带领村民不等不靠，在悬崖峭壁上用自己的双手凿石修路，历时七年，硬是铺就了一条"绝壁天路"。为了决战贫困，毛相林先后带领村民养蚕栽桑，从蛮干到巧干，摸着石头过河，最终确定发展柑橘、桃树、西瓜三大脱贫产业。2015年，下庄村在巫山率先实现整村脱贫，现在又发展起乡村旅游产业，日子过得红红火火，实践了幸福是自己奋斗出来的。武汉市金银潭医院院长张定宇，2020年抗击新冠疫情中涌现出的"人民英雄"，尽管身患渐冻症，仍然临危不惧，坚定地扑在抗疫一线，以生命赴使命，用心守护更多人的健康。受限于腿脚不便，他坦诚："我必须跑得更快，才能跑赢时间，抢救更多患者！"危急时刻，面对大量的重症及危重症患者，张定宇要求医院想方设法破解救治难题，努力实现应收尽收，"身为共产党员，危急时刻必须不忘初心、勇担使命！"疫情期间，为了提高治愈率、降低死亡率，张定宇创新了治疗方法，赢得了宝贵时间，带领医院全体职工累计救治了2800多名新冠肺炎患者[2]。在他身上，我们能看到，生命的长度或许有限，但宽度和厚度却蕴含无限可能。

二、传承雷锋服务人民、助人为乐的奉献精神

提到雷锋精神，最先映入大多数人脑海的同义词就是无私奉献。雷锋在服务人民中收获满足，在帮助他人中得到快乐。1961年10月20日的雷锋日记掷地有声："人的

生命是有限的，可是，为人民服务是无限的，我要把有限的生命投入到无限的为人民服务之中去。”平时，雷锋会主动帮助战友承担许多分外工作，甚至默默地以战友名义给其困难的家庭成员寄钱，对于素昧平生的弱势群体更是毫不吝啬地施以援手。从1961年开始，雷锋经常应邀去外地作报告，民间流传的一句话形象地描绘了他在人民群众心中的形象：“雷锋出差一千里，好事做了一火车。”有一次，雷锋在沈阳车站看到一个背着小孩手足无措的中年妇女，身边围有一群人在看热闹，当得知她不慎遗失随身的车票和钱，难以实现去吉林看望丈夫的心愿时，雷锋连忙自掏腰包买票，解决大嫂燃眉之急，大嫂感激地询问：“小兄弟，你叫什么名字？是哪个单位的？具体住哪呀？”雷锋笑着回答：“我叫解放军，家就住在中国。”

雷锋精神流传至今，并不是靠做出了一两件惊天动地的大事，而是一以贯之地做好力所能及的小事，同时甘之如饴地当好无名英雄，只求问心无愧。新时代，不乏这样的身边的雷锋。万佐成和熊庚香，江西省南昌市青山湖区石泉村夫妻，第八届全国道德模范。他们十八年如一日，将自己在肿瘤医院旁小巷里经营的油条、麻团小店，打造成服务全国各地病人家属的“爱心厨房”。为了让病人吃上热气腾腾的“家的味道”，万佐成夫妇象征性地向病人家属收取一块钱，即使在非就餐时间也始终烧着炉灶，提供锅碗瓢盆、炉灶煤火、油盐酱醋，方便病人家属随时炒菜。为了表达感激，许多病人家属在小店墙上留了电话，邀请万佐成夫妇去做客[3]。一面“有故事”的墙，记载着万佐成夫妇全年365天的亏本坚守与爱心奉献。这条看似平凡的巷子，传递给大众不平凡的温暖。学雷锋做好事不留名的还大有人在。从1999年起，“顺其自然”连续24年坚持向宁波市慈善总会捐款。2022年11月25日，在受疫情影响各行各业都生存不易的前提下，“顺其自然”捐赠了106万元，累计金额高达1469万元。“顺其自然”每年除向市慈善总会捐款外，还向社会困难人士和受灾地区捐款。对于社会困难人士，其落款署名往往在“顺其自然”中择字组合；对于受灾地区，其落款署名则在“风调雨顺”中择字组合。捐款是善举，长期隐名捐款更是一种不求回报的大爱。

三、传承雷锋干一行爱一行、专一行精一行的敬业精神

雷锋是多面能手，无论他走上哪个岗位，都一如既往地爱岗敬业、扎实肯干、精益求精。在望城县委当公务员期间，他被评为县委机关工作模范；在辽阳市弓长岭焦化厂工作了142天，他创造了3项技术革新成果；在工业战线工作的1年3个月中，他3次荣获先进工作者称号，多次评为红旗手和标兵，并获评“青年社会主义建设积极分子”；在部队2年8个月，他荣立二等功12次、三等功2次。1962年4月17日的雷锋日记记录了他的心路历程：“一个人的作用，对于革命事业来说，就如一架机器上的一颗螺丝钉。”“螺丝钉虽小，其作用是不可估计的。我愿永远做一个螺丝钉。”

新时代，也有一批人以高度的责任心和使命感对待自己的本职工作，助力国家和社会的稳定和繁荣。艾爱国，中国焊接专家、2021 年“七一勋章”获得者，湖南华菱湘潭钢铁有限公司焊接顾问，年逾古稀依然奋战在焊接工艺研究和操作技术开发一线，扎实的钢结构焊接质量为打造精品国家重点工程打牢了基础。在成为技能大师的路上，艾爱国不畏挑战、精益求精。能否在仅 0.2 平方米的紫铜导板上密集施焊，是成功研制某海军先进舰艇动力装置的前提，其他团队历时半年也没拿出可靠方案，艾爱国创新采用熔化极氩弧焊接工艺，成功攻克焊接技术难关。在技术传承上，艾爱国无偿地向 200 多名下岗工人和农村青年传授焊接技术，其中超过一半凭借过硬的技术考入南方电力机车集团、湖南三一重工集团等大型企业，并成长为企业骨干[3]。与雷锋一样，干一行爱一行、专一行精一行的典型，不得不提钱伟长。当年他以中文、历史均满分，而物理 5 分、化学和数学一共 20 分的成绩考入清华大学历史系。因国家危难，钱老认定要将自己的专业选择建立在国家的迫切需求之上，故转学物理，成为中国力学奠基人。终其一生，钱老追求经世致用，当他注意到中国的坦克经常在半路“抛锚”，他边干边学，组建团队花大力气在化学领域攻坚克难，研发出一种新型高能电池，成功地破解了这个难题。在担任中国文字改革委员会委员期间，他提出汉字宏观字形编码，简称“钱码”，获得上海市科技进步二等奖。这样跨专业的科学贡献，他一生做过十多次，被嘲讽为什么都懂一点的“万能科学家”时，他不卑不亢地表示：“祖国的需要就是我的专业。”

四、传承雷锋锐意进取、自强不息的创新精神

对待工作，雷锋总能迸发出无穷的热情和干劲。1959 年 10 月 25 日的雷锋日记对青春这样加注：“真正的青春，只属于那些永远力争上游的人，永远忘我劳动的人，永远谦虚的人。”在不同岗位上都能展示出众的专业胜任能力，雷锋锐意进取、自强不息的背后，靠的是学习带来的创新能量。当工作繁忙，难以有整块时间学习，雷锋就把书装在随身挎包里，在工作间隙中挤时间看书。1961 年 10 月 19 日的雷锋日记道出了其中缘由：“要学习的时间是有的，问题是我们善不善于挤，愿不愿意钻。我们在学习上也要提倡这种‘钉子’精神，善于挤和钻。”

2019 年中华人民共和国国家勋章和“人民楷模”国家荣誉称号获得者——大庆油田勘探开发研究院院长王启民，是新时代雷锋创新精神的极佳代言人。他首创“高效注水开采方法”，给当时主流的“温和注水”开采方式提供了备选，闯出“中国式注水开发”的新路。之后，王启民主持试验“分层开采、接替稳产”，效率提高了 10% 至 15%，夯实大庆油田稳产 10 年再 10 年的根基。因时因势，王启民再接再厉，对“大庆油田高含水期稳油控水系统工程”进行结构调整，实现了“控液稳产”，助力大

庆实现世界油田开发史奇迹。王启民的自我评价是：“我这辈子只做了一件事，就是研究怎么开发好大庆油田。”他在耄耋之年依旧照常上班，从未躺在功劳簿上睡大觉，攻关科研无止境，挑战极限无禁区，始终为寻找最新的高效驱油技术而奔忙。2021 年江苏省劳动模范荣誉称号获得者——国网江苏省电力有限公司泰州供电分公司运检部智能运检中心负责人戴永东，是国内最早把无人机运用到电网一体化巡查的专家。他开创了智能化巡检，足不出户就可实现对输电线路立体化巡检和故障识别，彻底解决了人工观测的视角盲区，同时还有效缓解了人员不足的问题，大大提高了运维的质量和效率。戴永东认为：“苦不应该是电力人的主旋律。我想让老一代电工的辛苦不再延续，让传统的运维检修工从‘蓝领’变成‘白领’。”泰州地处里下河地区，因鸟类栖居、鸟粪积压导致的电网跳闸事故不断发生。在生态保护的前提下，戴永东带领团队设计出了均压环等一系列防鸟装置，使泰州地区鸟害跳闸率从 30% 下降到 5%。2019 年，戴永东还带领团队走进西藏，首次采用无人机自主巡检“电力天路”，成功斩获了全国电力金巡奖。

五、传承雷锋艰苦奋斗、勤俭节约的创业精神

雷锋一向追求“不乱花一分钱，不乱买一寸布，不掉一粒粮，做到省吃俭用，点滴积累，支援国家建设”。他身上的衣裤补丁总是补了又补，使用的搪瓷脸盆和漱口杯，黑色的铁皮“疤痕”一片片露出，他也舍不得买新的。雷锋认定：“每一分钱、每一滴油都是人民的血汗，要像爱护自己的眼睛一样爱护。”他常说：“在工作上，要向积极性最高的同志看齐；在生活上，要向水平最低的同志看齐。”雷锋去世后，留下 10 件特别遗物，针线包、木制的节约箱、外出时装学习用品的挎包、雨夜送大娘时穿过的雨衣……每件遗物背后都藏有动人的故事，诉述着他一贯的勤俭节约。

新时代，生活条件变好了，但艰苦奋斗、勤俭节约的创业精神仍然值得歌颂。获得国家“时代楷模”荣誉称号以及联合国环境规划署颁发的“地球卫士奖”的塞罕坝机械林场，自 1962 年建场以来，三代人响应党和国家的号召接续奋斗、甘于奉献，在“黄沙遮天日，飞鸟无栖树”的荒漠沙地上成功培育出“蓝天白云游，绿野无尽头”的世界上面积最大的人工林，创造了荒原变林海的人间奇迹，经济收入由建场之初的不足 10 万元增加到 1.6 亿元，辐射带动近 4 万人受益，铸就了“牢记使命、艰苦创业、绿色发展”的塞罕坝精神。新时代，是一个奋斗者的时代，只要努力，就不乏机遇和可能。孙炳良，全国自强模范、全国脱贫攻坚先进个人，小时候因病落下残疾，靠着自强不息的奋斗精神成长为人生的“巨人”。1994 年起，他先后设立炳良家电维修部，坚守“每逢周日和节假日，为残疾人、五保户、老军人义务维修家电”的承诺 20 余年，后开办家电维修培训班，对残疾人、下岗职工、特困学员进行培训。通过近

30 年的艰苦打拼，孙炳良将河南省炳良电子商务有限公司打造成省级电子商务示范企业，给予残疾人电商培训、直播带货的机会，帮助 7600 名残疾人熟练掌握电子商务技能，3800 名残疾人成功通过电商平台就业创业。他将自己活成一束光，也使更多残疾人相信，自己同样可以自立自强，做社会有用之人。

习近平总书记指出："雷锋精神，人人可学；奉献爱心，处处可为。积小善为大善，善莫大焉。当有人需要帮助时，大家搭把手、出份力，社会将变得更加美好。"在新时代，无论是为国争光的运动员，坚守岗位的医护工作者，探索不止的科学家，还是奋斗不息的创业者，每一个平凡的你我他，都有机会成为雷锋传人，传递正能量。新时代，让我们持之以恒地传承和弘扬雷锋精神，为建设社会主义现代化国家贡献自己的光和热。

参考文献：

[1] 韩延明．百年红色精神谱系之九 雷锋精神［J］．党史博采（上），2021（9）：4－9.

[2] 杨彦帆．向险而行 勇挑重担［N］．人民日报，2021－09－11.

[3] 李忠峰．德耀中华·第八届全国道德模范候选人事迹（下）［N］．人民日报，2021－07－16.

雷锋精神融入大学生就业观教育的逻辑理路

单湘丽*

雷锋精神作为中国共产党人精神谱系的重要组成部分，蕴含着崇高理想、坚定信念、奉献精神、敬业精神、创新精神和创业精神，在大学生就业观教育上具有天然优势。党的十八大以来，习近平总书记多次谈到雷锋精神，号召把雷锋精神代代传承下去。将雷锋精神与大学生就业观教育融合，有利于高校培养出符合中国式现代化发展要求的人才，进而实现“为党育人、为国育才”的崇高使命。

一、雷锋精神融入大学生就业观教育的时代价值

就业观对大学生就业具有导向作用，能够决定大学生的职业选择、工作状况以及生活方式[1]。雷锋精神融入大学生就业观教育，要站在践行社会主义核心价值观、落实立德树人根本任务、实现高质量充分就业目标的高度，深刻认识和把握其时代价值。

（一）践行社会主义核心价值观的需要

以爱国主义为核心，以无私奉献为本质，以自强不息为动力，始终坚持“全心全意为人民服务，为了人民的事业无私奉献”，一直是雷锋精神的思想精髓与核心内涵。[2]这一内涵实质上也是新时代大学生践行社会主义核心价值观的内在要求。面对我国发展中面临的乡村振兴、经济复苏、科研攻关等一系列风险挑战，大学生作为国家未来的建设者和接班人，应当积极投身祖国建设。将雷锋精神融入大学生就业观教育，着力培养大学生爱岗敬业无私奉献的精神、为人民服务的高尚品格、勇挑重担的责任意识、锲而不舍的进取锐气，有利于帮助大学生认清自己肩负的历史使命和社会责任，

* 作者系湖南财政经济学院助教，财政金融学院辅导员。

把爱国情、强国志、报国行融入全面建设社会主义现代化强国、实现中华民族伟大复兴的奋斗之中。

（二）落实立德树人根本任务的需要

立德树人是教育的根本任务，“立德”即确立崇高的思想品德，“树人”即培养高素质的人才，本质是铸魂启智、陶冶情操、传承知识、提高素质，核心是不断提升学生的政治觉悟、思想水平、道德品质、文化素养和健康体魄。当前，我国发展面临的国内外环境发生深刻复杂的变化，高校作为人才培养基地，必须聚焦国家战略需要，想国家之所想、急国家之所急、应国家之所需，回应深刻变局，以推陈出新的姿态坚守立德树人的初心。将雷锋精神融入大学生就业观教育，是高校落实立德树人根本任务的创新举措，有利于高校培育出敢于追梦、勇攀高峰、为中国特色社会主义奋斗终身的有用人才。

（三）实现高质量充分就业目标的需要

党的二十大报告强调，要实施就业优先战略，并提出促进高质量充分就业的宏伟目标。大学生作为就业主力军，是我国现代化发展的重要储备人才。据统计，2023 届全国普通高校毕业生人数规模再创新高，预计达 1158 万人[3]。然而，当前大学生“慢就业”“缓就业”趋势愈发明显，呈现“就业难”与“招工难”矛盾。一方面，由于疫情的冲击，整体经济形势下滑，部分大公司缩减招聘规模，大量中小企业倒闭，导致就业岗位较大程度减少，很多大学生纷纷选择考研考公赛道。加上疫情打乱了学生出国留学的步伐，国内考研赛道更加拥挤，甚至很多同学在缺乏对自身清晰的认知下继续考研复战。另一方面，参与招聘的政府和企业的多位负责人表示存在“招工难”问题，认为政企方面诚意满满，但是一些高校毕业生却没那么“热”。为了更好地促进大学生高质量充分就业，需要发挥雷锋精神的价值引领作用，帮助学生树立全面、系统、科学的就业观，正确辨别就业形势和发展机遇，强化自我认知与生涯规划。

二、雷锋精神融入大学生就业观教育的路径选择

在大学生就业观教育中弘扬雷锋精神，可以从课程育人、实践育人、心理育人、服务育人探索实践路径，帮助大学生进行全方位、多层次的职业生涯规划，充分释放雷锋精神的铸魂育人功能。

（一）融入课程育人，发展雷锋精神内蕴

课程育人是高校以各种课程形式为媒介开展育人活动的教育行为，在大学生就业

观培育中居于核心地位，能够帮助学生了解就业市场结构，完善自我价值体系，树立系统的就业观。充分发挥课程育人的主导性，应不断提高课程教学中雷锋精神育人的吸引力、感染力和说服力，着力培养具有“雷锋气质”的时代新人。

1. 坚持思想政治理论课先行

习近平总书记高度重视思想政治理论课的育人价值，指出思想政治理论课是落实立德树人根本任务的关键课程。[4]将雷锋精神与思想政治理论课相结合，以马克思主义哲学思想和中国特色社会主义理论体系指导大学生就业观教育，实现科学与人文的交融、智慧与情感的互动、理性与价值的融合，能够有效提升高校立德树人质量。其一，思政课要理直气壮地“讲道理”，引导学生掌握基本概念与原理，强化知识结构，提升认知水平，训练学生的逻辑思维、辩证思维、系统思维，帮助学生形成并坚定理想信念，确定价值目标，实现人生理想。其二，思政课应注重培养大学生的职业道德，培育学生砥砺职业操守、恪守职业本分，使学生成长为德才兼备的时代新人。其三，思政课教师要进行深入的教学研究与设计，找准雷锋精神与思政课教学的契合点，讲授雷锋精神内涵以及新时代雷锋精神的发展，把握雷锋精神的理论背景、理论价值、理论内涵和运用规律，筑牢大学生的理论基础。其四，思政课应注重成果导向，明确培养目标，以雷锋同志本人、新时代雷锋的故事为范本，引导学生树立爱岗敬业、争创一流、艰苦奋斗、勇于创新、淡泊名利、甘于奉献的劳模精神，在校园中形成学有榜样、行有示范的良好风气。

2. 以大学生职业发展与就业指导课程为主阵地

大学生职业发展与就业指导课程的目的在于激发大学生生涯规划的自主意识，引导其树立正确的就业观，促使其理性地规划自身未来的发展。将雷锋精神融入该课程建设中，能够充分激发学生的主观能动性，帮助学生以“钻”劲和“挤”劲，为中国特色社会主义事业添砖加瓦。其一，在教学内容设置上，通过理论讲解、情景模拟、实践体验相结合的方式，帮助大学生掌握就业理论、研判就业形势、提升求职技能。其二，在教学目标上，帮助学生树立崇高的理想、信念、责任和担当，注重提高学生的求职动机、就业能力与职业素养。其三，在教学理念上，应注重学与思结合，引导学生思考在当前时代背景下如何协调个人利益和集体利益、社会利益和国家利益。其四，在教学过程中，应坚持以学生为中心，主动从学生关心的现实问题入手，加强与学生之间的互动与交流，引领大学生积极践行雷锋精神。

（二）融入实践育人，丰富雷锋精神转化形式

实践教育是通过具体、生动、感性的事物帮助学生去认识、观察和思考，是对抽

象、理性的课程教育的继续和延伸，能够充分激发学生的主动性和创造性。将雷锋精神融入实践育人体系，能够进一步激活大学生的内在潜能，对大学生就业观教育具有重要意义，应从劳动教育、专业实习以及创新创业教育入手，以多种形式转化雷锋精神，强化大学生的实践能力。

1. 以劳动教育为基础场域

高校劳动教育目标同就业观教育目标具有一致性，都是为了培养德智体美劳全面发展的大学生。融入雷锋精神，能够加强大学生劳动品性塑造和实践自觉培育，进一步丰富时代新人的内在含义，彰显劳动最光荣、劳动最崇高、劳动最伟大、劳动最美丽的价值内涵。其一，在教育内容设置上，突出雷锋精神各类元素，丰富劳动教育内容体系。其二，在教育目标上，要引导学生掌握劳动技能、亲历劳动过程、增强劳动本领、积累职业经验，体悟劳动分工不分贵贱、劳动创造美好生活的道理，形成正确的劳动价值观。其三，在教育过程中，要重点强化学生的劳动主体意识，帮助学生养成吃苦耐劳的劳动精神。其四，在教育形式上，可以通过实施劳动教育活动月、搭建劳动实践平台、开展校内外公益活动等，加深学生之间的情感联系，帮助学生体会到集体的力量和劳动带来的快乐，培养学生的劳动观念、劳动习惯、集体主义精神。

2. 以专业实习教育促进产教融合

专业实习是大学生迈向就业的第一步，是大学生就业观教育的关键环节。将雷锋精神融入专业实习教育中，有利于促进大学生辩证统一地看待专业学习和行业发展的关系，帮助学生以全面发展的眼光进行生涯规划。其一，高校应积极为学生联系专业对口的实习单位，建立产学研合作基地，拓宽大学生实习信息来源和渠道。其二，高校应加强对实习指导老师的管理与考核，充分发挥实习指导老师的作用，帮助学生解决实习过程中遇到的各类困难。其三，高校应对学生进行实习前的教育培训，提高学生对实习与专业的认识，纠正学生关于实习工作不切实际的预期以及心理抵触。其四，高校应注重培育大学生的契约精神，使践行雷锋精神内化为大学生的职业准则，引导学生克服个人本位和功利思想，强化责任担当。

3. 以创新创业教育激活学生潜质

近年来，党中央高度重视大学生创新创业教育，对于拓宽大学生就业面具有重要意义。将雷锋精神融入创新创业课程，有利于大学生因时而进、因势而新，培育大学生锐意进取、自强不息的创新精神以及艰苦奋斗、勤俭节约的创业精神。其一，高校应开发新型的教育模式，激发学生的创新思维，提倡活学活用，以“学分＋技能＋思维技巧+解决问题”等构成综合评价指标。其二，高校应健全完善本校的创新创业机制，优化校园创新创业环境，通过引入奖励机制、交流机制、模拟竞赛机制等，持续激发创新潜能，使大学生在创新创业实践中更好地感悟、认同、践行与弘扬雷锋精神。其三，设立创新创业社团、论坛、讨论会、分享会等，为学生搭建创新创业思想碰撞之地，通过不同团队的相互交流、分享，汲取有益的信息，引导学生积极发挥团队协作精神。

（三）融入心理育人，实现育德与育心相统一

习近平总书记高度重视心理健康教育，在2016年的全国高校思想政治工作会议上强调：“坚持不懈促进高校和谐稳定，培育理性平和的健康心态，加强人文关怀和心理疏导，把高校建设成为安定团结的模范之地。”为高校开展心理育人工作指明了方向。将雷锋精神融入心理育人体系，实现育德与育心的统一，能够有效缓解大学生面对就业的焦虑感、迷茫感和不适应感。其一，加强心理健康教育顶层设计，深入构建教育教学、实践活动、咨询服务、预防干预、平台保障育人环节，积极搭建心理健康教育线上线下一体化平台。其二，坚持从受教育者的心理特点和人格特质出发，把握受教育者的心理需求和心理发展规律，营造良好的心理环境与氛围，促进心理咨询服务个性化、人性化，心理危机预防和干预科学化、动态化。其三，在心理辅导过程中给予学生积极暗示，帮助他们产生积极能量。其四，积极开展团体心理辅导活动，促进学生互助。充分利用同辈群体的力量，对大学生求职就业产生积极的影响，让大学生体会人际情感支持，形成相互尊重、相互关心的心灵成长空间。

（四）融入服务育人，巩固和提升高校育人实效

高校服务育人的本质是服务于学生的成长成才，服务于高校立德树人的根本任务，其特征为全员性、全过程性、全方位性。将雷锋精神融入高校服务育人体系，能够强化服务育人的价值和作用。其一，高校的各职能部门应充分联动起来，要对大学生就业给予充分的服务保障，做好大后方工作。其二，加强就业信息系统建设，优化企业资源和招聘信息共享。其三，教师应充分整合各类社会资源和校友资源，为大学生就业提供靶向服务。其四，重视并加强对学生的学业指导、生活辅导、就业引导，做好毕业服务工作，尽量做到让学生“只跑一次”，提高服务深度与温度。

三、结语

当前，全球经济正在复苏中，传统行业面临改革创新，新兴行业面临发展挑战，对大学生的就业要求不断提升。加强大学生就业观教育是新形势下培养符合中国式现

代化发展、担当民族复兴大任的时代新人的内在要求。将雷锋精神融入大学生就业观教育，是高校回答“培养什么人、怎样培养人、为谁培养人”这一系列根本问题的有益探索。雷锋精神历久弥新，具有重要的教育价值，高校应在课程育人、实践育人、心理育人以及服务育人体系中渗透雷锋精神，帮助大学生树立系统、科学、全面的就业观，从而更好地适应时代变化，坚定理想信念，扛起使命担当。

参考文献：

[1] 李旺. 青年就业观的影响因素及应对策略 [J]. 人民论坛, 2021 (11): 89-91.

[2] 孙华玉, 苗瑞丹. 雷锋精神在社会主义核心价值观认同中的作用 [J]. 人民论坛, 2015 (14): 146-147.

[3] 王峰. 多省2023届高校毕业生再创新高 访企拓岗促就业力度明显加大 [N]. 21世纪经济报道, 2022-12-23 (006).

[4] 习近平. 思政课是落实立德树人根本任务的关键课程 [J]. 实践 (党的教育版), 2020 (09): 4-11.

新时代雷锋精神的价值意蕴、精髓要义及赓续发展

梁毅娜*

习近平总书记指出："人无精神则不立，国无精神则不强。"雷锋精神是中华民族的宝贵精神财富，是中国共产党人精神谱系的重要组成部分。党的二十大明确提出中国式现代化是物质文明和精神文明相协调的现代化。全面建设社会主义现代化国家，必须增强文化自信，传承中华民族优秀传统文化。深入探讨新时代雷锋精神的价值意蕴及精髓要义，认真探寻新时代雷锋精神赓续发展的路径方式，有助于"举旗帜、聚民心、育新人、兴文化、展形象"，激发全国各族人民踔厉奋发、勇毅前行，为全面建设社会主义现代化国家、实现第二个百年奋斗目标而团结奋斗的精神动力。

一、新时代雷锋精神的价值意蕴

雷锋精神形成于社会主义革命和建设时期，扎根于雷锋工作、学习的时代，是时代的产物。自毛泽东同志题词"向雷锋同志学习"至今已 60 周年，这 60 年间中国发生了翻天覆地的变化，中华民族迎来了从站起来、富起来到强起来的伟大飞跃，雷锋精神历经时代变迁，与时俱进，在新时代新征程中焕发出新的价值意蕴。

（一）为兴党强党提供精神指引

中国共产党自成立以来就把为中国人民谋幸福、为中华民族谋复兴作为立党的初心使命。百余年来，一代又一代的中国共产党人坚守初心、勇担使命，团结带领全国各族人民一道为中华民族伟大复兴而踔厉奋发、勇毅前行。党的十八大以来，中国共产党以"壮士断腕"的决心、"刮骨疗毒"的勇气深入推进全面从严治党。"经过不懈努力，党找到了自我革命这一跳出治乱兴衰历史周期率的第二个答案"[1]，党的建设新

---

* 作者系湖南工业大学硕士研究生。

的伟大工程取得显著成效。然而，党面临的各类风险挑战和考验依然存在，部分党员、干部缺乏担当精神、实干精神，甚至违背初心、误入歧途。新时代全面推进党的自我净化、自我完善、自我革新、自我提高，需要发挥精神的引领作用。

雷锋精神是新中国成立后，党团结带领人民意气风发、斗志昂扬建设社会主义的精神产物。雷锋亲历了从被奴役、被压迫到翻身解放做主人的根本变化，深刻感受到新旧社会的鲜明对比。因此，热爱中国共产党、热爱新中国、热爱社会主义，全身心地建设社会主义、保卫社会主义成为雷锋精神的鲜明特色。雷锋精神中蕴含的坚定的理想信念、对党忠诚、人民至上、爱国奉献、艰苦奋斗、求实创新等优秀政治品格和优良作风能够唤起全党紧密团结在以习近平同志为核心的党中央的凝聚力和向心力，提振全党锐意进取、昂扬奋进的精气神，涵养全党崇德向善的浩然正气，为兴党强党提供精神指引。

（二）为全面建设社会主义现代化国家提供精神支撑

"丰富人民精神世界"是中国式现代化的本质要求。弘扬雷锋精神能够为推动中国式现代化向前发展提供丰厚的精神滋养，为全面建设社会主义现代化国家提供精神支撑。

习近平总书记指出："雷锋精神，人人可学；奉献爱心，处处可为。"雷锋没有惊天动地的壮举，却用一件件日常小事，彰显出高尚的人格，铸就永恒的雷锋精神。弘扬雷锋精神能够推动全社会成员立足岗位做贡献，自觉将建设社会主义现代化强国的责任心和使命感化为爱岗敬业、艰苦奋斗、开拓创新的不懈动力，以实际行动为社会发展做出自己的贡献，上下一心为中国发展奠定稳固的物质文化基础。同时，推动全社会形成见贤思齐、创先争优当先锋的良好风尚，激发人们铆足全面建设社会主义现代化国家的干劲，指引人们崇德向善、"撸起袖子加油干"。

（三）为全面推进中华民族伟大复兴提供精神动力

实现中华民族伟大复兴是近代以来中华民族最伟大的梦想，也是中国共产党百年奋斗的鲜明主题。当前，中国共产党已成功带领中国人民完成脱贫攻坚、全面建成小康社会的历史任务，实现了第一个百年奋斗目标，正朝着第二个百年奋斗目标进军。全面推进中华民族伟大复兴已经进入不可逆转的历史进程。中国发展进入战略机遇与风险挑战并存期。一方面，世界正经历百年未有之大变局，逆全球化思潮抬头，国际上局部冲突频发。另一方面，各种道德失范、信仰失守的报道屡见不鲜，历史虚无主义、利己主义、享乐主义、拜金主义等社会思潮纷纭激荡。面对纷繁复杂的国内外形势，人们更加需要精神力量的正确指引。

"国家强盛、民族复兴需要物质文明的积累，更需要精神文明的升华。"[2]在新时代大力弘扬雷锋精神能够使人们坚守理想信念、坚定为民情怀、践行初心使命，把崇高的理想信念和道德追求融入日常学习工作和生活，把艰苦奋斗、开拓创新的精气神汇聚成团结互助、埋头苦干全面推进中华民族伟大复兴的磅礴力量，为实现中国梦提供强大精神动力和丰厚道德滋养。

二、新时代雷锋精神的精髓要义

《人民日报》指出："在新时代大力弘扬雷锋精神，就要深刻把握坚守崇高理想、秉持人民情怀、践行奉献精神、投身民族复兴的思想内涵。"[3]这既是当下弘扬雷锋精神的基本要求，也是对理想信念、人民至上、爱国奉献、艰苦奋斗、求实创新的新时代雷锋精神精髓要义的高度凝练。

（一）坚定的理想信念是新时代雷锋精神之魂

习近平总书记指出："坚定理想信念，坚守共产党人精神追求，始终是共产党人安身立命的根本。对马克思主义的信仰，对社会主义和共产主义的信念，是共产党人的政治灵魂，是共产党人经受住任何考验的精神支柱。"[4]理想信念是精神之钙，也是新时代雷锋精神之魂。雷锋"全心全意为人民服务，永生为伟大的共产主义事业而奋斗"[5]。也正因如此，坚定的理想信念成为雷锋精神的核心要素。

"我就是长着一个心眼，我一心向着党，向着社会主义，向着共产主义。"[5]雷锋热爱党、热爱祖国、热爱社会主义，对党忠诚，对马克思主义、社会主义、共产主义信仰坚定，用无数平凡的日常小事树立起一座伟大灯塔。雷锋精神所蕴含的热爱党、热爱祖国、热爱社会主义的崇高理想和坚定信念能够增强全体中华儿女的凝聚力，在新时代新征程中指引人们自觉地把个人追求同党的事业、国家命运、民族前途联系起来，形成为中华民族伟大复兴团结奋斗的强大合力。

（二）人民至上是新时代雷锋精神之情

"人民，只有人民才是创造世界历史的动力。"[5]中国共产党的根基在人民、血脉在人民，一心为民、始终同人民在一起是中国共产党作为马克思主义政党区别于其他政党的显著标志。一百多年来，党团结带领人民进行的一切奋斗、一切牺牲、一切创造归根结底是为了人民。

雷锋把有限的生命投入到无限的为人民服务中去，用自己的实际行动践行了"生为人民生，死为人民死"的铮铮誓言。可以说，为民情怀是新时代雷锋精神最鲜亮的底色。弘扬新时代雷锋精神就是要始终把人民放在心中最高的位置，"自觉把个人的前途命运与国家、民族和社会主义的前途命运紧紧联系在一起，处处以国家、民族、集体利益为重”[6]，时时刻刻为人民谋幸福，增强人民的幸福感、获得感、安全感。

（三）爱国奉献是新时代雷锋精神之基

雷锋精神融爱国主义和奉献精神为一体，铸成爱国奉献的精神基座。

雷锋曾在日记中发出了令人深省的“七连问”：“如果你是一滴水，你是否滋润了一寸土地？如果你是一线阳光，你是否照亮了一分黑暗？如果你是一颗粮食，你是否哺育了有用的生命？如果你是一颗最小的螺丝钉，你是否永远坚守在你生活的岗位上？如果你要告诉我们什么思想，你是否在日夜宣扬那最美丽的理想？你既然活着，你又是否为未来的人类的生活付出你的劳动，使世界一天天变得更美丽？我想问你，为未来带来了什么？”他提醒人们“在生活的仓库里，我们不应该只是个无穷尽的支付者。”今天，全面建设社会主义现代化国家的号角已经吹响，在以中国式现代化全面推进中华民族伟大复兴的新征程中，我们要大力弘扬爱国奉献的雷锋精神，在全社会形成人人学雷锋、人人做雷锋、人人当先锋的生动局面，把实现中华民族伟大复兴的中国梦转化为具体可为的实际行动。

（四）艰苦奋斗是新时代雷锋精神之本

艰苦奋斗是中国共产党人的优良传统和作风。从党的七届二中全会毛泽东提出“两个务必”到党的二十大报告习近平提出“三个务必”，艰苦奋斗是中国共产党人一脉相承的精神品格。习近平在延安考察时强调：“无论我们将来物质生活多么丰富，自力更生、艰苦奋斗的精神一定不能丢。”

雷锋牢记“滴水成河，粒米成箩”，“不乱花一分钱，不乱买一寸布，不掉一粒粮，做到省吃俭用，点滴积累，支援国家建设”。他始终以主人翁的使命感和责任感“处处为国家着想，事事要精打细算”，勉励人们“要奋发图强，自力更生，克服当前存在的暂时困难，坚决反对大吃大喝，力戒浪费”。弘扬新时代雷锋精神就要大力弘扬艰苦奋斗的精神。习近平指出：“中国人民自古就明白，世界上没有坐享其成的好事，要幸福就要奋斗。”[7]实现中华民族伟大复兴不是轻轻松松、敲锣打鼓就能实现的，全党全国各族人民必须紧密团结在党中央周围，听从党的集中统一领导，心往一处想、劲往一处使，充分发扬自立自强、艰苦奋斗的优良传统，在新时代新征程上奋力谱写民族复兴新的辉煌篇章。

（五）求实创新是新时代雷锋精神之力

求实即追求真理、讲求实际，也就是实事求是。“创新是一个民族进步的灵魂，是一个国家兴旺发达的不竭动力，也是中华民族最深沉的民族禀赋。”[4]求实创新蕴含着尊重科学的求实态度和敢为人先的创新精神，是激励中国人民为国家富强、民族复兴、人民幸福而团结奋斗的强大精神力量，是新时代雷锋精神精髓要义的重要内容。

首先，求实创新是一种实事求是、不怕困难的正确态度。雷锋告诉人们：“不超越客观条件所许可的范围去做那些现实不能做到的事情，又不被客观条件缚住手脚，充分发挥主观能动作用，做好一切经过努力可以做好的事情。”有了这种正确的态度，才能在应对各种风险挑战时做到尊重科学、守正创新。

其次，求实创新是雷锋精神发展的整体价值取向。雷锋精神是中华民族五千多年历史沉淀和文明积淀的结果。“知之为知之，不知为不知，是知也。”“纸上得来终觉浅，绝知此事要躬行。”“苟日新，日日新，又日新。”“江山代有才人出，各领风骚数百年。”这些言语中无不浸透着求真务实、开拓创新的思想。雷锋从努力学习马克思主义理论到理论联系实际，从全县第一个拖拉机手到部队里第一个把“耗油大王”变为“节油大王”的战士，处处事事时时散发着求实创新的精神。求实创新是雷锋精神的时代特质在动态的历史传承中的生动诠释。

三、在新征程中赓续发展雷锋精神的着力点

2018 年 9 月 28 日，习近平总书记在参观辽宁省抚顺雷锋纪念馆时指出：“雷锋是时代的楷模，雷锋精神是永恒的。实现中华民族伟大复兴，需要更多时代楷模。我们既要学习雷锋的精神，也要学习雷锋的做法，把崇高理想信念和道德品质追求转化为具体行动。”置身世界百年未有之大变局以及实现中华民族伟大复兴战略全局的时空境遇，赓续发展雷锋精神，应以深化理论研究、强化学理支撑为基础，增强宣传教育的感染力和影响力，形成全面弘扬雷锋精神的社会合力。

（一）深化理论研究、强化学理支撑

新时代赓续发展雷锋精神既要重温雷锋的先进事迹，也要增强大局观念和全局意识，深化学术研究，为弘扬雷锋精神提供学理支撑。

坚持史论结合、论从史出。史料是雷锋精神研究的重要基础。研究雷锋精神要深入挖掘和搜集相关档案、报刊文献、《雷锋日记》、雷锋亲朋战友的访谈录、回忆录等，要到雷锋故居、雷锋纪念馆等地进行实地调研，深入了解雷锋其人其事，感悟雷锋精神的精髓要义，做到论从史出，既不随意贬低，也不刻意拔高，把雷锋的事迹讲清楚，把雷锋精神的内涵讲透彻，做到学术严谨、史实准确、表达通俗。

深刻领悟雷锋精神标识的时代价值。“向雷锋同志学习”题词发表六十年来，雷锋以及以他名字命名的雷锋精神已经成为一种独一无二的标识。在中国，人人识雷锋、

人人学雷锋、人人做雷锋、人人争先锋。雷锋是家喻户晓的道德模范。学雷锋活动是中国大地上开展时间最长、范围最广、可持续性最强的活动。时代在变化，社会在发展。新时代赓续发展雷锋精神、讲好雷锋故事，既要从世界百年未有之大变局出发，又要从中华民族伟大复兴战略全局去把握，还要从全面建设社会主义现代化国家新征程去研究，全面、准确、生动地阐释好新时代雷锋精神的时代价值。

（二）增强宣传教育的感染力和影响力

弘扬雷锋精神要做好宣传教育工作，充分发挥新媒体新平台的导向作用，利用网络优势，常态化开展丰富多彩的学雷锋志愿活动，做到线上线下同频共振、同向发力，共同讲好新时代的雷锋故事，推动构建人类文明新形态。

用好新媒体新平台，讲好新时代雷锋故事。第一，坚持正确政治方向，利用主流媒体的权威性和影响力，传播正能量，提升雷锋精神的引导力。第二，以新时代雷锋精神精髓要义为核心，大力开展学雷锋志愿活动，提升雷锋精神的创新性转化和创造性发展。第三，以雷锋式先进人物为典范，做好典型宣传，运用全媒体展播，提升雷锋精神在新时代的影响力。第四，以融媒体传播为手段，加强新媒体运营，提升雷锋精神传播力。总之，应充分利用网络优势，发挥大众传媒以及新媒体的导向作用，把雷锋故事及雷锋精神以歌曲、话剧、电影等丰富多彩的形式用短视频、微电影等新型媒介方式加以宣传推广，从而增强宣传的吸引力、感染力和影响力。

讲好雷锋故事，弘扬雷锋精神，能够推动构建人类文明新形态。习近平总书记强调，要“推进中国故事和中国声音的全球化表达、区域化表达、分众化表达”[8]。随着经济的发展，人与人之间、国与国之间交流互鉴的网络越织越密，人类越来越紧密地构成你中有我、我中有你的命运共同体。“在那里，每个人的自由发展是一切人的自由发展的条件”[9]。雷锋精神中无私奉献的精神能够飞越国界，引领全世界形成向上向善的道德风尚，推动构建人类文明新形态。无论哪种社会、哪个国家、哪个民族都希望涌现更多张海迪、李素丽、杨善洲、郭明义、赵亚夫、张桂梅等雷锋式先进人物。

（三）形成全面弘扬雷锋精神的社会合力

弘扬新时代雷锋精神要“善于用好红色资源，充分发挥好学校思政课的主阵地主渠道作用”，从而形成弘扬新时代雷锋精神的社会合力。

弘扬新时代雷锋精神要充分利用好红色资源。一百多年来，中国共产党在带领中国人民不断从胜利走向胜利的同时，也形成了独一无二的中国共产党人精神谱系，留下了承载精神基因的革命遗址遗迹、纪念馆、博物馆、历史展览馆、故居等一系列宝贵的红色资源。雷锋纪念馆、雷锋故居等红色资源是弘扬雷锋精神的重要载体，要充分发挥红色资源优势，运用好精神指引作用，同时依托人工智能、5G、VR、大数据等现代科技，打造线上数字展馆，使红色资源更加鲜活，更好提升红色资源的吸引力和感召力。

弘扬新时代雷锋精神要充分发挥学校思政课的主阵地主渠道作用。思想政治理论课是高校思想政治工作的主力军、主阵地、主渠道，是立德树人的重要课程，在“培养什么人、如何培养人、为谁培养人”这个根本问题上发挥着关键作用。雷锋精神是社会主义核心价值观的生动体现。习近平总书记在给“郭明义爱心团队”回信时勉励他们：“努力践行社会主义核心价值观，积极向上向善，从‘赠人玫瑰、手有余香’中感受善的力量，以实际行动书写新时代的雷锋故事。”把雷锋的事迹和故事编入思政课教材，融入学生的价值观培育以及大中小思政课一体化建设，不仅能够更好地培养“有理想、敢担当、能吃苦、肯奋斗”的新时代好青年，也能够更好地培养合格的社会主义建设者和接班人。

弘扬新时代雷锋精神要充分发挥课程思政的协同作用。习近平总书记指出：“会讲故事、讲好故事十分重要。”要善于把雷锋以及雷锋式人物的相关故事、先进事迹以及国家、社会、学校、社团等各类主体组织开展的学雷锋志愿服务活动等内容融入思政课教学之中，把摆事实、讲道理与讲故事、互参与相统一，把课堂讲授与实践教学相结合，把充分发挥教师主导作用与尊重学生主体地位相融合，关注学生需求，吸引学生兴趣，激发广大青年学子爱党爱国爱中国特色社会主义的情怀，激励他们坚定理想信念、求真务实、开拓创新，为全面建设社会主义现代化国家、实现第二个百年奋斗目标，为以中国式现代化全面推进中华民族伟大复兴有一分热，发一分光，以实际行动书写新时代的雷锋故事。

奋斗新时代，奋进新征程。置身于世界百年未有之大变局和中华民族伟大复兴战略全局相交织的特定历史阶段，长路漫漫，唯有奋斗。新时代新征程中，我们要继续大力弘扬雷锋精神，用中国精神凝聚中国力量，奋力书写新时代优异答卷。

参考文献：

[1] 高举中国特色社会主义伟大旗帜 为全面建设社会主义现代化国家而团结奋斗——习近平同志代表第十九届中央委员会向大会作的报告摘登［N］. 人民日报，2022-10-17（02）.

[2] 习近平在中共中央政治局第三十一次集体学习时强调 用好红色资源赓续红色血脉 努力创造无愧于历史和人民的新业绩［N］. 人民日报，2021-06-27（01）.

[3] 本报评论员. 把雷锋精神代代传承下去——论中国共产党人的精神谱系之九［N］. 人民日报，2021-08-16（01）.

[4] 习近平. 习近平谈治国理政（第一卷）[M]. 北京：外文出版社，2018.
[5] 雷锋. 雷锋日记 [M]. 长春：时代文艺出版社，2021.
[6] 胡锦涛文选（第一卷）[M]. 北京：人民出版社，2016.
[7] 习近平谈治国理政（第三卷）[M]. 北京：外文出版社，2020.
[8] 习近平在中共中央政治局第三十次集体学习时强调 加强和改进国际传播工作 展示真实立体全面地中国 [N]. 人民日报，2021-06-02（01）.
[9] 马克思恩格斯文集（第二卷）[M]. 北京：人民出版社，2009.

简析和平文化视域下雷锋精神的和平价值

田均权[*]，张芙蓉[**]

和平是全人类的共同价值，是跨越各国历史、文化、制度、发展水平的价值共识。自古以来，人类就自觉或不自觉地通过各种途径和方式，来表达对和平的诉求。和平文化概念是在20世纪末由联合国教科文组织“人之思想中的和平”国际大会第一次提出。[1]和平文化概念提出时间虽然不长，但作为一种精神文化形态实已久远。和平文化是指以爱好和平、追求和平、维持和平为核心理念而形成的一种精神文明，而这种精神文明又外在表现为人们的心理结构、思维模式、生活方式、行为习惯、物质实体等，是人类和善相处的价值取向。简言之，“凡致力于人与自然、人与社会、人与人、人与自我的和谐关系，致力于和平发展的精神和文化形态，即为和平文化。”[1]

自1963年3月5日毛泽东同志向全国人民发出“向雷锋同志学习”的号召起，雷锋精神历经半个多世纪、跨越不同时代，汲取了中华优秀传统文化、革命文化、社会主义先进文化的精髓，又不断在发展、创新中丰富了新的内涵，获得穿越历史时空的力量，广泛而深刻地影响着国内外亿万人民。我们发现，雷锋精神的发展基点没有随时代变换、内涵丰富而改变，始终围绕在“自强不息、积极进取”“团结友善、宽容仁爱”以及“为人民服务”的价值追求层面。雷锋精神的价值内涵与人类对和平的价值追求深度契合，值得学界开展研究和探讨。

一、“自强不息、积极进取”是雷锋精神和平价值的显著特征

“自强不息”，语出《周易·乾卦·象传》：“天行健，君子以自强不息。”它蕴涵了为实现人类和平，艰苦奋斗、勇往直前、昂扬向上的精神状态和一切有利于社会进

* 作者系怀化学院湖南省和平文化研究基地特聘研究员。

** 作者系怀化学院湖南省和平文化研究基地办公室主任。

步的创造愿望得到尊重，创造活动得到支持，创造才能得到发挥，创造成果得到肯定的内涵。“自强不息”是中华民族的优良传统，经五千年磨砺，由中华民族共同创造的以崇尚和平为核心的自尊、自信、自强的精神品格，是维护中华民族独立与和平统一的精神脊梁和精神财富。只有自强不息、积极进取，国富才民强，和平才得以获得与维护。爱好和平是中华民族的优良传统，我国先秦思想家就提出了“亲仁善邻，国之宝也”的思想，反映了自古以来中国人民就希望天下太平、同各国人民友好相处。正是这一理念，使中华民族与周边邻国长期睦邻友好、和平共处。饱经资本主义殖民扩张和两次世界大战蹂躏的世界人民，迫切希望有一个长期和平的国际。中国政府和人民庄严地向全世界承诺：中国坚持在和平共处五项原则基础上同世界各国建立和发展友好合作关系；中国绝不会把自己曾经遭受欺凌的苦难加之于人；中国的发展和进步，不会对任何人构成威胁；将来中国发展和强大起来，也绝不谋求霸权；中国始终是维护世界和平与稳定的重要力量。

雷锋精神是在中华民族传统美德、先进理论、进步思想的滋养中产生的，吸纳了人性中最美好的东西。从个人修养的角度来看，雷锋在学习、工作、生活中一直努力追求，形成了自强不息、积极进取的精神，并逐渐将其内化成自己的个人人格，在雷锋精神的形成、丰富和发展的过程中发挥着重要的支撑作用。自强不息、积极进取精神，让雷锋精神成为中华文明悠久历史和人文底蕴的精神符号、人类优秀文明成果的时代精华。雷锋精神因其“无私的品质”而为人民实现对和平美好生活的向往供给着浓烈的时代热情与历史动力，又因其“大爱的胸怀”而与人类文明新形态致力矫正人与自身、人与社会、人与自然关系而相互辉映，生动诠释了为人民服务的价值追求，从而成为实践人类共同价值、推动人类和平这一世界远大未来的时代写照。

二、“团结友善、宽容仁爱”是雷锋精神和平价值的重要特征

和平文化内涵的团结友善、宽容仁爱，主要表现为尊重人类尊严、认同人类差异、主张信仰自由、提倡团结友善、宽以待人、秉持平和心态、构建和谐关系，强调所有的人，不论种族、肤色、语言或文化背景，都应享有平等的权利。人类社会之所以精彩，就在于不同民族之间的“美美与共”“和而不同”。和平，自古流淌在中国人的血液中，是中华民族几千年来的核心诉求之一。《孙子兵法》第一句开宗明义：“兵者，国之大事，死生之地，存亡之道，不可不察也。”其要义是慎战、不战。

刘成在中新社专访中指出，二战之后，学术界开始重新思考和平的内涵，产生了“积极和平”的概念。积极和平超越了“战争的不在场”这一内涵，包括健康的生活、人权的维护、种族平等、性别赋权、生态保护等关键主题，意味着创建一个美好安全的空间，可以是家庭、社区、学校、工作单位、国家、国际社会，人们可以在其中富

足地生活和体面地生存。和平起步于共同的利益和理解，理解不等同于认同，但可以避免因为认知差异而引发冲突；第二步是相互宽容，继而达成和解，形成一种相互依存的思想和力量；第三步是在超越简单宽容之上的相互接受，彼此的不同成为丰富自己的缘由；第四步是重视他人的传统和珍爱，当人们共同搭起一座桥梁走向对方之时，会发现另一个世界也同样精彩；最后的步骤是人类社会的彼此联结，成为一个团结友爱的共同体。

人类要想生存就必须满足自身的生存需要，而满足自身生存需要又必须以社会交往为基础。著名学者顾海洲指出：任何生存需求的获得都是以某种生产性的社会交往关系作为基础的，对特定生存物品的需要必须经过一定的社会关系才能够得以实现。因此，处理好与其他任何国家、地区和个人的社会交往关系，特别是与其他国家、地区和个人之间的一切利益冲突关系，必须严格遵守彼此之间相互宽容、仁爱互助、严于律己的社会交往原则。尊重彼此之间相互宽容的基本原则，是整个社会交往关系和谐健康发展的必要条件。[2]雷锋以身作则、诚恳待人，每一次遇到问题，都坚持站在对方的角度来进行思考，本着团结友善和相互宽容的原则，与周围的人和谐相处。也正是由于雷锋在与他人的人际交往过程中，一直以团结友善、相互宽容出发，才塑造出其一系列杰出的人格品质，得到他人的认同和尊重。

团结友善、仁爱互助，对于社会交往关系的和谐健康发展具有重要的促进作用。雷锋在学习、工作、生活中，时时都在努力帮助他人。无论是国家、民族还是个人都尊崇雷锋精神中这种团结友善、仁爱互助，不同国家、民族和个人才能够从中得到其他国家、民族和个人的理解和帮助，整个国际社会才能够在真诚的交流互动中获得真正的发展。

三、"为人民服务"是雷锋精神和平价值的主要特征

和平是全人类的共同价值，"为人民服务"则践行着人类的共同价值。"为人民服务"本身也具备和平的价值追求。英国演化理论学者理查德·道金斯在《自私的基因》中提出：人们生来是自私的，这种本能是每个动物和小孩子都有的。但是，在利己主义基础上，在社会合作的背景下，人类逐渐发展出利他主义。利他主义是人类文化的一部分，而按照文化人类学和历史人类学的观点，所谓文化就是不同于生物本能的那些东西。

"义"与"利"是相对应的关系：言义必及利，言利必及义；义需要利的承认和支持，利也需要义的认可与制约。"利"乃"义"之本，取之有道即为义，反之则不同。

雷锋通过履行利他主义的义利观、社会责任感、坚定的理想信念，来表现他为人

民服务的价值追求。雷锋坚持利他主义的义利观，将维护国家、集体、人民的利益作为实现自身价值的衡量标准，成为助人为乐、无私奉献的典范。他总是从点滴做起。在困难时期，他常常为五保户砍柴挑水不留姓名；在家乡黄土岭为送爱国粮的农民推车上坡，义务为农村积肥；在鞍钢当工人时，雷锋得知一位工友的母亲生病，便以这位工友的名义给其母亲寄去20元钱；当上寺水库有险情时，雷锋抱病奋不顾身地到一线抗洪抢险；在火车站遇见大娘迷路时，他自掏腰包购买火车票护送大娘找到儿子的家……雷锋的价值，不在于高大全，在于他以一个有血有肉的真实场景，生动而具体地向世界演绎出中国人助人为乐、无私奉献的具有和平价值内涵的感人肺腑的形象。

雷锋精神中所体现的义利观的主要特征是集体利益高于个人利益，当集体利益受到损害时，舍去个人利益去维护集体利益。雷锋是这么说的，也是这么做的，在发生利益冲突的情况下，雷锋总是从共产主义的理想信念出发，秉持爱党、爱国、爱人民的社会责任感，每一次都能够自觉牺牲个人，维护集体。雷锋在崇高的理想信念的引领下，在社会责任感的驱使下，在学习、工作和生活中始终保持着积极、乐观、一心向上的精神风貌，成为全心全意为人民服务的奉献者、助人为乐的和平使者。

“自强不息、积极进取”“团结友善、宽容仁爱”“为人民服务”等精神与品质，彰显了雷锋精神的和平价值，也让雷锋精神的和平价值由抽象概念变得有血有肉。研究并彰显雷锋精神的和平价值，不但能够丰富雷锋精神的深刻内涵，让雷锋精神发扬光大，还将对人类和平事业的发展产生深远的影响。雷锋精神是永恒的，如果从雷锋精神和平价值等多重维度透视，雷锋精神既属于中华民族又属于整个人类，既属于中国又属于全世界，因而研究和弘扬雷锋精神的和平价值，具有重大而深远的意义，有必要从学理层面梳理弘扬雷锋精神与人类和平事业发展的逻辑关系。今天，作为负责任的大国，中国不仅要参与全球治理、解决全球问题，而且要为解决人类问题作出贡献，这个贡献包括解决具体的政治、经济、文化与人类安全等诸多问题，也包括提供模式借鉴。在这个充满不确定性的世界里，需要包括新时代雷锋精神在内的中国智慧和中国方案，为世界和平与发展注入新动力。

参考文献：

[1] 芷江和平文化研究所. 芷江和平文化资源的整合与研究 [M]. 北京：中国社会科学出版社，2009.

[2] 顾海洲. 论弘扬雷锋精神与构建人类命运共同体同向同行 [J]. 辽宁省社会主义学院学报，2021 (1)：91 −97.

试论雷锋精神与公民道德的辩证关系

翟荣凯*

习近平总书记在党的二十大报告中强调指出:“必须坚持系统观念。万事万物是相互联系、相互依存的。只有用普遍联系的、全面系统的、发展变化的观点观察事物,才能把握事物发展规律。”用这一唯物辩证法的基本原理分析雷锋精神与公民道德的辩证关系,主要体现在两者之间的差别性、联系性和结合性三个方面。

一、雷锋精神与公民道德的差别性

毛泽东同志在《矛盾论》中指出:“人的概念的每一差异,都应把它看作是客观矛盾的反映。客观矛盾反映入主观的思想,组成了概念的矛盾运动,推动了思想的发展,不断地解决了人们的思想问题。”推而广之,“世界上的每一差异中就已经包含着矛盾,差异就是矛盾。”进而言之,“矛盾就是对立面的统一。”[1]据此,雷锋精神与公民道德两个概念之间的差异构成的矛盾也亦然。先来分析两者之间的差别性,或者说不同点。

(一)从基本含义及实质的指向看

雷锋精神是以雷锋名字命名的第一批纳入中国共产党人精神谱系的伟大精神之一,是对雷锋模范事迹所体现的社会主义、共产主义思想道德品质的提炼和概括。其实质是全心全意为人民服务,“把有限的生命,投入到无限的为人民服务之中去”[2]。公民道德是指调整公民个人与自身、与他人、与社会、与自然之间的相互关系的原则和行为规范的总和。其实质是与人为善,崇德向善,与自然和谐共生。简言之,雷锋精神属于意识形态包括的思想领域,公民道德则属于意识形态包括的道德领域。

---

* 作者系中共贵州省委宣传部原副部长、省文明办原主任。

（二）从基本内涵的表述看

2012年3月2日，中共中央办公厅印发的《关于深入开展学雷锋活动的意见》中，对雷锋精神的基本内涵作了概括，强调指出雷锋精神“内涵十分丰富、意蕴十分深刻，是一面永不褪色、永放光芒的旗帜。当前，要大力弘扬雷锋热爱党、热爱祖国、热爱社会主义的崇高理想和坚定信念，弘扬雷锋服务人民、助人为乐的奉献精神，弘扬雷锋干一行爱一行、专一行精一行的敬业精神，弘扬雷锋锐意进取、自强不息的创新精神，弘扬雷锋艰苦奋斗、勤俭节约的创业精神。”2001年9月20日中共中央印发的《公民道德建设实施纲要》中，明确提出要“在全社会大力倡导‘爱国守法、明礼诚信、团结友善、勤信自强、敬业奉献’的基本道德规范”，要大力提倡“以文明礼貌、助人为乐、爱护公物、保护环境、遵纪守法为主要内容的社会公德”，“以爱岗敬业、诚实守信、办事公道、服务社会为主要内容的职业道德”，“以尊老爱幼、男女平等、夫妻和睦、勤俭持家、邻里团结为主要内容的家庭美德”。后来，增加了“以正直善良、勤奋好学、团结友爱、言行一致、谦虚有礼为主要内容的个人品德规范”。显而易见，雷锋精神基本内涵的着力点是坚定理想信念，提高公民的思想觉悟，形成奋发昂扬的社会风尚和精神状态。公民道德基本内涵的着力点是在全社会形成自觉遵守公民基本道德规范和行为准则的良好道德风尚，推进社会和谐发展。

（三）从学校教育的教材和课程看

教育行政部门至今没有编写出版在大中小学进行雷锋精神教育的专用教材，只有进行道德教育的专用教材《思想品德》。为贯彻以法治国方略，2018年后，中小学思想品德课教材更名为《道德与法治》，大学思想品德课教材更名为《思想道德修养与法律基础》。有的大学还设有研究道德科学的伦理学专业，成立了德育研究中心。

（四）从相关社会组织的成立情况看

至今，经民政部门批准登记成立的省级雷锋精神研究会在全国仅有4家，即湖南、辽宁、贵州、甘肃。在公民道德方面，全国性的社会组织有中国伦理学会，每年都举办公民道德论坛。多数省区市都成立了伦理学会，开展道德研究和实践。

（五）从荣誉的评选机构和授予称谓看

在学雷锋活动方面，2015年以来，中宣部每年命名全国学雷锋活动示范点50个和岗位学雷锋标兵50名，至今已命名8批。在公民道德建设方面，2007年以来，中央文明委评选表彰全国道德模范及提名奖已举办了8届，每届评选道德模范50名左右，每届全国道德模范提名奖也是50名左右。

二、雷锋精神与公民道德的联系性

雷锋精神与公民道德除有差别性外，还有联系性，或者说共同点，否则两者构不成对立统一的辩证关系。

（一）在社会主义核心价值观的生动体现上，雷锋精神与公民道德是一致的

核心价值观是一个民族赖以维系的精神纽带，是一个国家共同的思想道德基础。党的十八大报告提出：“倡导富强、民主、文明、和谐，倡导自由、平等、公正、法治，倡导爱国、敬业、诚信、友善，积极培育和践行社会主义核心价值观。”其中，“富强、民主、文明、和谐是国家层面的价值目标，自由、平等、公正、法治是社会层面的价值取向，爱国、敬业、诚信、友善是公民个人层面的价值追求。”

2014年3月11日，习近平总书记出席十二届全国人大二次会议解放军代表团全体会议，亲切接见部分基层代表。他对某工兵团“雷锋连”指导员谢正谊说：“雷锋精神是永恒的，是社会主义核心价值观的生动体现。”2014年5月4日，习近平总书记在北京大学师生座谈会上的讲话中，同样强调指出：“核心价值观，其实就是一种德，既是个人的德，也是一种大德，就是国家的德、社会的德。国无德不兴，人无德不立。”以此为指导，将雷锋精神和公民道德的基本内涵同社会主义核心价值观的基本内容相比较，可以看出雷锋精神与公民道德的基本内涵是蕴含于社会主义核心价值观之中的，是社会主义核心价值观的思想道德基础和生动体现。

（二）在新时代公民道德建设的价值取向上，雷锋精神与公民道德是同向的

雷锋精神与公民道德在新时代公民道德建设的价值取向上的同向性，充分体现在2019年10月27日中共中央、国务院印发的《新时代公民道德建设实施纲要》（以下简称《纲要》）提出的总体要求、重点任务和各项措施之中。《纲要》将“不断提升公民道德素质，促进人的全面发展，培养和造就担当民族复兴大任的时代新人”作为新时代公民道德建设的目标导向和价值取向。在具体的目标要求上，提出“把社会公德、职业道德、家庭美德、个人品德建设作为着力点”。鼓励人们“在社会上做一个好公民”“在工作中做一个好建设者”“在家庭里做一个好成员”“在日常生活中养成好品行”。同时，在《纲要》第四部分“推动道德实践养成”中，将“深入推进学雷锋志愿服务”列入举措之四，并提出目标导向和价值取向是“引导人们把学雷锋和志愿服务作为生活方式、生活习惯”“推进学雷锋志愿服务制度化常态化，使‘我为人人、人人为我’蔚然成风”。显而易见，《纲要》的上述论断充分说明，雷锋精神与公民道德

在价值目标和价值取向上是同向的、一致的。

（三）在实现目标要求的举措上，雷锋精神与公民道德是互用的

中共中央办公厅印发的《关于深入开展学雷锋活动的意见》（以下简称《意见》）中，为实现开展学雷锋活动的总体要求，提出了学雷锋活动 9 个方面的常态化项目和抓好学雷锋活动在组织实施上的 5 项举措。《纲要》中，为落实总体要求和重点任务，从“深化道德教育引导”方面提出 7 项举措，从“推动道德实践养成”方面提出 8 项举措，从“抓好网络空间道德建设”方面提出 4 项举措，从“发挥制度保障作用”方面提出 4 项举措。《意见》和《纲要》提出的这些举措中，有的举措是相同的，如《意见》提出的“运用文艺形式传扬雷锋精神”与《纲要》提出的“以优秀文艺作品陶冶道德情操”，又如《意见》提出的“加强对学雷锋活动的新闻宣传”与《纲要》提出的“以正确舆论营造良好道德环境”，都是同一的、互用的。当然，由于时代原因，有的举措《意见》没有提出，如《纲要》提出的“抓好网络空间道德建设”在《意见》中没有提及，但《纲要》指出“互联网为道德实践提供了新的空间、新的载体”，同样也为开展学雷锋活动提供了新的空间、新的载体，并已成为现实。因此，《纲要》对“抓好网络空间道德建设”的举措，可以复制到抓好开展学雷锋活动中来。

（四）在组织领导的权威性上，雷锋精神与道德建设是同一的

《纲要》将“广泛开展学雷锋和志愿服务活动”列入其中，在组织领导方面强调：“各级文明委和党委宣传部要切实履行指导、协调、组织职能，统筹力量、精心实施、加强督查，抓好工作任务落实。”这说明，开展学雷锋活动与加强新时代公民道德建设要统一领导，一体部署，一体推进，抓好落实。

三、雷锋精神与公民道德的结合性

雷锋精神与公民道德的辩证关系，如果只讲到联系性为止，那么还只是说明了问题的一半，而且还不是十分重要的一半。只有在认识两者的差别性和联系性的基础上，升华对两者结合性的认识，使两者协调起来，统一推进，才能实现共同的目标导向和价值取向。两者怎样才能协调、统一推进呢？

（一）在深入开展学雷锋活动中加强新时代公民道德建设

用哲学语言来说，这就要求在处理事物矛盾问题时，要用力抓住矛盾的主要方面，同时也不要忽视矛盾的次要方面，才能把矛盾处理好。学雷锋活动与公民道德建设构成一对矛盾。在深入开展学雷锋活动中，学雷锋活动成为矛盾的主要方面，公民道德

建设成为矛盾的次要方面。这就要求开展学雷锋活动的组织者，在活动方案的制订和实施过程中，始终要把学习、传承、弘扬雷锋精神作为着力点，同时要引入公民道德建设的元素，即相关的道德规范和要求。如到敬老院开展以尊老、敬老、爱老为主要内容的学雷锋志愿服务活动，不能简单地给老人送点慰问品、打扫卫生、洗洗脚等就算完成任务。为增强活动效果，要求活动的组织者事先要到所去的敬老院作调查了解，有哪些问题需要解决，然后以能解决的问题为主，制订活动实施方案。其中，组织者在活动前的动员中，既要讲述雷锋生前尊老、爱老、敬老的事迹，如参加抚顺市人代会，对代表中的老年人关怀备至的事迹等，又要讲述活动本身就是以实际行动传承弘扬雷锋精神，还应讲述尊老、爱老、敬老是应当传承和弘扬的中华民族传统美德，是应当遵守的新时代公民道德行为规范。思想是行动的先导，认识提高了，才能增强参与活动的主动性、积极性。活动结束后，要进行心得交流和总结，使活动做到有始有终、善作善成。

（二）在新时代公民道德实践活动中传承雷锋精神

此时，在学雷锋活动与公民道德建设构成的这一对矛盾中，公民道德建设实践活动成为矛盾的主要方面，学雷锋活动成为矛盾的次要方面。这就要求公民道德建设实践活动的组织者在活动方案的制订和实施中，要把通过活动加强公民道德建设作为活动的着力点，同时要在活动中融入雷锋精神的基本内涵。如举办爱岗敬业的公民道德实践活动，邀请荣获“大国工匠”称号的技术工人来作事迹报告。活动的组织者在报告前可利用网站、微博、微信等，对听报告人员进行动员，介绍报告人的模范事迹，说明爱岗敬业是职业道德规范，是公民应尽的职责，“大国工匠”是每个公民学习的好榜样。同时还应讲明，“大国工匠”的模范事迹既是践行爱岗敬业的职业道德的生动体现，又是传承和弘扬雷锋干一行爱一行、专一行精一行的敬业精神的生动体现，两者并行不悖，相得益彰。

（三）统筹协调、统分结合，发挥雷锋精神与公民道德的合力作用

各级文明委和党委宣传部要抓好学雷锋活动和公民道德建设这两项工作任务的统筹协调、统分结合。同时，新时代文明实践中心、所、站，以及各部门各单位乃至相关社会组织要抓好这两项工作任务的统筹协调、统分结合。只有这样，才能形成学雷锋和公民道德建设一体推进的合力。相关社会组织怎样做好学雷锋和公民道德建设两项工作任务的统筹协调、统分结合，贵州省雷锋精神研究会（以下简称省雷研会）和贵州省公民道德建设促进会（以下简称省促进会）合署办公、统分结合开展活动的10年实践可供参考。省促进会是2004年3月为贯彻落实《纲要》而成立的社会组织。省

雷研会是2013年3月根据《意见》中提出“成立雷锋精神研究的学术性社会组织”的要求，为贯彻落实《意见》而成立的社会组织。省雷研会成立后，因与省促进会的宗旨和业务范围相近，班子成员的任职和会员都有交叉，经商议合署办公至今。在党组织建设上，成立省促进会、省雷研会联合党支部。在开展活动上，大多数活动联合举办。10年来，联合组成调研组深入基层考察调研4次、开展扶贫济困活动3次、举办学术年会活动7场、开展社科宣传普及活动14次。少数活动是分别参与，如参加中宣部首批命名的学雷锋活动示范点贵阳公交女子学雷锋车队和贵阳市三桥南路消防中队合办的学雷锋树新风活动，以省雷研会参加；又如受省文明办委托，承办“明礼知耻、崇德向善”贵州身边好人评选活动的初评工作，以省促进会办理。此外，有些事项依实际情况而定，如参加“雷锋精神论坛”的征文活动，以省促进会、省雷研会联合组织参与；又如，编辑出版《公民道德建设纵横谈》（贵州人民出版社2014年7月出版），以省促进会、省雷研会联合组成公民道德建设纵横谈编委会；再如，编辑出版会刊《贵州公民道德建设》，以省促进会主办；官方微博、官方微信、微信公众号，以雷研会申办。省促进会、省雷研会先后获贵州省4A等级社会组织。

四、需要着力解决的几个问题

新时代深入开展学雷锋活动，加强公民道德建设，需要着力解决好以下几个问题。

（一）党员领导干部带头学雷锋、学英模，带头加强道德修养问题

这个问题讲得多，但缺少具体要求和有力措施。我认为，解决好这个问题是贯彻落实党的二十大报告提出的“广泛践行社会主义核心价值观”“提高全社会文明程度”的关键。可采取两项措施：一是在每年召开的党委、党组成员参加的民主生活会上，每位班子成员对照相关要求，重点讲述自身在带头学雷锋、学英模，带头加强道德修养方面存在的差距、问题和改进措施；二是党员领导干部在每年的年终述职会上，把当年带头学雷锋、学英模，带头加强道德修养的情况列为述职内容。

（二）编写大中小学使用的雷锋事迹、雷锋精神的相关教材问题

在2009年开展的“双百”评选活动中，雷锋被评为“100位新中国成立以来感动中国人物”之一，可将此次评选中以“甘当革命的‘傻子’”为题的雷锋事迹材料，编入小学四年级的语文教材。可将相应的雷锋日记编入小学四、五、六年级的《道德与法治》教材。可将雷锋热爱党、热爱祖国、热爱社会主义的崇高理想和坚定信念，以及服务人民、助人为乐等方面的事迹，编入初中的《道德与法治》教材。可将雷锋精神的基本内涵和弘扬雷锋精神的基本要求作为专章或专节，编入高中的《道德与法

治》教材。可在大学的《思想道德修养与法律基础》教材的“第五章 明大德守公德严私德”中，增加一节作为第五节，题为“向雷锋同志学习”，内容主要包括雷锋的简要生平事迹、雷锋精神的实质和基本内涵、新时代弘扬雷锋精神的重大意义和基本要求等。

（三）学雷锋和学其他英模人物的关系问题

2014年3月4日，习近平总书记给“郭明义爱心团队”的回信中强调指出：“雷锋精神，人人可学；奉献爱心，处处可为。积小善为大善，善莫大焉。当有人需要帮助时，大家搭把手、出份力，社会将变得更加美好。”可见，学雷锋是人人都要学，人人都可学。其他英模人物，可按党员、干部、群众自身的实际情况和要求进行学习。

总之，雷锋精神是永恒的，公民道德建设是永久的，两者的辩证关系也是长存的。随着时代的发展进步，要不断深化对两者辩证关系的认识，使之为全面建设社会主义现代化国家、全面推进中华民族伟大复兴提供精神动力和道德支撑。

参考文献：

[1] 中共中央宣传部理论局．马克思主义哲学十讲（党员干部读本）[M]．北京：学习出版社、党建读物出版社出版，2013.
[2] 雷锋日记（1959—1962）[M]．北京：解放军文艺社，1963.

雷锋精神：成因剖析，道德内核，时代力量*

吴东照**，彭怀祖***

伟大时代呼唤伟大精神，崇高事业需要榜样引领。选树榜样是提升榜样教育效应的基础性工作，选树榜样的关键在于把握榜样行为的先进性特征。所谓先进性，着眼点不在于选树的对象具体从事何种职业，也不在于对象年龄、所处地点等方面的差异，在于其能够充分体现榜样的利他特质，能够自觉为社会和他人牺牲自身利益。雷锋用自己平凡而伟大的一生，自觉为祖国和人民奉献一切，其光辉行为体现了榜样的力量和道德的崇高。雷锋精神是中国共产党人精神谱系的重要组成部分，具有鲜明的先进性特征。雷锋精神诞生于社会主义建设时期，是以雷锋名字命名，以雷锋事迹所呈现的精神力量为基本内涵，在实践中不断丰富和发展着的革命精神，是对雷锋事迹所表现出来的先进思想、道德观念和崇高品质的理论概括和总结。新时代传承与弘扬雷锋精神，必须挖掘雷锋高尚行为的动因，把握雷锋行为的精神内核，明晰新时代弘扬雷锋精神的战略重点，从雷锋这个普通人身上吸取力量、传棒接力，全面提升榜样教育效应，为中华民族的伟大复兴提供强大的精神动力。

一、成因剖析：新旧社会的强烈对比铸就坚定的理想信念

人的行为既受社会条件的制约，也受社会环境的导引。无论是何种性格特质的人，都有着向善、从善的基因，外部世界的强烈刺激，冲击、影响着人们的价值取向，从道德视域理解人与社会的应当，不应该成为脱离社会环境而独立存在的特区。人之行为背后的动因是复杂的，受社会环境的深刻导引和制约，每个人对社会条件又有着自己的理解和判断，由此形成了各自丰富多彩的人生。雷锋是一个好人，是一个努力的

* 基金项目：国家社科基金重点项目“社会转型期道德动因多元及导引研究”（15AZX022）。

** 作者系南通大学教育科学学院副教授、博士。

*** 作者系南通大学教育科学学院教授，江苏先进典型研究中心主任、首席专家。

人，是一个一心为他人、为社会付出的人，这是社会公众对雷锋的朴素直觉。然而，改革开放以后，随着社会主义市场经济的深入和信息智能时代的到来，社会既有着根据时代特征不断弘扬雷锋精神的良好态势，也有对于雷锋及其形象、精神夹杂着误解与迷惑，认为雷锋事迹不一定是真的，甚至个别别有用心者，说雷锋是“傻子”。可见，雷锋及雷锋精神的表述主体、场域和方式发生了深刻变化。因此，要让雷锋精神真正深入人心，成为新时代社会进步和向上的重要动力，必须深度挖掘雷锋行为的动因，从而体现雷锋行为的真实性与崇高性，让全体公众在新时代自觉践行雷锋精神。

（一）对党和祖国的感恩之心

感恩是雷锋精神产生的原动力。心理学界认为：“感恩是一种道德情感，个体在受到别人恩惠后会产生感激之情，这种情感会促使个体产生亲社会行为，进而形成良好的人际关系。”[1]雷锋出生于湖南望城的一个贫农家庭，不到七岁就成了孤儿，日寇的侵略暴行、旧社会的黑暗压迫，让他过着饥寒交迫的生活，饱尝旧社会的苦难与痛苦，在雷锋幼小的心灵留下沉重的烙印。新中国成立后，党和政府给予了他入校读书、参加农业生产和工业建设、应征入伍成为一名解放军战士等的机会，这些经历让雷锋产生了强烈的感恩意识，感恩党和政府让他从“无家”到“有家”再到“当家”。这种感恩意识的生成与积淀，为雷锋的成长提供了原动力。雷锋对党和政府的感恩并不是仅仅停留在思想意识上或口头上的表决心，而是内化为具体的道德实践——报恩。从望城到鞍山，再到抚顺，从农场职工、工厂工人，再到解放军战士，雷锋心里永远装着他人——听说人民受灾，就毫不犹豫地捐献自己的“巨额存款”；听说战友家庭困难，就偷偷往战友家里寄钱……这些伟大的报恩实践使其成为无私奉献的典范。

（二）投身新中国建设的炙热之情

新中国成立特别是三大改造完成以后，整个社会发生了翻天覆地的变化——劳动人民当家作主，以公有制为基础的集体经济建立，全国人民激情高涨地投入到建设社会主义的事业中，整个社会都充满了克勤克俭、集体主义、赶超先进、团结友爱的积极氛围。雷锋也不例外，新旧社会的鲜明对比，激发了他将自身的奋斗目标与国家的发展需要同向同行。但是，长期的战乱使得国家元气大伤，可谓一穷二白、百废待兴，发展经济的基础极为薄弱，早年进行的“大跃进”和人民公社化运动违背了客观经济发展规律，加上三年困难时期，使得全国大部分人吃不饱穿不暖。除此之外，国际反华势力强大、中苏关系恶化，内外交困的发展格局使得新中国处于新中国成立后最困难的时期。新中国的建设需要全体人民的共同努力，雷锋积极响应号召。一是发扬勤俭节约精神，处处精打细算。二是把全部精力投向了建设社会主义的伟大事业中。在做好本职工作的同时，雷锋深知社会上需要帮助的人很多，所以只要有空余时间，他就努力为他人、为社会作贡献，用一颗火热的心，用火一般的热情，拥抱整个社会和人民。

（三）学习英雄人物的激励之力

道德榜样是不同时期社会所要求的主流道德观的人格体现，集中体现了一定时期社会最具代表性的高尚品德和精神追求。优秀的道德典型具有强大的说服力和影响力，如同一面旗帜激励着社会大众的前进方向，深刻影响着社会的群体认同。在社会主义建设初期，物质基础极端贫瘠，迫切需要精神力量的导引，特殊的年代造就了各种不同的英雄人物。雷锋先后经历了抗日战争、解放战争和社会主义建设初期，革命年代和社会主义建设初期涌现出的董存瑞、黄继光等各式英雄人物成为雷锋学习的榜样，深深影响了其道德观念、道德标准和道德境界，如雷锋多次学习《纪念白求恩》，并时刻用白求恩那种毫不利己、专门利人的共产主义精神来鼓励自己、鞭策自己。除了学习革命英雄人物的先进事迹外，雷锋也虚心地向周围的先进人物学习，比如他的同事、他的领导、他身边的劳动模范。在他的日记中，这类人物比比皆是，有他的排长、连长，有他在报纸上看到的舍己救人的先进人物向秀丽、郑春满等，通过学习先进模范，他找到了现实中比较的对象，进而对照自己的一言一行严格要求自己、勉励自己。榜样的力量是无穷的，雷锋充分吸取了这些榜样身上的坚定信念、不怕牺牲、艰苦奋斗等精神营养，将这些榜样作为自己奋斗的人生信条，在实践中处处彰显道德的力量和榜样的崇高。

（四）善行受到肯定的鼓舞之境

在巴甫洛夫（Pavlov）和桑代克（Thorndike）等先后提出强化概念后，美国著名心理学家斯金纳（Skinner）系统提出了强化理论。根据强化物的性质，可以分为积极强化和消极强化。积极强化能够有效增强行为（反应）发生的概率。雷锋的一生是短暂的一生，他一生助人为乐、敬业奉献，真正做到了平凡而伟大。由于他持续不断地付出，国家、社会和人民大众对雷锋的言行高度肯定。在鞍钢，他连续多次被评为先进生产者、标兵和红旗手；在部队里，他又被评为优秀战士、节约标兵，荣获模范共青团员称号。持续不断的表彰与肯定激励着雷锋持续地为人民做好事。人民是贯穿中国共产党人精神谱系的主题词，全心全意为人民服务是中国共产党最为宝贵的精神品质。雷锋因公殉职后，雷锋精神得到高度颂扬，几代党和国家领导人对其给予充分肯定。文艺界人士先后创作了抒情诗《雷锋之歌》和歌曲《学习雷锋好榜样》来表达自己的情感。应该看到，榜样教育有力地促进了社会主义精神文明建设，深刻影响着广大人民群众的价值取向。我们应该从雷锋精神的形成中得到启发，在新时代不断创新榜样教育的内容与形式，使其成为当前公民道德建设的重要内容。

二、道德内核：凡人善举的杰出典范

改革开放是社会风气和青年观念转变的催化剂，在新的社会历史条件下，雷锋精神给青年带来的崇高感和神圣感逐步消退，青年面对作为符号的雷锋形象，从“威权政治下的支配式解读”逐步转换为“市场经济下的协商式解读”。据湖南省雷锋精神研究会针对500名中小学生的调查，认为雷锋是影视明星的占17%，认为雷锋是解放军战士的占58%，认为雷锋是科技工作者的占5%，认为雷锋是战斗英雄的占17%[2]。相关的调查也显示不少“90后”“00后”不了解雷锋，也没读过《雷锋日记》等相关书籍。这可以理解，毕竟雷锋已离开我们60年，他所处的时代环境和当下有着诸多不同，尤其是年轻一代的多元意识不断增强，雷锋精神在当代的意义与价值必然会引发思考与争论。事实上，雷锋已逐渐从一个人名、一种人生道路，升华为一种精神符号。雷锋所代表的不单单是“有灵魂、有本事、有血性、有品德”的人格，也体现出人们对社会的真善美的向往。

（一）道德信念：忠于共产主义事业的人民战士

信念是情感、认知和意志的有机统一体，是个体在认识基础上确立的对某种思想或事物坚信不疑并身体力行的心理态度或精神状态。休谟认为“信念是我们想象对象的方式，是和先前的一个印象关联着的或联接着的一种生动观念。而且，它能够被心灵感知，并对行动起支配作用。”[3]由此可见，信念并不简单地被认为是理想与精神层面的，而是有着实践动力，能够真正行动的善良意志，信念本身就已经蕴含了人的道德潜能。理想信念也是共产党人走向胜利的精神保障，共产主义理想信念自诞生以来便深入亿万无产阶级者的内心，体现了科学理论品质和崇高价值追求的统一，也彰显着现实目标与终极理想的辩证统一，引发了共产党人为人类解放事业献身的崇高感情，涌现了无数令人敬仰的英雄人物，雷锋就是其中之一。

雷锋在日记中写道：“个人和集体的关系，正像细胞和人的整个身体的关系一样，当人的身体受到损害的时候，身上的细胞就不可避免也要受到损害。同样的，我们每个人的幸福也依赖于祖国的繁荣，如果损害了祖国的利益，我们每个人就得不到幸福！”点滴言语鲜明地展现了雷锋对共产主义事业的坚定信仰，突出了他对党和国家的无限深情。他把实现共产主义作为人生的最高理想，在其短暂的一生中，产生了比一般人更为强烈的为实现共产主义而献身的愿望，保持着比一般人更为持久的前进动力。

作为一名共产党员、一名战士，雷锋时刻牢记自己的共产主义使命、共产主义理想。有什么样的价值观念就会有什么样的行动。雷锋正是为了实现这个最高理想和最终目标而努力，始终把自身的命运同党和人民的事业紧紧联系在一起，克服困难、不惧挫折，坚决听党的话，一辈子跟党走，时刻保持共产党员的政治本色。

（二）道德行为：为党为祖国为人民奉献一切

“听党的话，服从命令听指挥，党指向哪里，我就冲向哪里。”在雷锋的日记里，字里行间体现出对中国共产党、对祖国的无限热爱。他爱党爱国爱人民，不仅记录在他的日记中，更是体现在他为党和国家事业努力奋斗的具体行动上。雷锋自觉把个人前途命运与国家社会的前途命运紧密联系在一起。国家号召要兴办农业，他就主动申请去到农场驾起拖拉机；国家要加强工业建设，他就积极报名去鞍钢当一名工人；国家号召青年入伍，他经过不断努力和多次恳求，终于参军到部队。雷锋始终怀着一颗火热的赤子之心，认为国家利益和集体利益高于一切、重于一切、大于一切，用自己的实际行动践行了“忠于革命，忠于党”。

雷锋始终把自己与人民群众联系在一起，将全心全意为人民服务的理念贯彻一生。雷锋在读完《毛泽东选集》后说道：“我觉得要使自己活着，就是为了使别人过得更美好。”直到牺牲的前几天，他还在努力解答永恒的人生问题：“我活着是为了全心全意为人民服务。”他没有什么惊天动地的壮举，却在平凡中书写了伟大。连队内，雷锋以“小周”的名义给其家里写了信又寄去10元钱，把自己帽子的内里拆下来一针一针地为战友补裤子，帮助炊事员洗白菜，把营房周围、室内室外打扫得干干净净……处处体现对战友的无私关怀。连队外，雷锋更是闲不下来，只要碰到有需要帮助的，就立刻伸出援手，两次“巨额”捐款、主动推车运砖、主动帮助列车员打扫卫生、给旅客端茶倒水、给丢了车票和钱的陌生人买车票、给老人拎包袱、送大娘回家……作为榜样人物的雷锋，无疑在证明：广大劳动者只要能够将个人价值的实现与国家的利益相结合，那么平凡人也可以具有伟大的精神力量，在不起眼的岗位上也可以做出引人瞩目的成就。

（三）道德传承：中华民族传统文化的时代体现

雷锋精神不是无源之水，在其形成过程中带有中华民族优秀传统文化的深刻烙印，中华民族数千年“德治”传统所积淀的深厚道德意识，熏陶了这个文化场域中的每一个人，也为雷锋精神打下了深深的烙印。中国传统文化的重要基石是儒、道、释，它是一个有机的整体，把和谐、仁爱、中庸等理念贯穿其中。雷锋在其成长过程中也广泛地吸纳了诸如“克己奉公”“舍生取义”“仁者爱人”“天下兴亡，匹夫有责”“己欲立而立人，己欲达而达人”“鞠躬尽瘁，死而后已”等传统美德和文化价值。他无论走到哪里，就把好事做到哪里，把爱心撒到哪里，把温暖送到哪里，这与中华民族“国家兴亡，匹夫有责”“位卑未敢忘忧国”“苟利国家生死以，岂因祸福避趋之”的爱国传统相一致，与中华民族倡导的扶危济困、守望相助、民胞物与、仁者爱人的思想相一致，与中华民族遵行的敬业乐群、恪尽职守的情操相一致，与中华民族提倡的因时而变、与时偕行、自强不息、革故鼎新的理念相一致，与中华民族坚守的“成由节俭败由奢”“艰难困苦，玉汝于成”“民生在勤，勤则不匮”的古训相一致。

雷锋精神既是对中华优秀传统文化的传承，更是对中华优秀传统文化的创造性转化和创新性发展。古言有云“吾日三省吾身”，强调通过修养使个体具备美德。同时，儒家哲学强调“入世”，认为人们在加强自我道德修养的同时要积极回报社会，并以此作为衡量人生幸福的价值标准，这种人生观、价值观已深深地烙在每个中国人的心中。雷锋十分注重个人品德修养，他虽出生于贫苦农家，幼年成为孤儿，但他从小就立下远大志向，特别是有了学习机会之后，他孜孜不倦地从毛泽东著作中吸取营养，在火热的社会生活中锤炼自己，处处严格要求自己，时时深刻反思自己。雷锋的一生是短暂的一生，也是乐观进取、自强不息的一生。旧社会的苦难没有使他丧失斗志，反而促使他在新社会学会努力奋斗——上学时，刻苦求学；当公务员时，勤恳工作；在鞍钢时，吃苦耐劳；当推土机手时，因技术过硬多次被评为先进；参军后更是苦练驾驶技术和杀敌本领。中华民族传统美德中关于“修身”的要求，深深植入雷锋的基因，并逐步得到继承和发展。

“齐家”本义是指一个人在家庭中应具有的美德，包括勤俭持家、团结友爱、尊老爱幼等。雷锋自幼是个孤儿，在他有生之年也没有组成新的家庭。他在日记中明确指出：“我是党的儿子，人民的勤务员，我走到哪里，哪里就是我的家，我就在哪里工作。”雷锋努力将“齐家”思想发扬光大。儒家主张“仁者爱人”，孔子提倡“己所不欲，勿施于人”，孟子提出“老吾老，以及人之老；幼吾幼，以及人之幼”。中国传统文化主张人们用“仁爱”之心去尊重、理解、关心、爱护和帮助他人，雷锋正是这样践行人性美德，从而凝聚成与人为善、助人为乐的互助精神。背同学过河，帮生病同学补习，照顾女同志，把自己的棉衣送给衣衫单薄的老大爷，给战友缝补被子，把自己的午饭让给没带饭的战友吃……雷锋像一团火，有一分热、发一分光，处处散发着与人为善、助人为乐的灼灼光辉。雷锋坚持以国家、集体和人民利益为重。他说，人的生命是有限的，而为人民服务是无限的。这种纯洁无私的人生追求，是对传统美德的继承、丰富与发展。

三、时代力量：全人类共同的精神财富

习近平总书记在党的十九大报告中指出“坚定文化自信，推动社会主义文化繁荣

兴盛”。雷锋以平凡的人生实践树立起人生价值坐标中最挺拔的丰碑。雷锋精神具体包括热爱党、热爱祖国、热爱社会主义的崇高理想和坚定信念，服务人民、助人为乐的奉献精神，干一行爱一行、专一行精一行的敬业精神，锐意进取、自强不息的创新精神，艰苦奋斗、勤俭节约的创业精神。当前，我国社会主义现代化建设取得历史性成就，中国特色社会主义进入新的发展阶段，社会主要矛盾由人民日益增长的物质文化需要同落后的社会生产之间的矛盾，转化为人民日益增长的美好生活需要和不平衡不充分的发展之间的矛盾。与此同时，全球化以来的人类“一体化”历史，伴随着振荡反复的显性或隐性危机，全人类共同价值凸显出凝聚各方价值共识的世界意义。从这个意义上说，雷锋不仅是中国人民的榜样，也是世界所有向往美好生活人们心中的典范。

（一）雷锋精神是全人类共同价值的重要标识

习近平总书记指出：“雷锋精神是永恒的，是社会主义核心价值观的生动体现。”在一次次社会变革的浪潮中，雷锋精神作为“超越资本逻辑的精神选择”[4]，为构建人类命运共同体，解决现代生活中涌现出的诸多问题和复杂矛盾提供了理论源泉。雷锋精神的内核——志愿服务、敬业奉献，不仅体现着人类的共同价值、共同理想，更体现着全人类的共同美德。志愿服务是文明社会不可或缺的部分，表现出个体在做好本职工作的前提下，出现在社会最需要的地方，利用宝贵的个人时间去为他人服务。这种利他行为充分体现了人的高尚性，反映了社会的文明与向上，是正义与仁爱的具体表达。雷锋精神与志愿服务精神具有内在一致性。雷锋用一生践行了“把有限的生命投入到无限的为人民服务之中”[5]。雷锋精神与志愿服务精神都带有鲜明的利他性，是站在最广大人民的立场上，将人民对美好生活的向往作为价值目标。雷锋以其助人为乐、无私奉献、全心全意为人民服务的实践生动地阐释了中国志愿服务的内涵与本质。

雷锋曾经在日记中写道：“一个人的作用，对于革命事业来说，就如一架机器上的一颗螺丝钉。”这种螺丝钉的比喻生动表现了雷锋爱岗敬业、恪尽职守的优良品质。在当今社会，为了保障国家安宁、社会平安，为了保证社会发展有序、文明向上，需要人们响应号召、服从安排、努力奉献。他们或是在边疆巡逻，或是在戈壁造林，或是为祖国的航空航天事业奉献一生，或是时刻准备和犯罪分子作殊死搏斗。他们能够响应党和国家号召，到祖国最需要的地方去，为祖国的利益牺牲自己的一切。当然，我们也需要在平凡的岗位上尽心尽力，在普通的工作中发光发热，这种勤恳实干的螺丝钉精神在任何时代都有重要的价值。

作为一个自然人，雷锋是中国的。当雷锋成为一种文化符号，成为人类共同倡导的一种价值观和良好风尚时，就不仅仅是一个人，而是一种精神载体，从这个意义上讲，雷锋是世界的。雷锋纪念馆里的留言簿上，有二十几种外国文字写下的上万条留言，写下这些留言的人尽管肤色、语言和年龄各不相同，但字里行间都透露出对雷锋的钦佩与赞扬。20世纪末，雷锋以纯朴微笑的"中国形象"入选"全球20世纪最有影响力的100张照片"；2012年，雷锋又以"党和国家领导人题词最多的士兵"荣获上海大世界吉尼斯纪录认证。应该说，雷锋在世界范围内的知名度还是比较高的，雷锋精神也在全球得到了广泛认同。在此基础上，要进一步凝练和发扬雷锋精神，针对各个国家、地区的不同习惯和特点，用他们易于接受、容易产生共鸣的方式，介绍雷锋、宣传雷锋精神，让雷锋精神承载的中华优秀传统文化、全人类的共同价值，被世界广泛接受。

（二）雷锋精神是现代社会功利过盛的有力矫正

改革开放40多年来，中国共产党带领全国各族人民不断探索经济体制改革，商品经济从弱小、粗放至不断成熟。市场经济的本质是通过市场竞争配置资源，竞争性、公开性是市场经济的重要特征。市场经济激活了人的自利情结，强化个体只要通过自身努力，充分发挥长处，就能在市场竞争中获取资源，这样的体制安排，必然促成全社会充满活力，资源的配置亦会体现合理性、科学性，全社会财富总量的持续增加有了基础性的保证。

市场经济的负面效应也强化了人们的趋利意识，社会上出现了"一切向钱看"的不良风气，有些人在利益面前丢弃了诚信和原则，将追逐自身利益作为唯一目的，甚至为达目的而不择手段、见利忘义、唯利是图。与此同时，经济全球化的过程中，西方的极端利己主义、消费主义思潮也随之进入中国，现代信息社会海量信息扑面而来，给人们的价值观形成了巨大冲击。面对这个强调差异性和个体性的时代，探讨并厘清雷锋精神的当代价值，是极为重要的。雷锋精神中蕴含的集体主义和奉献精神正好设立了行为边界，即追求自我利益的最大化应当以尊重他人的权益为边界，自我价值的实现应当以维护集体利益为边界。

千百年来，道德视域下人的应当问题，中外学者普遍认为占主导地位的核心要义是利他，是在利他视域下关于人的应当问题。随着社会的发展和研究的深入，利他已有宏观与微观、直接与间接等差别化讨论。因此，道德是有程度差异的，自觉牺牲自身利益的利他行为，是道德行为的重要标识。雷锋的行为所体现的正是自觉牺牲自身利益的利他行为，是一种高尚的道德行为。社会主义现代化征程中需要千千万万个雷锋。社会主义建设需要全体公众热爱工作，弘扬雷锋精神。弘扬雷锋精神，能够有效防止过度的市场功利性，确保为祖国为人民献出爱的人得到尊崇，从而使得祖国的每个角落都在发展，每个人都得到关爱，每一项工作都有人去做，社会主义精神文明之花开遍祖国大地，促进全社会财富持续不断增长和社会文明程度不断提高之间的融合与协调，中国特色社会主义现代化建设也一定会“众人拾柴火焰高”。

参考文献：

[1] McCullough M E, Emmons R A, Tsang J. The grateful disposition: A conceptual and empirical topography [J]. Journal of Personality and Social Psychology, 2002 (82): 112-127.

[2] 陶克. 告诉你一个真实的雷锋 [M]. 西安：陕西人民出版社，2013.

[3] 休谟. 人性论（上册）[M]. 关文运，译. 北京：商务印书馆，1980.

[4] 田鹏颖，单旖旎. 超越资本逻辑的精神选择——兼论雷锋精神的永恒魅力 [J]. 沈阳师范大学学报，2019 (3)：1-5.

[5] 宋春艳，谢文凤. 弘扬雷锋精神 培育中国特色社会主义职业道德 [J]. 道德与文明，2017 (2)：33-35.

新时代雷锋精神与红色基因传承

汤　泓*

一、绪论

党的十八大的召开标志着中国特色社会主义进入新时代。习近平总书记在党的二十大报告中指出：新时代十年的伟大变革，在党史、新中国史、改革开放史、社会主义发展史、中华民族发展史上具有里程碑意义。在新时代中国特色社会主义发展的十年中，以习近平同志为核心的党中央团结带领全党全军全国各族人民自信自强、守正创新，踔厉奋发、勇毅前行，推动我国迈上全面建设社会主义现代化国家新征程。

习近平总书记高度重视红色基因的传承，多次发表重要讲话、作出重要指示。2022 年 8 月 16 日，习近平总书记在辽宁考察时记指出，红色江山来之不易，守好江山责任重大。要讲好党的故事、革命的故事、英雄的故事，把红色基因传承下去，确保红色江山后继有人、代代相传。

二、新时代雷锋精神

2021 年 9 月，党中央批准了中央宣传部梳理的第一批纳入中国共产党人精神谱系的伟大精神，雷锋精神被纳入其中。其内容为：热爱党、热爱国家、热爱社会主义的崇高理想和坚定信念；服务人民、助人为乐的奉献精神；干一行爱一行、专一行精一行的敬业精神；锐意进取、自强不息的创新精神；艰苦奋斗、勤俭节约的创业精神。

2023 年 2 月，习近平对深入开展学雷锋活动作出重要指示：新征程上，要深刻把握雷锋精神的时代内涵，更好发挥党员、干部模范带头作用，加强志愿服务保障和支持，不断发展壮大学雷锋志愿服务队伍，让学雷锋在人民群众特别是青少年中蔚然成

* 作者系湖南党史陈列馆馆员，陈展部部门负责人。

风，让学雷锋活动融入日常、化作经常，让雷锋精神在新时代绽放更加璀璨的光芒，为全面建设社会主义现代化国家、全面推进中华民族伟大复兴凝聚强大力量。

三、新时代红色基因传承

党的十八大以来，红色基因传承有了很大的发展，特别是党中央在 2017 年决定建设中国共产党历史展览馆，2021 年中国共产党历史展览馆对外开放，以及国家文物局革命文物司的设立，红色场馆、纪念场馆的蓬勃发展，大思政的广泛兴起等，红色基因的传承有了更多的领域及传播载体。

党的十九大报告指出，我们党具有强大的凝聚力和战斗力，根本原因在于我们拥有坚定的共产主义信仰，具有不屈不挠的革命意志和英勇善战的革命精神，形成了独具特色的中国式现代化道路。在党的教育和宣传工作中，红色基因被视为重要的内容，通过各种形式的宣传和教育，加强对红色基因的传承和弘扬。

四、新时代雷锋精神与红色基因传承的关系

新时代雷锋精神和红色基因传承是相互促进、互为补充的关系。

（一）新时代雷锋精神是红色基因的延续和发展，是中国特色社会主义核心价值观在新时代的具体体现

雷锋精神强调的爱国、助人、诚信、奉献等价值观念，是红色基因中的重要内容。雷锋精神所弘扬的无私奉献、勤俭节约、艰苦奋斗、自强不息的优良品德与中华传统文化中的忠诚、孝悌、廉洁、敬业、诚信、友善等价值理念相契合，两者相互融合，形成具有中国特色的现代价值观念。

新时代雷锋精神的弘扬为社会主义核心价值观的贯彻落实提供了实践基础。社会主义核心价值观是中国特色社会主义思想道德建设的重要内容，其核心是爱国主义、集体主义和社会主义，具有深厚的历史文化渊源和现实社会基础。雷锋的崇高品德和爱人民的精神是社会主义核心价值观的具体体现。传承和弘扬雷锋精神，有助于推动社会主义核心价值观在社会实践中的贯彻落实，加强人民群众对社会主义核心价值观的认同和实践。

新时代雷锋精神的弘扬为社会主义核心价值观的社会支持提供了重要保障。社会主义核心价值观的贯彻落实需要全社会的积极参与。倡导和弘扬雷锋同志的崇高品德和爱人民的精神，有助于引导全社会更加积极地参与到社会主义建设和发展中来，形成了一个全社会关注公共利益、爱国奉献、敬业奉献的社会氛围，为社会主义核心价值观的贯彻落实提供坚实的社会基础和广泛的社会支持。

新时代雷锋精神的弘扬有助于提升社会主义道德风尚。雷锋不求名利，不怕苦累，默默地为人民服务，为社会做出了卓越贡献。雷锋精神中的无私奉献、勤俭节约、艰苦奋斗、自强不息等优良品德，仍是我们今天所追求的，我们也需要像雷锋一样，用自己的实际行动，去践行社会主义道德，推动社会主义事业的发展，让社会主义道德成为每一个公民的自觉行动，成为国家和社会的共同追求。

新时代雷锋精神的弘扬有助于推动中华优秀传统文化的创新发展。雷锋精神与中华优秀传统文化中的忠诚、孝悌、廉洁、敬业、诚信、友善等价值理念相契合。弘扬雷锋精神中的无私奉献、勤俭节约、艰苦奋斗、自强不息等优秀品德，有助于更好地理解和传承中华优秀传统文化中的忠诚、孝悌、廉洁、敬业、诚信、友善等价值理念，使之更加适应现代化的需求，推动中华优秀传统文化的创新发展。

新时代雷锋精神的弘扬有助于促进个人责任和社会责任的统一。雷锋精神中的无私奉献、勤俭节约、艰苦奋斗、自强不息等优秀品德，体现了个人责任和社会责任的统一。弘扬雷锋精神，有助于引导广大人民群众树立正确的个人价值观和社会价值观，让个人责任和社会责任相互协调、相互支撑，推动社会主义事业的健康发展。

新时代雷锋精神的弘扬有助于加强公民的社会责任意识。随着经济的快速发展，出现了一系列社会问题，如环境污染、道德沦丧、贫富差距等。雷锋精神的弘扬有助于人们更好地认识到自己的社会责任，激发个人的社会责任感，进而积极投身到社会公益事业中。雷锋精神所倡导的奉献、友爱、助人为乐的价值观，能够引导个人在日常生活中关注他人需要，关心社会公益，不仅可以提高公民的社会责任意识，还能够有效地推进社会的发展和进步。

（二）红色基因传承为新时代雷锋精神提供了历史和文化支撑

红色基因传承的革命精神和价值观念，包括爱国主义、集体主义、革命精神、奉献精神等，这些都是新时代雷锋精神的重要组成部分。雷锋精神的核心是爱国、助人、诚信、奉献，这与红色基因传承的革命精神和价值观念是相通的。红色基因传承为新时代雷锋精神提供了历史和文化支撑，使新时代雷锋精神更具文化认同感和历史底蕴。

红色基因传承与新时代雷锋精神互为补充、相互促进，共同构成了中国特色社会主义的精神支柱和文化底蕴。红色基因传承为新时代雷锋精神提供了历史和文化支撑，新时代雷锋精神则是红色基因传承的延续和发展，是中国特色社会主义核心价值观在新时代的具体体现。

试析雷锋精神产生的主核因素

刘彻东[*]

雷锋精神，产生于60多年前，是以雷锋的名字命名的、以雷锋的精神为基本内涵，在时代的前行中不断丰富和发展着的革命精神，其实质和核心是全心全意为人民服务，为了人民的事业无私奉献。对雷锋精神最早而较完整的概括应是周恩来1963年3月为雷锋的题词："憎爱分明的阶级立场，言行一致的革命精神，公而忘私的共产主义风格，奋不顾身的无产阶级斗志"。经过半个多世纪的丰富、提炼和升华，对雷锋精神表达最完整而准确的应是2012年3月中共中央办公厅印发的《关于深入开展学雷锋活动的意见》所界定的五个方面：热爱党、热爱祖国、热爱社会主义的崇高理想和坚定信念；服务人民、助人为乐的奉献精神；干一行爱一行、专一行精一行的敬业精神；锐意进取、自强不息的创新精神；艰苦奋斗、勤俭节约的创业精神。2013年3月6日，习近平总书记参加十二届全国人大一次会议辽宁代表团的审议时指出，雷锋具有信念的能量、大爱的胸怀、忘我的精神、进取的锐气。2014年3月11日，习近平总书记在出席十二届全国人大二次会议解放军代表团全体会议时讲话强调："雷锋精神是永恒的，是社会主义核心价值观的生动体现。"

笔者以为，雷锋精神产生的主核因素，主要有以下三个方面：第一是雷锋感党恩听党的话，第二是雷锋学毛著践行初心，第三是良好社会大氛围。

一、感党恩听党的话

雷锋精神产生的主核因素之一是雷锋感党恩听党的话。而雷锋感党恩听党的话，主要源于雷锋家庭在旧社会的苦难经历与解放后党和国家对雷锋的关怀和培养。

雷锋和他的家庭在解放前所经历的苦难，远远超过一般人和一般家庭。从雷锋的

---

* 作者系原贵州《青年时代》杂志总编。

爷爷辈起，困于山区的家庭，既没有一分自己种庄稼的田地，也没有一间给自己遮风挡雨的房屋。没有田地，只能给地主当佃农；没有房屋，只能住在地主给佃农搭的简陋茅草屋。雷锋 3 岁时，爷爷雷新庭在地主恶霸地租、高利贷及苛捐杂税的盘剥下，身染重疾，悲惨死去。[1]

雷锋的父亲雷明亮，1938 年曾被国民党兵抓去毒打，造成严重伤害。1944 年，日本侵略军占领长沙期间，雷明亮又遭到日本兵的打击伤害，卧床不起，不久含恨离世，年仅 38 岁。[1]

比雷锋大 7 岁的哥哥雷振德，因家境困苦，两次外出当童工，被资本家和工伤折磨。1945 年初冬，13 岁的雷振德由于劳累过度，在贫病交加中死去。[1]

雷锋的哥哥刚死不久，比雷锋小 4 岁的弟弟又在病饿中死去，年仅 3 岁。这时，雷锋不满 7 岁，家里只剩下他和母亲相依为命。在短短的几年内，公爹、丈夫和大儿子、小儿子相继离世，雷锋的母亲雷杨氏立志要把雷锋作为雷家的独苗拉扯成人，为无辜死去的亲人报仇。雷杨氏忍受着饥寒，在灾难和不幸中挣扎着，总想在黑暗的日子里找出一条生路来。可她万万没想到的是，她竟被逼死她公爹的地主家恶少侮辱和迫害，有冤无处申，有仇无处报，在被称为团圆节的中秋节晚上，悬梁自尽了……[1]

还不满 7 岁的小雷锋，目睹了 5 位亲人的去世，成了一个悲惨的孤儿。在望城解放的前一年，雷锋也差一点成为一家地主霸占的柴山上的孤魂野鬼。1948 年初夏的一天，雷锋和几个小伙伴到徐家地主霸占的山上砍柴，被徐家地主婆碰见，她夺下雷锋手中的柴刀，照着雷锋的手背就砍。雷锋虽然侥幸逃脱，但手背上的伤口近一个月才慢慢愈合，明显的刀痕永远留在了雷锋的手上，旧社会的黑暗残酷更铭刻在雷锋的心灵深处。[1]

正是因为对万恶的旧社会苦大仇深，雷锋对带领穷苦大众推翻旧社会的共产党特别感恩。小雷锋非常亲近来到家乡的党组织和党干部，曾向党组织报告过邓姓恶霸地主和伪警察局局长咒骂共产党、阴谋杀害安庆乡民兵队长的恶行，使坏人终得报应。雷锋家乡成立儿童团，雷锋当上了儿童团团长。党和政府对被旧社会残酷剥削压迫的雷锋特别关怀，在分配斗争果实时，雷锋分得田土三亩六分，比其他一人的一亩二分多两份，还分给他一套住房及衣物。雷锋分得的田土，开始由他堂叔经营，后来由生产互助组代耕。平时，雷锋的零用钱由乡政府负担。所有这些，是雷锋做梦也没有想到的，他自豪幸福地感到自己是真正的生活主人了。

这样，雷锋感党恩听党的话，就是很自然的了。在他的日记中，有充满情感和理性的表达。陕西师范大学出版总社 2018 年版的《雷锋日记》收录了雷锋的 163 篇日记，笔者读后对雷锋精神产生的主因和背景有了非常明确的感悟，其中首要的关键就是感党恩听党的话。

在这163篇日记中，雷锋感觉恩听党的话的日记就有83篇，超过一半。他在日记中第一次明确写到感觉恩听党的话，是1959年10月的一天，那时他还不到19岁，还不是党员，他在日记中写道："1958年入厂的时候，我只是一个抱着感恩的思想埋头苦干的工人，后来在党的教育下，才使我的思想和眼界变得更加开朗和远大……"[2]在他入党的那一天，他特别感动地写道："1960年11月8日，是我永远不能忘记的日子。今天，我光荣地加入了伟大的中国共产党，实现了自己最崇高的理想。……伟大的党啊，英明的毛主席，有了您，才有了我的新生命。我在九死一生的火坑中挣扎和盼望光明的时刻，是您把我拯救出来，给我吃的穿的，还送我上学念书。我念完了高小，戴上了红领巾，加入了光荣的共青团，参加到了祖国的工业建设，又走上了保卫祖国的战斗岗位。在您的不断培养和教育下，我从一个孤苦伶仃的穷孩子，成长为一个有一定知识和觉悟的共产党员。伟大的党啊，您是我慈祥的母亲，我所有的一切都是属于您的，我要永远听您的话，在您的身下尽忠效力，永做您忠实的儿子。今天我入了党。我变得更加坚强，思想和眼界变得更加开朗和远大。我是一个共产党员，人民的勤务员，为了全人类的自由、解放、幸福，哪怕高山、大海、巨川，为了党和人民的事业，就是入火海进刀山，我甘心情愿，头断骨粉，身红心赤，永远不变。"[2]

读着雷锋这些充满赤诚热血的日记，笔者深深地感到，从苦难黑暗中走过来的雷锋，有一颗深厚朴实的感恩之心，真正把党当作自己慈祥的母亲、照亮人民得解放的太阳，所以"听党的话"成为他人生道路上的唯一选择。这个唯一的选择，是一种从感党恩的情感到听党的话的理性的必然跨越，是雷锋精神产生的第一个主核因素。

二、学毛著践行初心

雷锋精神产生的第二个主核因素是学毛著践行初心，与第一个主核因素感党恩听党的话紧密相关，或者说后者是前者的递进。1935年1月遵义会议以后，毛泽东成为中国共产党的核心领导人，因此可以说，感党恩也就是感毛主席的恩，听党的话也就是听毛主席的话。雷锋在他的日记和许多场合的讲话中，更是经常把毛主席与党相提并论，而体现马克思列宁主义与中国革命和建设实践相结合的毛泽东著作，是中国的革命青年，特别是共产党员提升革命和建设的理论水平和思想精神境界的经典。学习毛主席著作对雷锋精神产生的作用，时任中央军委秘书长的罗瑞卿1963年3月发表在《中国青年》杂志上的文章《学习雷锋——写给〈中国青年〉》中表述得十分清晰到位："雷锋同志值得学习的地方是很多的。但是，我觉得最值得我们学习的，也是雷锋之所以成为一个伟大战士的最根本、最突出的一条，就是他读毛主席的书，听毛主席的话，一心一意做毛主席的好战士。一句话，毛泽东思想就是他的英雄行为和高贵品质的无尽的源泉。正是因为这样，雷锋有了共产主义的人生观，有了一种高尚的品质，始终保持艰苦朴素的作风，永不忘本，就真正做到了又红又专。”

中国共产党的初心来自对马克思主义的继承与发展，来自将马克思主义基本原理同中国实际相结合的革命和建设的实践。更直接一点讲，中国共产党的初心就是为中国人民谋幸福，为中华民族谋复兴。1944 年，毛泽东同志发表了著名的演讲《为人民服务》后，“为人民服务”成为中国共产党人表达初心的最核心最响亮的口号。在雷锋光荣殉职的20 世纪60 年代以前，将马克思主义基本原理同中国实际相结合的革命和建设实践，在著作中予以最准确完美表达的，就是毛主席著作。

雷锋坚持学习毛主席著作，在进一步理解领悟共产党的初心方面，收获显著，并表现在对党的初心的践行上。在雷锋日记中，与学习毛主席著作相关的，有数十则。

1961 年 4 月的一天，他写道：“毛主席著作对我来说好比粮食和武器，好比汽车上的方向盘。人不吃饭不行，打仗没有武器不行，开车没有方向盘不行，干革命不学习毛主席著作不行！”[2]

1961 年 11 月 26 日，他写道：“我学习了《毛泽东选集》一、二、三、四卷以后，感受最深的是，懂得了怎样做人，为谁活着……我觉得自己活着，就是为了使别人过得更美好。我要以黄继光、董存瑞、方志敏等同志为榜样，做一个热爱相国、热爱人民，永远忠于党、忠于人民革命事业的人。”[2]

1962 年 6 月下旬的一天，他写道：“我是在 1958 年夏开始学习毛主席著作的。经过学习，提高了阶级觉悟、武装了头脑，增强了本领。我在学习过程中，始终坚持用学习到的理论、观点对照联系自己的思想、劳动和周围的一切实际事情。这么一联系，不仅加深了对理论的理解，而且更有助于政治理论的提高。如通过学习毛主席所写的《中国社会各阶级的分析》和《关于正确处理人民内部矛盾的问题》这两篇文章，我清楚地明白了，不同的阶级有不同的立场，对同样一件事情，不同的阶级就有不同的看法和说法。……今后，我还要更好地学习，更好地为党的事业而奋斗。”[2]

在 1960 年的一篇报告录音中，雷锋讲到自己学习毛主席著作的决心：“我学习了《纪念白求恩》那篇著作，它给我的印象最深刻，到现在我一共学习了二十多遍，看一遍有一遍的体会，有一遍的心得。毛主席热情地赞扬了白求恩同志专门利人、毫不利己的精神，我就按照毛主席这些话来鞭策自己，检查自己。毛主席说，我们要学习白求恩同志那种毫无自私自利之心的精神，从这一点出发，就可以变为有利于人民的人。无论什么工作，只要是党的需要，革命的需要，只要是对人民有利的，我就要做好。……我学习毛主席的每一篇著作，都要联系实际。”

在 1961 年写的《做一个有益于人民的人》中，雷锋写道：“通过几年来的学习毛主席著作，更加深了对毛主席的热爱。我深刻地认识到：毛主席的伟大实践过程，也就是全心全意为人民服务的过程。这给我的启发很大，教育很深。因此，我给自己规定：凡是对人民有利的事，就坚决拥护，积极去做，宁肯牺牲个人的一切。凡是对人民不利的事，坚决不做，并进行斗争。用它当做一个标尺，经常来衡量自己，检查自己，鞭策自己，这样也就促使我时时刻刻想为人民做点好事。有时我走路也想，吃饭也想，睡觉还想，看到一个问题或一件新事也想。”[2]

除了在日记里记录学习毛主席著作，还有出人意料而十分珍奇的是，雷锋竟还在认真阅读毛主席著作时，在《毛泽东选集》第一、二、三、四卷和《毛泽东著作选读》，以及《实践论》《矛盾论》等单行本上，作了58处书眉笔记。这些书眉笔记，都是表达自己学习的心得体会和联系工作、生活的实际感悟。如在《毛泽东著作选读》第53页的书眉笔记，他这样写道：“这篇文章好得很，对我的启发教育极大，我要继续深入反复地学习。学习毛主席看问题两点论的观点；学习毛主席实践的观点；学习毛主席阶级斗争的观点；学习毛主席批评与自我批评的观点；学习毛主席谦虚谨慎的观点；学习毛主席善于团结的观点；学习毛主席全心全意为人民服务的观点。我坚决永远学习毛主席的思想、观点和方法，永远做毛主席的好战士。”[2]

从以上雷锋学习毛主席著作、践行共产党员初心的文字记载中，我们已经非常明显地感受到雷锋学毛著践行初心，从理论学习到实践落地，从实践躬行到理论升华的过程。正是因为学毛著践行共产党员的初心非常精准到位，雷锋在辽宁抚顺不满4年的时间里，获评不同岗位的先进模范，被评选为团代会和人代会、部队各种会议的代表，获得中小学校外辅导员等荣誉身份，应邀到各种场合作报告。雷锋的讲话、报告，充分彰显了雷锋感党恩听党的话和学毛著践行共产党员初心的情怀。

三、良好社会大氛围

雷锋精神的产生和升华，除上述两大主核因素以外，还有一个不可或缺的因素，就是新中国良好的社会氛围。

笔者感觉，最突出的充满正能量的社会氛围，就是报刊对雷锋这样优秀典范人物正面宣传报道的用心尽力以及毛泽东等党和国家领导人的高度重视。1958年3月上旬，雷锋成为望城县第一个国营农场团山湖农场第一位拖拉机手，他仅仅学了一个星期就会独立驾驶操作拖拉机了。为此，雷锋兴奋地写了一篇《我学会开拖拉机了》的短文，几天后《望城报》就给刊登出来了！这是雷锋有生以来在报刊上公开发表的第一篇文章。

1958年底到1962年8月15日雷锋因公殉职，在抚顺工作和参军的几年里，雷锋在本职工作上敬业奉献的业绩和乐于助人的事迹，经常被地方和部队的报刊和电台报道，也不断给雷锋以激励鼓舞。特别是雷锋因公殉职后，雷锋的事迹引起了《解放军报》《人民日报》《光明日报》《中国青年报》等媒体热门报道。特别值得一提的是

《中国青年》杂志，别出心裁、独具创意，把1963年3月的两期半月刊设计成报道雷锋事迹的合刊专辑。更超出常人想象的创意是，他们竟想到给日理万机的伟大领袖毛主席写信，请他给刊物报道雷锋事迹题词！据时任毛主席秘书的林克在《人民日报》2012年2月16日的文章《50年前，题词是这样出炉的》回忆，毛主席在题词之前，就阅读了报纸上有关雷锋的报道，了解了雷锋的事迹。1963年3月2日，《中国青年》杂志报道雷锋事迹的合刊出版，首先刊登了毛泽东“向雷锋同志学习”的题词。三天后的3月5日，《人民日报》《解放军报》《光明日报》《中国青年报》等都刊登了毛主席的题词手迹。3月6日，《解放军报》又首次刊登了刘少奇、周恩来、朱德、邓小平等同志的题词手迹，《中国青年报》随即转载。以上党和国家领导人给学习雷锋的题词，不仅仅是对雷锋的褒扬和号召全国人民学雷锋，也是对雷锋精神的内涵的提炼和概括。

由于毛泽东和老一辈革命家的积极倡导，学习雷锋的活动很快从军队向全国各行各业发展，迅速兴起了一个全国范围的学雷锋热潮。共青团中央、全国总工会和全国妇联，以各种形式组织了学习和宣传雷锋的活动。全国性的报刊，都用大量篇幅报道了各地开展学雷锋活动的情况，以及雷锋事迹、雷锋日记等。文化艺术和出版部门还出版了图书和画册，演映了雷锋的电影。随着学雷锋活动的深入开展，全国各条战线上，涌现出成千上万雷锋式的先进人物。

在“向雷锋同志学习”的号召下，全国广大人民群众，尤其是青年群体奋起响应。仅举当年北京大学和黄冈中学学雷锋的点滴，即可感知当时全国学雷锋活动的广度、深度、活跃度，以及美好氛围。

北大哲学系1964年毕业的翟荣凯，中共贵州省委宣传部原副部长、省文明办原主任、贵州省雷锋精神研究会原会长、贵州省公民道德建设促进会原副会长，现任以上两社会组织联合党支部书记。他对当年北大学雷锋活动的记忆，真实而感人：“1963年3月5日，中央各大报以及《中国青年》第5、6期合刊《雷锋专辑》发表了毛主席的题词‘向雷锋同志学习’，立即在全校引起强烈反响。我一口气读完《中国青年》第5、6期合刊，深受雷锋模范事迹所感动，当即把毛主席的题词贴在床头上，并表示从今天起，要像雷锋同志那样学习、工作和生活，做一颗永不生锈的螺丝钉。”从学校到各系、班级，连续数月举办丰富多彩的学雷锋活动，激发了师生们学习雷锋精神的热情。翟荣凯在不到一年的时间，就学习雷锋写了专题日记数十篇、文章3篇。1964年毕业前夕，他怀着对雷锋的崇敬和虚心学习的心情，撰写了毕业论文《试论雷锋共产主义道德观的形成》，篇幅长达2万字。实际上，这篇毕业论文，就是他学习雷锋精神的结晶，是当年北大也是全国高等院校学习雷锋的一个经典缩影。

毛泽东“向雷锋同志学习”的题词1963年3月发表时，笔者正在黄冈中学读高一下学期。学校在大礼堂开专题大会，要求全体师生积极响应毛主席“向雷锋同志学习”的号召，开展各种形式的学雷锋活动，特别是学雷锋乐于助人做好事。除了学校组织师生到农村参加义务支农活动外，学生们都争取在校内外做好事。笔者当时作为住校生，经常在周一到周六下午课余时间，尤其是星期天在长江边码头帮助拉人力车的车夫推车上坡很长一段路。在学雷锋活动开展以前，我也经常到长江边散步，感受苏轼抒写“大江东去”的风度、情怀，在回校的途中，也偶尔帮帮上坡艰难的人力车夫搭把手。在学雷锋活动开展以后，我就经常有意识地去做这种好事，受到帮助的车夫往往被感动。当车到黄冈中学附近较平坦的路段时，车夫还经常停下车来，真诚地说着感谢的话。每当这时，我都在心里说：“不用感谢，真要感谢就感谢雷锋同志吧，我们是向他学习。”

有谚语云：窥一斑而知全豹。仅从北京大学、黄冈中学学雷锋活动的点滴，完全可以想象全国文教、卫生、工业、党政机关和广大企事业系统学雷锋活动的热烈场景和社会效应。

除以上雷锋精神产生的三大主核因素外，还有应该一提的，是雷锋个人的优良素养。

从个人履历上看，雷锋只有小学学历，但是他的实际文化素养水平远超一般的中等学历，他曾在乡、县机关工作过，不仅会写通讯报道，还会写诗歌、散文、小说，在家乡望城被人称作是一个“文艺青年”。在部队不到3年的时间内，雷锋读完了《毛泽东选集》一至四卷和其他政治书籍60多本。

《唱支山歌给党听》是大家耳熟能详的甚至都会唱的歌曲，这首歌歌词的原作者是姚筱舟，写得真切感人。当年，《雷锋日记》被编印成册，上海音乐学院作曲家朱践耳看到《雷锋日记》里抄写的“唱支山歌给党听，我把党来比母亲；母亲只生了我的身，党的光辉照我心。旧社会鞭子抽我身，母亲只会泪淋淋；共产党号召我闹革命，夺过鞭子揍敌人”，心情难以平静，很快谱成曲子，并给了当时正在上海音乐学院深造的才旦卓玛试唱，很快唱遍全国。这一首诗能成为歌词，是雷锋的功劳，雷锋摘抄时做了点石成金的修改。原诗中的“母亲只能生我身”改成“母亲只生了我的身”，另一句“党号召我们闹革命”改成“共产党号召我闹革命”。同时，雷锋将原诗后面歌颂“大跃进”的一段文字“母亲给我一颗心，好像浮萍没有根；亿万红心跟着党，乘风破浪齐跃进”删除了。这一改一删，不仅主题更鲜明，而且更具有音乐的张力，更适宜谱曲了。姚筱舟认为，他写的这首诗能成为一首歌，雷锋是“推荐人”，朱践耳是为雷锋日记而谱曲的，才旦卓玛是为雷锋而唱的，是他们为这首短短的诗插上了飞翔的翅膀，成了传遍大江南北、唱红长城内外的名歌金曲。

也正是因为雷锋个人的优良素养，他在感党恩听党的话、学毛著践行初心等方面，理论和实践的收益，必然远远超出其他人。

2009 年，雷锋无愧地列入“100 位新中国成立以来感动中国人物”，这成为一种历史的必然，雷锋将永远彪炳于党和国家的史册。

参考文献：

[1] 陈茁. 雷锋传（1940—1962）[M]. 北京：光明日报出版社，2013.
[2] 雷锋. 雷锋日记 [M]. 西安：陕西师范大学出版总社，2018.

榜样示范·制度构建·精神弘扬：雷锋精神的主流意识形态话语嬗变

——基于《人民日报》的考察*

徐志坚**，张　元***

在中国共产党百年奋斗与实践中，我们党始终弘扬伟大建党精神，赓续红色血脉，铸就了中国共产党人永不褪色的精神谱系，雷锋精神是其中之一。

任何一个民族都有自己的精神崇拜偶像，有的是开国领袖，有的是文化圣人，有的是在民族危难之际救国救民的战斗英雄。人们崇拜他们，并不是都要成为领袖、圣人或英雄，而是在价值层面高度肯定其精神的神圣性。诞生于20世纪60年代的雷锋人格形象，超越了自发的人格崇拜，这一理想人格与中国封建传统社会中的“大人”“大德”形象及资本主义社会的个体伦理人格形象有着本质区别。可以这样认为：雷锋的人格形象，是基于具有共产主义理想信念的普通人物的人格形象而展开的。从本质上讲，这一形象的基本内涵，就是把马克思主义生活哲学融入自身生活实践的典型形象，其中包含价值观念、伦理道德、行为模式。在雷锋精神构建的过程中，《人民日报》作为主流意识形态话语的权威传播平台，在60年的报道中呈现了雷锋精神的传播话语嬗变。

一、国家主流意识形态建构与雷锋精神的提出

（一）雷锋精神形成的国家意识形态需求

雷锋精神是中国共产党长期革命中形成的革命文化和社会主义建设中形成的先进

* 本文为国家社科基金重大项目“坚持马克思主义在意识形态领域指导地位的根本制度的总体逻辑研究”（编号：20ZDA016）、2021年度国家社会科学基金一般项目“新时代高校网络意识形态安全风险治理体系建构研究”（编号：21VSZ033）阶段性成果。

** 作者系同济大学马克思主义学院博士研究生，上海第二工业大学马克思主义学院副教授。

*** 作者系江苏海洋大学马克思主义学院副教授，博士。

文化的集合体。雷锋精神的诞生有其自身的历史文化背景。雷锋形象的出现，不是偶然，而是一个时代精神的集中体现。1949 年，中华人民共和国成立，开启了中国历史发展的新篇章。新政权在巩固执政的基础上，号召全国人民展开了热火朝天的社会主义建设事业。留在我们一代又一代人心中的集体记忆是，那是一段激情燃烧的岁月，那是一个全民建设社会主义的豪情迸发时期。

新政权建立后，彻底破除了原有的社会模式，创造性地改造了中国的制度和面貌，土地改革、抗美援朝、社会主义改造、五年计划……从政治上层建筑的变革重建到思想上层建筑的重构，进而展开生产关系的社会主义改造，建立了社会主义制度，开启了社会主义建设的历史进程。时代的主题围绕着“保卫祖国”“建设新中国”而展开，涌现出罗盛教、黄继光等战士典型，也涌现出时传祥、向秀丽等建设者的先进典型。同样，雷锋也是在这个激荡人心的时代成长的。他代表了大部分投身社会主义建设的普通劳动者，也展示了新政权领导下普通劳动者火热的新生活图景。

（二）雷锋形象的自我设定与自我塑造

雷锋的家庭出身极其贫苦，亲人都在旧社会失去了生命。在新政权建立的过程中，雷锋受到了党和政府的关心与教育。雷锋火热的心与新中国的脉搏同率跳动。雷锋 9 岁就找到路过的解放军申请当兵，10 岁成为儿童团团长，积极参加土地改革，14 岁加入中国少年先锋队，15 岁积极响应农业合作化，将土改时分到的 3.6 亩地捐给学校，16 岁参加工作，担任生产队秋征助理员，后来担任通讯员，县委机关工作人员，18 岁学会开拖拉机（这在当时是很了不起的能力），同年九月积极响应号召赴鞍山当推土机手，19 岁申请入伍，成为一名汽车兵，20 岁加入中国共产党，22 岁因意外事故去世。

这样的描述看似平淡，但这就是雷锋实际的经历。雷锋形象就是在这平凡的过程中，通过雷锋的自我努力和组织的肯定而确立的。从 1958 年雷锋在《望城报》发表《我学会开拖拉机了》，到 1959 年在弓长岭《矿报》发表《我决心应号》，再到 1960 年在《前进报》发表雷锋日记、1962 年在《前进报》发表《62 年春节写给青年同志们的一封信》《在毛主席的哺育下成长》《我是怎样从一个苦孩子成长为毛主席的好战士的》和《做毛主席的好战士》等文章，充分展示了雷锋对时代的认知和对自己的认知。通过努力的工作，雷锋获得组织充分的肯定。“治沩模范”“青年社会主义建设积极分子”“模范共青团员”等，代表了雷锋在工作中获得组织的认可与褒奖。

（三）基层树典型，条线做推动，领袖肯定，学习雷锋走向全国

必须看到，雷锋的经历是解放前的穷苦大众在解放后转变为新中国普通劳动者的成长缩影。这是新政权激发出的广大劳动者火热劳动热情的个体呈现，是和国家的意

识形态同向同行的典范。在雷锋牺牲后，党组织对雷锋的事迹予以广泛宣传。以《人民日报》报道追溯，辽宁从1962年10月下旬开始广泛地开展了雷锋事迹的宣传教育活动。许多县、市举办了雷锋生平事迹展览室。由雷锋生前的战友组成了雷锋烈士事迹报告团，广泛开展了宣传教育活动。1963年1月25日，《人民日报》报道了国防部授予沈阳部队工程兵某部运输连四班以“雷锋班”的称号，并介绍了雷锋的生平和事迹。2月7日，解放军总政治部、团中央分别号召全军、全国青少年学习雷锋，并分别将学习雷锋的内容提炼为四条和五条。同年3月2日，《中国青年》刊发了毛泽东题词“向雷锋同志学习”，社论《用雷锋的学习态度学习雷锋》同时刊发。3月5日，《人民日报》头版转发了毛泽东题词并转新华社3月4日电：“《中国青年》出版学习雷锋专辑 毛主席题词向雷锋同志学习，周恩来、董必武等同志的题词和诗文同时发表”。3月5日下午，在天安门广场举行了宏大的游行活动，那首著名的歌曲《学习雷锋好榜样》也在半天之内创作问世并在集会上演出，此后成为家喻户晓、人人传唱的经典曲目。3月7日，刘少奇等人也在《解放军报》题词，号召学习雷锋。3月8日，全国总工会向各级工会组织发出通知，号召广大职工向雷锋学习。4月28日，胡耀邦撰文，从理论的角度对学习雷锋的意义进行提炼。正如《中国青年》3月2日社论所称：“毛主席的‘向雷锋同志学习’的伟大号召，必将得到我国青年的热烈响应，把学习雷锋的热潮推向新的高峰。”领袖的号召的确将学雷锋活动推向了全国，此后，工厂、农村、部队、学校，各行各业都掀起学习雷锋的高潮。绘画、诗歌、朗诵、戏曲、话剧、电影等都是学习雷锋的文艺形式，演讲会、报告会、展览会等都是学习雷锋的活动形式，出版机构出版了各类学习书籍，满足人们学习雷锋的需求。雷锋的故事和学雷锋活动的影响传到了朝鲜、阿尔巴尼亚、古巴等国家。1964年4月，《人民日报》发表了学雷锋一年来“千万个雷锋在成长”的报道，学雷锋活动在领袖号召下取得了良好的成效，各行各业涌现出许许多多雷锋式典型，雷锋成为全国人民认同、人人可以学习的理想人格形象。

二、改革开放前雷锋精神的内涵诠释与话语特征

伟大领袖毛泽东号召全国人民“向雷锋同志学习”。学习什么呢？这就需要对雷锋精神的内涵诠释进行提炼和总结。

反观雷锋精神宣传教育的线索与过程，可以发现，雷锋精神的发展变化的确与国家主流意识形态的话语体系变化有关。如果从国家意识形态的视角研究雷锋精神，就会发现对雷锋精神的诠释具有鲜明的时代性特征。

（一）学雷锋活动之初的雷锋精神内涵凝练

以开启学雷锋动员的军队和共青团系统为例。1963年2月，在解放军总政治部的

号召中，将雷锋精神的学习要点归纳为：（1）阶级立场坚定，爱憎分明，永不忘本，忠于党和毛主席，忠于人类解放事业的革命精神；（2）处处以党的利益为重，处处从革命的需要出发，决心做个“永不生锈的螺丝钉”，全心全意为人民服务的精神；（3）艰苦朴素，克勤克俭，毫不利己，专门为人的共产主义的高尚品德；（4）努力学习毛主席著作，自觉接受党的教育，严格要求自己，积极锻炼自己，认真改造自己的好学上进的精神。团中央指出，雷锋精神学习要点为：（1）忠实于党，忠实于社会主义事业的无产阶级立场；（2）自觉地服从祖国的需要，以人民利益为重，做一个“永不生锈的螺丝钉”，全心全意为人民服务的精神；（3）关心同志，助人为乐，毫不利己，专门利人的共产主义风格；（4）坚韧不拔，勇于克服困难的意志和克勤克俭，艰苦朴素的作风；（5）坚持又红又专的方向，下苦功夫，努力学习毛主席著作，刻苦钻研业务技术，模范地完成工作任务。在两个系统的表述中，都加入了结合两类群体自身特征的话语元素。从解放军总政治部 1965 年发布的继续深入学习雷锋的通知可以看出，学雷锋的目的是“学习毛泽东思想，提高阶级觉悟，苦练杀敌本领”。同年 2 月，团中央的通知结合青年任务提出继续学雷锋的目标：“以雷锋同志为榜样，努力学习毛泽东思想，发扬全心全意为人民服务的革命精神，树立奋发图强的革命雄心壮志，在三大革命运动中，在今年新的生产高潮中，不断有所发现，有所发明，有所创造，有所前进”。可以看到，雷锋精神的凝练与表述是与时代主题和传播话语接受对象密切相关的。

（二）雷锋精神榜样示范与时代话语变迁

1965 年 7 月，革命战士王杰，以自己的青春生命践行了雷锋精神。解放军总政治部、全国总工会、共青团中央在号召向王杰学习时，将学习王杰事迹的要点提炼为：“时时处处坚持活学活用毛主席著作”“一心一意为革命”“党叫干啥就干啥”“热爱人民，热爱同志”。全国总工会对王杰事迹进行宣传时指出：“着重学习王杰同志学习毛主席著作极端热情而又极端严肃的态度。学习他党叫干啥就干啥、老老实实为人民服务的坚强党性，不畏艰苦、勇于挑重担子的高尚风格，热爱人民、团结同志的高尚品德，心怀祖国、放眼世界的革命胸怀，而最根本的，是他一心为革命的精神。”从这里可以看出，宣传学习王杰事迹的表述和宣传学习雷锋精神的表述是极其相似的，王杰是像雷锋一样的伟大的共产主义战士，也是传承与弘扬雷锋精神的典型。

1966 年“文化大革命”开始后，全国政治氛围转变，向雷锋学习的话语结合形势调整为“自觉地搞好思想革命化，克服形形色色的资产阶级个人主义”的有力武器。“文革”开始后对雷锋的学习，过分强调阶级属性、阶级斗争、反修正主义的内容，这与“阶级斗争扩大化”的时代背景是相关的。但“读毛主席的书，走雷锋的路”的思想还是贯穿在意识形态的主线中。主流媒体明确指出“大庆、大寨、雷锋、王杰、焦裕禄那样光辉的事迹和英雄人物需要我们去热情歌颂”。同时代涌现出了蔡永祥、刘英俊、王庆利那样的英雄，普通的人民大众认真地学习雷锋，海外华侨也高度赞扬雷锋。1968年3月5日，在毛泽东题词发表5周年之际，《人民日报》刊文，文中指出“伟大的共产主义战士雷锋，是毛泽东思想哺育出来的，是在十分尖锐复杂的阶级斗争的大风大浪中锻炼成长起来的无产阶级的英雄”，反对“肆意歪曲雷锋同志的高大形象”的论调，批评“走资派”，“妄图反对我们活学活用毛泽东思想，就是要人们忘记阶级斗争和无产阶级专政，以便他们复辟资本主义”。在中苏论战时期，苏联《外国文学》刊发一篇文章，攻击雷锋形象。《人民日报》刊文对此予以批判，高度肯定雷锋“无限忠于毛主席，无限忠于毛泽东思想，无限忠于毛主席的无产阶级革命路线”。重申雷锋精神是“共产主义精神的最科学的概括”。这些话语在今天看来，是围绕着当时的政治主题和国际形势而转换话语的。

1973年3月5日，《人民日报》再次刊发了毛主席关于“向雷锋同志学习”的语录，并在同天报纸上刊发了沈阳部队学雷锋经验交流会和北京广大青少年深入开展学雷锋活动的报道。报道中指出：“学习雷锋同志怀着深厚的无产阶级感情，认真读马列的书和毛主席的书，坚持理论和实践相结合的革命学风；学习雷锋同志爱憎分明的无产阶级立场，高度的阶级斗争观念和路线斗争觉悟；学习雷锋同志毫不利己专门利人，全心全意为人民服务的共产主义思想和品德；学习雷锋同志干一行爱一行，努力做到又红又专，甘当革命螺丝钉的工作态度；学习雷锋同志谦虚谨慎、艰苦奋斗的优良作风。”虽然还有“文革”的话语体系痕迹，但总体重归平和，而且与当时国家工作调整导向相一致。从《人民日报》的报道看，1973年4月至6月，共青团各省团代会将向雷锋学习融入会议主题，号召全团青年继续学习雷锋，充分表现出学习雷锋精神是凝聚人心、坚定理想的重要内容。

在此后一个阶段，伴随政治风向，学习雷锋又常常与“左”的政治动态相联系。

粉碎“四人帮”是中国当时政治生活中的一件大事，意识形态领域需要拨乱反正。1977年3月5日，《人民日报》用四个版面刊发了学雷锋主题的内容，刊发了两报一刊社论、雷锋日记、学雷锋事迹等，指出：“在雷锋的身上，体现了我国工人阶级和劳动群众的高贵品质，体现了我党我军的优良传统。他是八亿人民、三千万党员、几百万解放军干部战士、广大共青团员和革命青年学习的榜样。”

1978年1月，教育部、国务院知青办和中央人民广播电台向青少年发出倡议，在春节和寒假开展“树新风、做好事”的活动，把“向雷锋同志学习”的活动推向一个新高潮。3月，在军队系统学雷锋的经验总结中，强调“全军决心发扬雷锋精神加速革命化现代化建设”。共青团中央也指出，对青少年的教育，重在引导。着重发掘积极因素，发挥榜样的力量。要继续深入开展“向雷锋同志学习”的活动，大力表彰新人、新事、新风尚。这是学雷锋活动与“文革”话语分开的初步体现。

三、改革开放和社会主义现代化建设新时期雷锋精神对社会主义意识形态的话语诠释

十一届三中全会之后，党和国家工作的重心回到以经济建设为中心。1980 年，解放军总政治部通知要求：“全军进一步掀起学习雷锋的热潮，深入地开展学习雷锋活动，使雷锋精神在新的历史时期更好地发扬起来。”该通知对雷锋精神的内涵作出了新的诠释，认为雷锋精神是“我国社会主义时代的精神，是中国共产党在党、军队和人民群众中长期培育的一代新风的代表”。雷锋精神，概括起来“就是全心全意为人民服务”。

（一）“八十年代更需要雷锋精神的大发扬”与个人主义对雷锋精神的污化

1982 年 2 月，团中央发出通知，号召“进一步开展学雷锋活动”。3 月 5 日，《人民日报》刊文“八十年代更需要雷锋精神的大发扬”，阐述了“四化需要干一行爱一行专一行”，鼓励青年“在全心全意为人民服务中发展个性”，驳斥了“雷锋过时了”“雷锋太左了”“雷锋缺乏个性，抹煞了个人的价值”等观点，强调雷锋的“伟大的共产主义精神，是永远值得我们学习的”。上海、成都、广州、西安等城市，广大青少年学雷锋上街头做好事。同时，“学雷锋树新风”“五讲四美三热爱”“鼓励岗位学雷锋”“立足本职工作学雷锋”等倡议兴起，开启 80 年代学习雷锋的新模式。在 1982 年的 3 月 5 日前后，全国各大城市“都有数万以至数十万人走上街头宣传文明礼貌、清理环境、维持交通秩序，出现了一派热气腾腾的景象”。1983 年 3 月 5 日，在毛泽东发出“向雷锋同志学习”号召二十周年之际。“中共中央决定重新发表毛泽东、周恩来、刘少奇、朱德、叶剑英、邓小平、陈云、董必武同志关于学习雷锋题词的手迹”。通过唤起集体记忆，号召全国人民学雷锋。3 月底，专门召开了五讲四美三热爱委员会会议，总结学雷锋活动的新发展。“党中央和国务院决定，在中央和各省、自治区、直辖市成立五讲四美三热爱活动委员会”。1984 年又提出了新要求，从社会风尚进步的视角将学雷锋活动推向新的行为模式。

20 世纪 80 年代末，关于学雷锋开始有了一些不同的声音。针对社会上出现的“要报酬的雷锋服务小组”“雷锋式的修鞋青年和立志当学者的修鞋的青年”“一个绝然不向乞丐解囊的学雷锋积极分子”，有论者提出：“雷锋作为一个典型个人，从他的事迹中可以直观或派生出许多可贵的精神。但雷锋精神作为一种社会形态的精神，其实质和精髓我认为不应该随意用‘政治剪刀’去‘剪裁’。昔日吃亏就在于此。在学‘毛

著’高潮中，雷锋是学毛著的榜样；在抓‘阶级斗争’时，雷锋是阶级斗争的典型；强调学技术，雷锋苦练技术的事迹成了宣传的重点；现在，有人又说，雷锋也穿过‘毛料’裤，说雷锋也谈过恋爱……”“无论社会的政治、经济、文化如何发展，人与人之间的关心、帮助、友爱总是应越多越好。只有这样看，雷锋精神才不会时过境迁。”资产阶级自由化思潮也对雷锋形象进行了破坏，提出“树立雷锋是历史上最大的错误”，公开宣扬极端个人主义，对雷锋进行历史虚无，模糊雷锋形象，披着“揭秘”“回忆”“还原”等外衣，看似增加了雷锋形象的丰富性，本质是虚无雷锋形象的伟大。针对这些现象，1989 年 12 月，以新出版的《雷锋日记选》为契机，军队系统重申发扬雷锋精神，《中国青年报》发表特约评论员文章，指出：“雷锋精神是社会主义时代先进的民族精神，在改革开放的过程中需要提倡和发扬。”重申雷锋精神的高尚价值，重申雷锋精神的社会主义先进文化性质。

（二）弘扬雷锋精神，共产党员、共青团员做示范，青年志愿者行动成潮流

进入 20 世纪 90 年代，学雷锋出现了新的潮流。1990 年 1 月，团中央发出通知：“学雷锋精神争做四有青年”，强调“雷锋精神集中体现了中华民族的优良传统，闪耀着共产主义思想的光辉，是中华民族在社会主义新时代所产生的一种先进的民族精神”。2 月，团中央专门召开电话会议，掀起学雷锋精神、做四有青年的活动热潮。中央号召全国进一步弘扬雷锋精神，全国各地组织了 9000 多万青少年开展学雷锋活动，雷锋又回到群众中间。学雷锋活动持续时间长，广大人民群众希望雷锋精神常在的愿望在当时得到满足。在中央层面，强调全体共产党员和党员干部都要“带头学习雷锋，一切为群众着想，做人民的公仆”。1993 年，首都召开学雷锋表彰大会，江泽民、刘华清、胡锦涛会见了代表。胡锦涛代表党中央国务院做了讲话，号召发扬光大雷锋精神。

1994 年 2 月，团中央在发通知时有了新的提法，要求各地精心组织“青年志愿者学雷锋奉献日”，提出“中国青年志愿者活动是‘跨世纪青年文明工程’的重要组成部分，是一项全团性、长期性的重点活动”。“推动青年志愿者活动在全国范围内开展，倡导学雷锋、树新风，推进‘跨世纪青年文明工程’。”1994 年 3 月 8 日，共青团中央第一书记李克强发文，阐释了青年志愿者行动蓬勃兴起，在于“它适应了发展社会主义市场经济和加强精神文明建设的要求，适应了青年一代成长的要求”。1993 年 12 月，北京大学地质系几位硕士生成立的“爱心社”是最早的雏形。随后，全国 30 多所大学先后成立“爱心社”，50 多所大学筹建类似学生团体。12 月 19 日，铁道部团组织率先打出“青年志愿者”旗帜。1 个月后的春节，全国涌现百万志愿者开展春运和社区服务。由此“中国青年志愿者”义务服务全面展开。1995 年 3 月 5 日，中宣部等四部门在北京召开“弘扬雷锋精神，广泛开展志愿者行动”座谈会，对青年志愿者行动进行

了回顾总结，一年来有百万青年加入志愿者行列，建立各种服务队，成立了全国性的协会组织，在全社会引起强烈反响。学雷锋活动在青年大学生中以另外一种形式呈现出来，但这并不意味着雷锋精神的消亡，而是与时俱进弘扬雷锋精神。1997 年 3 月 4 日，《人民日报》刊文对这一问题做了理论回答："随着社会主义市场经济的建立和发展，学雷锋的群众性活动的某些具体内容和形式会发生一些变化。但是，雷锋精神的实质没有变，雷锋精神依然是激励我们奋发前进的精神财富。雷锋精神和开展学雷锋活动同实现有中国特色社会主义的共同理想是一致的，同建设社会主义精神文明的要求也是一致的。雷锋精神永存。"

1998 年，在纪念毛泽东"向雷锋同志学习"题词 35 周年之际，《人民日报》刊发评论员文章，指出："雷锋精神成为推动社会进步的一种最有影响的精神力量。雷锋精神的意义在于，在平凡与伟大、个人与国家、有限的生命与无限的为人民服务之间找到了结合点。雷锋精神已经跨越民族和时代，为整个进步人类关注。"重新阐述学雷锋的新思路："学雷锋精神，集中力量发展生产力。"学雷锋，就是要坚守岗位学雷锋，学雷锋，最根本的就是要用雷锋精神提高自身素质。

（三）学习实践雷锋精神，保持先进性，弘扬和培育民族精神，自觉践行社会主义核心价值观

十六大以后，学雷锋的主题逐渐从与国际接轨转移到培育民族精神上，这是一次重要的转变。2003 年 2 月 21 日，《中国青年》召开座谈会，纪念毛泽东题词"向雷锋同志学习"40 周年，探讨如何继续弘扬和传承雷锋精神。卢雍政表示，正在蓬勃发展的中国志愿者队伍就是雷锋精神在新时期的延续。无论什么时代，雷锋精神永不过时。2 月 27 日，中央文明办、解放军总政治部、团中央联合召开的纪念学习雷锋活动 40 周年大会上，提出要继续学习雷锋精神，深入实践"三个代表"重要思想，为实现党的十六大提出的全面建设小康社会的宏伟目标而努力奋斗。3 月 4 日，《人民日报》用两版刊发系列文章，以"深入开展学雷锋活动 弘扬和培育民族精神""继续发扬光大雷锋精神 深入实践'三个代表'重要思想"为主题，探讨新时期的学雷锋活动。黄枬森、马绍孟、李崇富、李明、孙洪敏、陈瑛等学者撰写理论文章，阐释雷锋精神的社会基础、雷锋精神的道德本质、雷锋精神的传承等。此后，学雷锋活动以培育新时期的道德观为特征展开。

2010 年 9 月，新时期的道德模范郭明义事迹报道后，全国掀起了学习郭明义事迹的热潮。郭明义以实际行动践行雷锋精神，在平凡的岗位上敬业奉献，表现出新时期劳动者的伟大品格。10 月，胡锦涛批示指出："郭明义同志是助人为乐的道德模范，是新时期学习实践雷锋精神的优秀代表。要大力宣传和弘扬郭明义同志的先进事迹和崇

高品德，为构建社会主义和谐社会提供强大精神力量。”雷锋是创先争优的典范。广大党员要学习雷锋干一行、爱一行、钻一行的“钉子精神”，立足岗位争优秀，做一颗永不生锈的“螺丝钉”。

2012 年 1 月，中央精神文明建设指导委员会部署年度工作时鲜明指出：“牢牢把握学雷锋这项重要活动，精心组织主题实践活动，大力宣传雷锋精神和雷锋式模范人物，激励人民群众自觉践行社会主义道德规范。”中央宣传媒体立即行动起来，一周后就在主要媒体刊发宣传文章《甘当永远的雷锋传人》《怀念雷锋》等。2 月推出《与雷锋精神同行》专栏。2012 年 2 月 20 日到 2012 年 7 月 23 日，共报道宣传各行各业学雷锋的典型 118 篇。中国出版集团组织策划出版了《雷锋全集》《雷锋》《雷锋精神读本》《雷锋 1940—1962》《漫画中华英雄——雷锋》《向雷锋叔叔学习》等系列读物。中宣部举行学习践行雷锋精神新闻发布会，中共中央办公厅印发了《关于深入开展学雷锋活动的意见》。军队、妇联、共青团开始大力推进学雷锋活动常态化。《人民日报》报道了一系列“洋雷锋”的先进事迹，报道雷锋精神走出国门。《雷锋精神与时代同行》专栏从 2012 年 3 月 1 日到 2013 年 4 月 19 日共发 38 篇先进人物事迹报道。“与雷锋同行”从 2012 年 4 月 16 日到 2013 年 1 月 19 日共刊登文艺作品 57 篇。在这个阶段，以雷锋为题材创作了微电影《热血雷锋侠》，电影《青春雷锋》《雷锋的微笑》《雷锋在 1959》等优秀作品，进一步丰富了雷锋的形象，一个更加真实、更加具体、更具亲和力的雷锋，对于雷锋精神的召唤发挥了更加有益的作用。

四、新时代弘扬雷锋精神话语体系的守正创新与历史性贡献

十八大以后，以习近平同志为核心的党中央高度重视思想文化建设，意识形态工作也呈现全面创新开新局的良好势头，“中国特色社会主义和中国梦深入人心，社会主义核心价值观和中华优秀传统文化广泛弘扬，群众性精神文明创建活动扎实开展”。

（一）列入中国共产党人精神谱系：用雷锋精神唱响新时代中国特色社会主义主旋律

2013 年 5 月，习近平总书记在表彰优秀青年模范人物的发言中指出了青年的历史使命的时代性：在革命战争年代，广大青年满怀革命理想，为争取民族独立、人民解放冲锋陷阵、抛洒热血。在社会主义革命和建设时期，广大青年响应党的号召，向困难进军，向荒原进军，保卫祖国，建设祖国，在新中国的广阔天地忘我劳动、艰苦创业。在改革开放新时期，广大青年发出团结起来、振兴中华的时代强音，为祖国繁荣富强开拓奋进、锐意创新。这一表述对我们深刻理解雷锋个人的时代性和雷锋精神的永恒性提供了全新的视角。雷锋是那个时代的青年模范，青年模范人物是广大青少年学习的榜样，肩负着更多社会责任和公众期望，在青少年中乃至全社会都有着很强的

示范带动作用。广大青年要以模范为榜样，要倡导社会文明新风，带头学雷锋，积极参加志愿服务，主动承担社会责任，热诚关爱他人，多做扶贫济困、扶弱助残的实事好事，以实际行动促进社会进步。习近平总书记的重要论述为激发广大青年投身为中华民族伟大复兴的中国梦而奋斗提供了精神动力。同月，中宣部部长刘奇葆在广东调研时指出：唱响中国特色社会主义和中国梦的时代主旋律。要把学雷锋与志愿服务结合起来，把志愿服务做到基层、做进社区、做进家庭，推进志愿服务制度化，进一步形成奉献社会、关爱他人的良好社会风尚。2021 年 9 月，党中央批准了中央宣传部梳理的第一批纳入中国共产党人精神谱系的伟大精神，雷锋精神纳入其中。学雷锋活动成为新时代弘扬伟大建党精神的重要内容，激励各行各业、各个领域、各条战线的单位和个人在平凡的工作岗位上以实际行动书写新时代的雷锋故事。

（二）树为价值标杆：人人可学，处处可为，学雷锋活动本身就是践行社会主义核心价值观的典范

2012 年 11 月，党的十八大报告明确提出“三个倡导”，形成了对社会主义核心价值观的最新概括。2013 年 12 月，中共中央办公厅印发《关于培育和践行社会主义核心价值观的意见》，提出以“三个倡导”为基本内容的社会主义核心价值观，是我们党凝聚全党全社会价值共识作出的重要论断。2017 年 10 月，党的十九大进一步指出，要发挥社会主义核心价值观在国民教育、精神文明创建、精神文化生产中的引领作用。2018 年 3 月，十三届全国人大一次会议通过《中华人民共和国宪法修正案》，将“国家倡导社会主义核心价值观”写入宪法。

在培育与践行社会主义核心价值观的过程中，雷锋精神续写光辉，仍然是社会主义核心价值观中个体践行“爱国、敬业、诚信、友善”的良好典范。2014 年 3 月，习近平总书记给“郭明义爱心团队”的回信中指出：“雷锋精神，人人可学；奉献爱心，处处可为。积小善为大善，善莫大焉。当有人需要帮助时，大家搭把手、出份力，社会将变得更加美好。”习近平总书记用朴实的话语，对雷锋精神做了切近生活、小处着眼、寓意深刻的新时代阐释。中宣部部长刘奇葆指出，要通过弘扬中华优秀传统文化，加强道德教育实践，引导人们自觉践行社会主义核心价值观。第一条就提出：“大力弘扬雷锋精神，推出一批学雷锋示范点和岗位学雷锋标兵，引导人们立足岗位学雷锋、走上社会学雷锋。”

（三）形成制度保障：学雷锋志愿服务与新时代同行，成为常态、走向世界

学雷锋志愿服务制度化常态化，是雷锋精神持续健康发展的根本大法、长远之策。1993 年 12 月，由团中央发起中国青年志愿者行动，在 20 年发展中，秉承“奉献、友

爱、互助、进步”的青年志愿者精神，取得了明显成效，成为中国志愿服务事业的重要组成部分。2013年12月，经民政部批准，中国志愿服务联合会成立。这是在青年志愿者行动开展20年之际的志愿者行动的新提升，标志着在中央文明委的指导下，中国志愿服务的制度化、规范化，实现学雷锋活动常态化，进一步引领社会进步的文明风尚。2014年2月，中央文明委印发《关于推进志愿服务制度化的意见》，从志愿者招募注册、志愿服务记录、志愿服务领导等方面规范了志愿服务。4月，专门召开推进志愿服务制度化的电视电话会议。会议指出，要紧抓培育和践行社会主义核心价值观这个根本任务，坚持把志愿服务与学雷锋活动结合起来，坚持以社区为重点，坚持社会化推动，推动建立中国特色志愿服务制度，推进志愿服务制度化。在推进志愿服务常态化和制度化的过程中，共产党员成为志愿服务的核心骨干，他们以身作则、示范引领，主动组织、策划、协调，走在最前列。北京市先后制定下发《关于组织全市共产党员、共青团员积极参加学雷锋志愿服务活动实施意见》《关于积极倡导在职党员到社区报到为群众服务的通知》等，号召广大党员干部“到社区报到”参加志愿服务。各地不断创新，通过树典型、找身边模范等方式不断推进学雷锋活动常态化。2015年2月，“当代雷锋”郭明义的微博，粉丝已经超过2182万。2016年3月，“广泛开展文明城市、文明村镇、文明单位、文明家庭、文明校园等群众性精神文明创建活动，深化学雷锋志愿服务活动”被写入“十三五”规划纲要。2016年7月，中共中央宣传部、中央文明办等八部门印发《关于支持和发展志愿服务组织的意见》，从组织上进一步支持学雷锋活动的常态化。2016年8月，中央全面深化改革领导小组第二十七次会议审议通过《关于公共文化设施开展学雷锋志愿服务的实施意见》，促进以公共图书馆、博物馆、文化馆、美术馆、科技馆和革命纪念馆为平台，稳步推进公共文化设施志愿服务站点建设，广泛吸引志愿者参与文化志愿服务，发展壮大学雷锋志愿服务队伍。从2015年开始，中央宣传部、中央文明办等11个部门联合下发通知，在全国开展宣传推选学雷锋志愿服务“四个100”先进典型活动，每次推选出100名最美志愿者、100个最佳志愿服务组织、100个最佳志愿服务项目和100个最美志愿服务社区，得到了社会各界的高度认同和热烈反响。从2017年11月开始，《人民日报》推出“学雷锋志愿服务进行时”报道，截至2020年9月，共发布各行业报道31篇。从2015年开始，中宣部向社会公布全国学雷锋活动示范点和全国岗位学雷锋标兵，截至2023年2月，已经公布了7批。进入新时代，在党中央的重视下，在全社会真正实现了学雷锋活动的常态化、制度化。续写新时代的雷锋故事，着力健全志愿服务体系、推动新时代学雷锋志愿服务高质量发展，是我们必须直面的重要时代课题。首先，要把雷锋精神转化为清醒的文化自觉，真正发挥雷锋精神的精神动力作用。其次，要把雷锋精神转化为现实的生存方式，将雷锋精神浸透、融入人们的生产方式、生活方式、交往方式、思维方式、情感方式。最后，要把雷锋精神转化为过硬的工作本领。

五、雷锋的时代性和雷锋精神的永恒性

经过半个多世纪的时代考验，雷锋形象在中国人民心中的地位牢固树立。雷锋精神历经岁月洗磨光彩夺目，做一颗“永不生锈的螺丝钉”早已深深植根于每一位中国人的心中、贯穿于社会主义核心价值观的实践中。正如2018年9月习近平总书记在抚顺市雷锋纪念馆敬献花篮时指出，雷锋是时代的楷模，雷锋精神是永恒的。雷锋是在新中国成立后，在火热的社会主义建设初期涌现出的典型，是那个时代广大劳动者的典型形象，是当之无愧的楷模。雷锋精神由雷锋的思想和事迹构成，在政治、经济和社会发展的不同时空中结合主题升华，在伟大的社会主义建设中由一个个普通劳动者践行，进入中国共产党人精神谱系，代代相传。雷锋精神的核心是奉献精神，这一精神既是五千年中华民族优秀传统文化的体现，也是革命战争年代勇于流血牺牲精神的延续，是中国共产党人全心全意为人民服务价值观的个体呈现，也是社会主义核心价值观的生动体现，更是共产主义人格的个体承载，激励着一代又一代人为共产主义事业勇往直前。

雷锋精神与“知行合一”文化传统

吕凌飞*

1962年8月15日，雷锋同志因公殉职。1963年3月5日，毛泽东发表“向雷锋同志学习”题词，群众性的学雷锋活动在全国兴起。

1963年2月，周恩来第一次为雷锋题词：“雷锋同志是劳动人民的好儿子，毛主席的好战士”。周恩来第二次为雷锋题词时，将雷锋精神概括为：“憎爱分明的阶级立场，言行一致的革命精神，公而忘私的共产主义风格，奋不顾身的无产阶级斗志”。

一是憎爱分明的阶级立场。突出表现为对中国共产党怀有深厚的感情，时刻听党的话，坚决按党的指示办事，坚定不移地跟党走。

二是言行一致的革命精神。突出表现为脚踏实地、勇于探索，把实现崇高的理想落实到本职岗位上的创造和贡献之中，说到做到，表里如一。

三是公而忘私的共产主义风格。突出表现为时时处处都以党、祖国和人民的利益为重，把毫不利己、专门利人看作最大的幸福和快乐，把有限的生命投入到无限的为人民服务之中去。

四是奋不顾身的无产阶级斗志。突出表现为始终保持昂扬的精神状态和勇往直前的革命干劲，在平凡的岗位上作出不平凡的成绩，践行为共产主义事业毕生奉献的誓言。

周恩来第二次题词的内容具体而鲜明，为学习雷锋指明了方向。其中，“言行一致”就是“知行合一”文化传统的具体体现。

一、“知行合一”思想

所谓“知行合一”，不是一般的认识和实践的关系。“知”，主要指人的道德意识

---

* 作者系山东省金乡县王杰事迹博物馆工作人员。

和思想意念。"行"，主要指人的道德践履和实际行动。因此，知行关系，也就是道德意识和道德践履的关系。王守仁的"知行合一"思想包括以下两层意思：

（一）知中有行，行中有知

王守仁认为，知行是一回事，不能分为"两截"。王守仁极力反对道德教育上的知行脱节及知而不行，突出地把一切道德归于个体的自觉行动，这是有积极意义的。因为从道德教育上看，道德意识离不开道德行为，道德行为也离不开道德意识。二者互为表里，不可分离。知必然要表现为行，不行不能算真知。道德意识必然表现为道德行为，如果不去行动，不能算是真知。王守仁认为："良知，无不行，而自觉的行，也就是知。"

（二）以知为行，知决定行

王守仁认为："知是行的主意，行是知的工夫；知是行之始，行是知之成。"意思是说，道德是人行为的指导思想，按照道德的要求去行动是达到"良知"的工夫。在道德指导下产生的意念活动是行为的开始，符合道德规范要求的行为是"良知"的完成。

后来，朱熹提出："论先后，知为先；论轻重，行为重。"即认为人在良知、圣人之言中的道德认识是容易的，不过之后的道德践履才是重点。朱熹还比喻："知行常相须，如目无足不行，足无目不见。"与朱熹同时的陆九渊，针对当时的读书人满口"之乎者也"而不去道德践履的现象，提出了"尊德性"是主，"道问学"是次的观点。

中国传统文化博大精深，任何一个学说既来自实践，也有先行者的渊源。"知行"是中国传统哲学的重要范畴，其始于《尚书》与《左传》。《尚书》有"非知之艰，行之惟艰"之说。《左传》有"非知之实难，将在行之"之说。知行关系在中国哲学史上主要指道德认识与道德践履，代表人物是朱熹、王守仁；也指一般认识论的意义，代表人物是孙中山、毛泽东。

在一百年的非凡奋斗历程中，一代又一代中国共产党人顽强拼搏、不懈奋斗，涌现了一大批视死如归的革命烈士、一大批顽强奋斗的英雄人物、一大批忘我奉献的先进模范，形成了一系列伟大精神，构筑起了中国共产党人精神谱系，为我们立党兴党强党提供了丰厚滋养。

当代雷锋就是"知行合一"的优秀代表，而雷锋精神则是"知行合一"的全面、真实的体现。

二、雷锋和雷锋精神

雷锋原名雷正兴，1940 年 12 月 18 日出生在湖南望城简家塘一个贫苦农民的破旧茅屋里。1960 年 1 月，雷锋应征入伍，同年 11 月加入中国共产党。入伍后，在部队的培养教育下，雷锋不断提高政治觉悟，牢固地树立了全心全意为人民服务的思想和为共产主义奋斗终身的远大目标，成长为一名伟大的共产主义战士。雷锋精神是以雷锋的名字命名的、以雷锋的精神为基本内涵的、在实践中不断丰富和发展的革命精神。其实质和核心是全心全意为人民服务，为了人民的事业无私奉献。集中体现了中华民族的优良传统，反映了社会主义和共产主义的价值观念和行为准则，凝聚着全人类共同珍视的时代精神的精华。这种伟大精神，过去、现在和将来都是教育和激励人们前进的宝贵精神财富。

三、雷锋是“知行合一”的优秀代表、雷锋精神是“知行合一”的具体体现

知中有行，行中有知。道德意识离不开道德行为，道德行为也离不开道德意识。王守仁认为：“良知，无不行，而自觉的行，也就是知。”

雷锋精神就是“知中有行，行中有知”的。

（一）雷锋的敬老爱老

我们在雷锋的日记里，可以读到很多雷锋敬老孝老的事迹。这和雷锋苦难的身世有关。从 1943 年到 1947 年，雷锋的祖父、父亲、哥哥、弟弟、母亲相继离世，不满七岁的雷锋成为孤儿，先后被六叔祖父等亲属收养。雷锋从小失去了家，失去了家人。1949 年 4 月至 5 月，为迎接解放，雷锋在长沙市湙湾镇一带，张贴革命标语。1949 年 8 月，长沙和平解放，在苦难中煎熬的雷锋看到了希望，获得了新生。1950 年夏天，雷锋由安庆乡乡长彭德茂送去龙迴塘小学免费读书，后分别到上车庙小学、向家冲小学就读。1954 年秋，雷锋加入中国少年先锋队，同时被选为中队委员。1956 年 7 月 15 日，他从荷叶坝完小毕业。雷锋在毕业典礼上发言，立志当“好农民”“好工人”“好战士”。1956 年 9 月至 11 月，雷锋在安庆乡政府当通讯员。1958 年 11 月 15 日，雷锋到鞍钢工作，分配在化工总厂洗煤车间当推土机手。1960 年 1 月 8 日，雷锋参加中国人民解放军。

雷锋是旧中国劳苦大众的一员，是共产党、解放军、新中国救了他，使他逐渐成为一名合格、优秀的解放军战士。雷锋关爱同事，关心老人，常和孤寡老人谈心、唠家常，还力所能及地帮老人干活。他在日记中写道：“人民的困难，就是我的困难，帮助人民克服困难，贡献自己的一点力量，是我应尽的责任。”

在雷锋的日记里有这样一段话：“如果你是一滴水，你是否滋润了一寸土地？如果你是一线阳光，你是否照亮了一分黑暗？如果你是一粒粮食，你是否哺育了有用的生命？如果你是一颗最小的螺丝钉，你是否永远坚守着你生活的岗位上？”

（二）雷锋的助人为乐

“雷锋出差一千里，好事做了一火车。”雷锋的奉献精神更是人人皆知，广为流传。帮大娘买火车票，帮老奶奶送信找儿子，帮工人们推砖干活……雷锋做的好事不计其数，更可贵的是，做了好事从不留名。多么博大的胸怀，多么伟大的精神。他说：“人的生命是有限的，可是，为人民服务是无限的。我愿把有限的生命投入到无限的为人民服务之中去。”

不管是做农民、公务员，还是做工人、解放军战士，雷锋对待工作都像夏天般火热，做到干一行、爱一行、专一行。哪怕是打水、拖地、送信等看上去“不起眼儿”的小事，雷锋都干得乐此不疲、精益求精。正如雷锋所说：“高楼大厦都是一砖一石砌起来的，我们何不做这一砖一石呢！我所以天天都要做这些零碎事，就是为此。”

（三）雷锋的勤俭节约

雷锋的生活一直十分节约。他穿的衣服、用的物品，能用旧的绝不买新的，脚上的袜子一层层全是补丁，喝水用的杯子搪瓷几乎掉光，看见供水站送来了开水便放弃买汽水的念头……他说：“积少可以成多，滴水可以成河。别看都是些破烂，收集起来，对国家建设都有用处。”

（四）雷锋的正直勇敢

雷锋小时候不怕邪恶势力，敢于和地主较量。参军后，雷锋奋力抢救国家财产，舍己救人，匡扶正义。他说：“人若没干劲，好像没有蒸汽的火车头，不能动；像没长翅膀的鸟，不能飞。”

四、学习雷锋、弘扬雷锋精神需要做到“知行合一”

“青春啊，永远是美好的，可是真正的青春，只属于这些永远力争上游的人，永远忘我劳动的人，永远谦虚的人！”这是雷锋写给自己的青春誓言。学习雷锋不是喊口号，当代雷锋精神的鲜明体现就是持之以恒的奉献。有时候，我们会听到这样的说法：“雷锋叔叔没户口，三月来了四月走，五月一去不回头。”这句话从侧面反映了当下一些学雷锋活动存在重形式不重内在的问题。学雷锋，就是要在“学”字上下功夫，学习雷锋的生平事迹、雷锋精神的要义、雷锋的日记等，只有了解雷锋，清楚雷锋的事迹，才能更好地以雷锋为榜样，在各自的岗位上发光发热。

学习雷锋精神，必须做到“知行合一”，要把学雷锋当成一种行为习惯，长期坚持下去。

不管是开展志愿服务，还是岗位上的攻坚克难，抑或持之以恒做好事、做善事，只要是用心帮助别人，都是“活雷锋”。思想是行动的先导，唯有思想真正重视，行动才能跟上。

2018 年 9 月 28 日，习近平在视察参观雷锋纪念馆时指出：“雷锋是时代的楷模，雷锋精神是永恒的。实现中华民族伟大复兴，需要更多时代楷模。我们既要学习雷锋的精神，也要学习雷锋的做法，把崇高理想信念和道德品质追求转化为具体行动，体现在平凡的工作生活中，作出自己应有的贡献，把雷锋精神代代传承下去。”

新时代新雷锋实践路径篇

深入推进新时代雷锋精神学习弘扬和实践

袁　微*

今年是毛主席“向雷锋同志学习”题词发表60周年，纪念伟大的共产主义战士雷锋最好的方式是更好地学习传承弘扬雷锋精神，厚培精神沃土，深植时代根系，闪耀价值光芒。党的十八大以来，习近平总书记对传承和弘扬雷锋精神高度重视，多次作出重要指示，为雷锋精神赋予了新的时代价值，丰富了雷锋精神的本质内涵，为新时代学习雷锋精神提供了根本遵循。新时代学习弘扬和践行雷锋精神，要进一步深刻理解雷锋精神的本质内涵，要进一步传播雷锋精神的时代价值，要进一步激发践行雷锋精神的动力源泉，使之历久弥新、发扬光大、代代相传。

一、雷锋精神始终闪耀时代光芒和文明光辉

雷锋精神产生于社会主义建设时期，光大于改革开放时期，已成为全社会道德标杆、精神标识、文明标记，是党和人民极为宝贵的精神财富。2018年9月28日，习近平总书记在参观辽宁省抚顺市雷锋纪念馆时强调：“雷锋是时代的楷模，雷锋精神是永恒的。实现中华民族伟大复兴，需要更多时代楷模。”雷锋精神之所以能够经久不衰，不仅是因为它始终代表着一种高尚的情操、一种道德的力量、一种民族情感的寄托，更是因为千千万万雷锋式先进人物身体力行践行雷锋精神，彰显了雷锋精神的强大感召力。2012年2月，中共中央办公厅印发《关于深入开展学雷锋活动的意见》，对大力弘扬雷锋精神进行了深入阐述。

雷锋精神是中华民族传统美德与社会主义精神、共产主义精神最完美的结合。雷锋的一言一行、一举一动，所表现出的是一个革命战士、共产党人为实现共产主义伟大理想而奋斗的精神。雷锋精神顺应了社会进步的时代潮流，彰显了我们党的先进本

---

* 作者系中国邮政集团有限公司衡阳市分公司工作人员。

色，是一面永不褪色、永放光芒的旗帜。雷锋以短暂的一生谱写了无比壮丽的人生诗篇，树起了一座令人景仰的思想道德丰碑，是全国人民学习的光辉榜样。

（一）热爱党、热爱祖国、热爱社会主义的崇高理想和坚定信念

这是雷锋精神的第一要义，是对党、对国家、对社会主义的热爱。雷锋自觉把个人的前途命运与国家、民族，与社会主义的前途命运紧紧联系在一起，处处以国家、民族和集体利益为重。他热爱党、热爱祖国、热爱社会主义的坚定信念，并非只停留在口头上、日记里，而是体现在坚决听党的话，照党的指示办事，为党的事业努力奋斗的具体行动上。这种理想和信念激励雷锋自觉地把个人的追求和奋斗同党的事业、国家的命运、民族的前途联系起来，为祖国的繁荣发展贡献自己的智慧和力量。

（二）服务人民、助人为乐的奉献精神

“人的生命是有限的，可是，为人民服务是无限的，我要把有限的生命，投入到无限的为人民服务之中去。”这一充满哲理的话语，是雷锋一生鲜明的写照。雷锋精神的实质是全心全意为人民服务，他以服务人民为最大幸福，以帮助他人为最大快乐，对待同志像春天般温暖，总是把方便让给别人，把辛苦留给自己。他把有限的生命投入到无限的为人民服务中去，每当人民群众遇到困难，他总是伸出援手、倾力相助，他走到哪里，好事就做到哪里，实践着一名共产党员的庄严承诺，把自己有限的生命奉献给了党，奉献给了祖国和人民。

（三）干一行爱一行、专一行精一行的敬业精神

雷锋把敬业奉献作为自己的人生信条，自觉服从社会主义建设事业的需要，立足本职、忠于职守，在平凡的岗位上创造了不平凡的业绩。无论是记工员、通讯员、推土机手，还是解放军战士，不管在什么岗位、从事什么工作，他都以一颗对事业高度负责、对岗位无限热爱的赤子之心，爱岗敬业、勤奋工作，出色地完成每一项工作任务。他说：“一个人的作用，对于革命事业来说，就如一架机器上的一颗螺丝钉……螺丝钉虽小，其作用是不可估量的。”因此，他把自己定位为一颗螺丝钉，谦虚待人、甘于平凡，从点点滴滴做起，从小事做起，自觉服从党和国家的需要和组织的安排。他脚踏实地，勤奋努力，兢兢业业，一丝不苟，对待工作始终饱含着一种强烈的责任感和使命感。雷锋以短暂的人生不折不扣地实践“螺丝钉”精神，竭尽全力为国家、为人民、为社会做贡献。雷锋是爱岗敬业的典范，他立足本职、忠于职守，以高度的敬业精神、出色的工作业绩，赢得人民赞誉和无限崇敬。

（四）锐意进取、自强不息的创新精神

雷锋把学习作为基本需求，把创新作为重要动力，发扬善于“挤”、善于“钻”的“钉子精神”，勤奋学习科学理论，刻苦钻研业务知识，努力用现代科学文化知识武装自己、提高自己、完善自己。他始终保持乐观向上、斗志昂扬的状态，敢于直面挑战，勇于克服困难，善于开拓创新，在创造性的劳动中升华人生价值。弘扬雷锋精神就要敢于创新、勇于突破，在知识创新、技术创新、制度创新、管理创新等各方面发挥聪明才智，提高自主创造能力，为建设创新型国家做出应有的贡献。

（五）艰苦奋斗、勤俭节约的创业精神

雷锋出身贫苦家庭，深知生活的艰辛。他在苦难环境中磨炼意志，在艰苦条件下砥砺品行，始终保持昂扬向上、乐观进取的良好精神状态。他勤俭节约、生活朴素，坚决反对贪图享受、铺张浪费，把点点滴滴节省下来的钱用于国家建设，用于帮助解决他人困难[1]。弘扬雷锋精神，就要深入学习雷锋艰苦奋斗、勤俭节约的创业精神，攻坚克难、埋头苦干，奋力开拓新时代中国特色社会主义新局面。

二、做新时代弘扬雷锋精神的忠诚践行者

习近平总书记强调：“我们既要学习雷锋的精神，也要学习雷锋的做法，把崇高理想信念和道德品质追求转化为具体行动，体现在平凡的工作生活中，作出自己应有的贡献，把雷锋精神代代传承下去。”

雷锋精神像熊熊燃烧的火炬照亮人们的心灵，像高高飘扬的旗帜引领社会前进的方向。

弘扬雷锋精神，是建设社会主义核心价值体系、巩固全党全国各族人民团结奋斗共同思想道德基础的迫切需要。社会主义核心价值体系是兴国之魂，是社会主义先进文化的精髓，决定着中国特色社会主义发展方向。建设社会主义核心价值体系，在全社会形成统一指导思想、共同理想信念、强大精神力量和基本道德规范，始终是发展中国特色社会主义的一项重大战略任务。雷锋一生坚守马克思主义的根本立场，胸怀社会主义和共产主义的远大理想，恪守为人民服务的价值取向，永葆一往无前的革命斗志，是社会主义核心价值体系的模范实践者。实践证明，雷锋精神与社会主流价值相一致，与时代进步节律相衔接，是构建社会主义核心价值体系的内在元素，是社会主义核心价值体系的生动展现。大力弘扬雷锋精神，充分发挥先进模范的榜样引领作用，充分发挥时代楷模的示范激励作用，有助于增强社会主义核心价值体系学习教育的吸引力和感染力，增强人们对主流价值观念的认同感和践行力，不断夯实社会主义

核心价值体系建设的社会基础。

弘扬雷锋精神，是传承中华传统美德、培育社会主义道德的需要。中华民族在长期的发展历史进程中形成的传统美德，是中华优秀传统文化的精华，千百年来一直滋润着中华民族共有精神家园。社会主义道德是党领导人民在社会主义革命、建设、改革中所形成的崇高革命气概、优秀精神品质和高尚道德情操的集中体现，是中华传统美德在新的时代条件下的传承和升华。雷锋一生深受中华传统美德的浸润，深受社会主义道德的熏陶，他的忠诚奉献、助人为乐、勤俭节约、谦虚好学、自强不息等优秀品德，是中华传统美德的生动体现，是社会主义道德的模范彰显。大力弘扬雷锋精神，有助于增强人们对中华传统美德的自豪感，增强人们对社会主义道德的认同感，激发人们的道德建设热情，引导人们自觉传承中华传统美德、践行社会主义道德规范，树立与现代社会相适应的文明意识。

弘扬雷锋精神，是市场经济条件下加强社会主义精神文明建设、提升全社会文明程度的需要。随着市场经济的深入推进，人们对加强人际关爱、构建和谐人际关系的呼唤十分强烈，对治理道德领域突出问题、形成良好道德生态的愿望十分迫切，对抵制不良风气、提升文明风尚的要求十分期待。雷锋一生遵纪守法、诚实守信，与人为善、宽厚包容，爱岗敬业、无私奉献，以自己的实际行动，推动了社会主义新型人际关系和良好社会风尚的形成。大力弘扬雷锋精神，有助于引导干部群众踊跃投身社会主义精神文明建设，为加快推进社会主义现代化宏伟目标凝聚起强大精神力量。

弘扬雷锋精神，是保持党的先进性和纯洁性、夯实党执政的群众基础和社会基础的需要。中国共产党是中国工人阶级的先锋队，同时是中国人民和中华民族的先锋队。中国共产党之所以能够不断发展壮大，团结带领全国各族人民夺取革命、建设、改革的重大胜利，赢得人民群众的爱戴和拥护，成为领导中国人民不断开创事业发展新局面的坚强核心，归根结底就在于始终坚持了全心全意为人民服务的宗旨，始终坚守了立党为公、执政为民的理念，始终保持了马克思主义政党的先进性和纯洁性。雷锋一生矢志不渝地用党的先进理论武装自己，用党的纪律要求自己，用党的理想激励自己，讲党性、重品行、作表率，生动诠释了党的先进性和纯洁性的丰富内涵，极大彰显了共产党人的宝贵品质和本色风采。大力弘扬雷锋精神，有助于引导广大党员特别是党员领导干部自觉以雷锋为榜样，坚定理想信念，坚守共产党人的精神追求，自觉加强党性修养和作风建设，不断增强完善自我、提升自我的能力，牢固树立正确的权力观、地位观、利益观和政绩观，做雷锋式的好党员、好干部[1]。

三、做新时代“雷锋式”邮政新青年

雷锋精神在邮政系统广泛传扬，哺育和激励了一代又一代邮政人成长，涌现出了以其美多吉、王顺友、唐真亚等为代表的一批“雷锋式”模范人物和先进集体，雷锋精神在邮政生根发芽，开花结果。为进一步学习雷锋精神，坚持“人民邮政为人民”的服务宗旨，普及志愿服务理念，弘扬志愿服务精神，赋予雷锋精神新时代新内涵，我们要以践行社会主义核心价值观为根本，坚持服务社区、服务中小企业、服务“三农”的战略定位，深入推进学雷锋志愿服务制度化常态化，立足岗位，积极投身志愿服务和公益事业，绽放新时代昂扬奋进的邮政风采。

邮政青年志愿者依托网点阵地、工作场地、宣传园地，开展引导咨询、便民利民、金融知识宣传、交通安全劝导、保护生态环境等方面志愿服务，深入开展岗位学雷锋活动。邮政人扎根城乡，脚踏实地，与广大农民和社区居民建立了深厚感情，了解客户需求，服务贫弱群体，打通公益服务“最后一公里”。深入社区、走街串巷、进村入户开展金融知识普及活动，重点围绕防范非法集资、打击电信诈骗、消费者权益保护以及银行信贷、理财等众多内容进行宣传，扩大金融服务的广度和深度，让普惠金融知识走进千家万户。营业网点设置了便民服务区，为广大群众、快递小哥、环卫工人提供便民医药箱、雨具、微波炉等。各个服务窗口切实做到以雷锋同志为榜样，全心全意为客户服务，通过不断优化窗口服务，提升服务水平，增强客户体验感。

六十年来，雷锋精神成为不断传承、历久弥新的民族精神财富，成为影响熏陶社会民众、标识引领道德风尚的一面旗帜，深深融入社会主义核心价值体系，成为激励中华儿女奋斗前行的动力源泉。在新时代，深入学习弘扬雷锋精神，就是要学习弘扬雷锋热爱党、热爱祖国、热爱社会主义的崇高理想和坚定信念，为祖国繁荣发展贡献自己的智慧和力量；学习弘扬雷锋服务人民、助人为乐的奉献精神，以服务人民为最大幸福，以帮助他人为最大快乐，用实际行动促进良好社会风气的形成；学习弘扬雷锋干一行爱一行、专一行、精一行的敬业精神，立足本职、忠于职守，在平凡的岗位上创造不平凡的业绩；学习弘扬雷锋锐意进取、自强不息的创新精神，不断地充实自己、提高自己、完善自己，不断创造工作新业绩；学习弘扬雷锋艰苦奋斗、勤俭节约的创业精神，以劳动为美、以朴素为美、以节约为美，自觉到艰苦环境中磨炼意志、砥砺品行，自觉到基层岗位上接受锻炼、成长成才。我们要传承弘扬雷锋精神，激发全社会崇德向善的正能量，在全社会形成“人人学雷锋、人人做雷锋”的生动局面，奋力推进新时代中国特色社会主义伟大事业不断向前发展。

参考文献：

[1] 本书编写组. 与时代同行：雷锋精神在身边 [M]. 北京：人民出版社，2012.

[2] 中共中央宣传部宣传教育局. 雷锋精神学习读本 [M]. 北京：人民出版社、学习出版社，2013.

以雷锋精神助力新时代文明实践中心建设的实践路径

周　艳*

一、问题的提出

2018年8月，习近平总书记在全国宣传思想工作会议上强调："推进新时代文明实践中心建设，不断提升人民思想觉悟、道德水准、文明素养和全社会文明程度。"同年，中共中央办公厅印发《关于建设新时代文明实践中心试点工作的指导意见》，在12个省（市）的50个县（市、区）部署开展试点工作。党的二十大报告指出："统筹推动文明培育、文明实践、文明创建，推进城乡精神文明建设融合发展，在全社会弘扬劳动精神、奋斗精神、奉献精神、创造精神、勤俭节约精神，培育时代新风新貌。"4年以来，新时代文明实践中心试点从50家增到500家，以志愿服务为主要活动、以社会信用体系为支撑、以文明实践中心与融媒体中心线上线下融合发展为技术支持的可行性路径逐步形成，为新时代文明实践中心建设向全国范围拓展提供了一条可复制的现实路径。

《关于建设新时代文明实践中心试点工作的指导意见》指出："新时代文明实践中心（所、站）的主体力量是志愿者，主要活动方式是志愿服务。"新时代文明实践中心建设的重要任务之一就是构建中国特色志愿服务体系，为新时代文明实践提供力量保证和人才支持。迄今为止，对于新时代文明实践中心内容建设、平台建设和特色打造，已经进行了充分的探索，但在打造常态化、精准化、快捷化、品牌化的志愿者队伍方面还缺乏系统深入的研究和切实有效的办法。目前的体系建设还存在着一些需要解决的问题，主要是队伍有局限、服务形式单一、服务水平低、服务连续性不够等。

* 作者系湖南省社会科学院（湖南省人民政府发展研究中心）助理研究员。

（一）社会认同度和组织认同度不高

由于我国的志愿服务历史并不长，人们的认知还需要一个渐进和接受的过程。另外，由于志愿服务体系不健全，志愿服务文化理念的传播和宣传存在许多短板，这样就使得相当一部分志愿者尤其是青年志愿者对于志愿服务的认识停留在浅层次，甚至存在一些偏见。如把志愿服务等同于义务劳动，认为志愿服务就是学雷锋的另外一种说法，觉得志愿服务就是个人为社会作出的让步和牺牲，等等。

（二）自主灵活的发展动力不强

志愿服务组织“非官非民”的模糊身份难以摆脱。现在的志愿者组织是借助政府和党团的力量自上而下建立起来的，具有浓厚的行政色彩，贴近群众、灵活性、创新性等优势没有得到充分发挥。

（三）内部组织管理水平不高

志愿服务组织管理水平偏低的状况普遍存在，工作以上级布置为主，以被动为主，以固定动作为主，积极主动开展活动不够，组织能力不足，限制了志愿服务体系的健康快速发展。第一，匮乏高素质管理人才。第二，就业稳定性差，工资和福利水平偏低，许多志愿者没有得到相应的物质报酬和精神回馈。第三，虽然大部分志愿服务机构制定了一些框架性的制度，但在系统化管理、精细化运作方面还有很大的进步空间。

（四）服务质量不能满足群众需求

志愿服务组织在扶贫帮困、绿色环保、会展服务等多个领域开展了大量活动，但停留在表面层次的较多，侧重于活动效应的较多，而服务的连续性、稳定性较差，实际影响力不够。一是服务成本相对高昂。由于志愿服务的社会认同度不高，这样就注定了志愿者只能利用个人的休息时间来从事志愿服务活动，时间成本付出过多。二是服务热情持续性低。志愿服务队伍中大多数是青年人，他们的特点非常鲜明，热爱挑战但是兴趣容易转移，热情高涨但容易受周围环境影响，敢于创新但是后劲不足。可以说，青年志愿服务的特点就是短期和变动，这就导致组织活动的单位要承担培训、活动开展、活动评价和反馈等全过程中的风险和挑战。

究其原因：一是志愿服务过程中存在重活动不重人的问题，这种本末倒置的做法导致志愿者本身价值的发现和挖掘不够深入，还简单停留在做好事做善事的表面上。二是志愿服务存在“大锅饭”现象，严重挫伤了志愿者们做事的积极性。加之服务质量跟不上，志愿者的积极性得不到充分激活。三是志愿队伍建设没有形成良好的闭环，志愿服务缺少科学的评价和反馈。一方面，对于志愿者来说，价值的外化不足，鼓励和激励缺少；另一方面，无法通过科学有效的反馈筛选真正适合志愿队伍的人才，人多势众的表面之下，可能起到“劣币驱逐良币”的反作用。四是志愿服务品牌建设不足，社会认可度不高，严重制约了志愿服务的社会影响。

二、雷锋精神推动构建中国特色志愿服务体系，助力新时代文明实践中心建设的实践路径

学雷锋活动的开展对我国志愿服务的兴起和发展有着深远的影响。可以说，我国的志愿服务是对学雷锋活动的继承和发展。在新的时代背景下，要构建适应新时代中国特色社会主义建设需要的志愿服务体系，就必须大力弘扬雷锋精神，将雷锋精神融入志愿服务中去。

（一）雷锋精神与志愿服务精神在价值取向上具有高度一致性

雷锋精神，从本质上来说，就是一种全心全意为人民服务的精神。用雷锋的话来说，就是要把有限的生命投入到无限的为人民服务之中去。这种精神所蕴含的最为根本的价值取向就是人民利益至上，将人民的利益放在首要的位置。而这种价值取向与志愿服务所提倡的社会公益至上的价值理念在本质上具有一致性。一方面，人民当家作主，决定了我国的社会公益本质上属于人民利益的范畴，是基于人民的需要而产生的，提倡人民利益至上就须提倡社会公益至上。另一方面，作为一种公益活动，志愿服务本身就是适应社会公益的需要而产生的。公益性是志愿服务的本质所在，强调志愿服务不是针对社会的某个特殊群体的利益，而是面向广大人民群众的共同利益所展开的服务。无论是帮贫扶困、帮孤扶残、支教扫盲、社区建设、环境保护，还是抢险救灾、服务大型活动，都属于人民利益的范畴，都是实现和维护人民利益的行动，都是为了让人民过上美好生活。正因为雷锋精神与志愿服务精神在价值取向上具有高度的一致性，将雷锋精神融合到志愿服务行动中，必然能有力地促进中国特色志愿服务体系的发展。

（二）弘扬雷锋精神是中国特色志愿服务体系最鲜明的特征

志愿服务虽然是普遍现象，但不同国家的志愿服务都是基于本国社会的需要而产生和发展的，都要受本国历史文化以及经济政治等因素的影响，具有自己的特色。我国的志愿服务虽然受到世界其他国家和地区志愿服务理念的影响，但主要根植于我国的历史文化传统、根植于中国特色社会主义建设，是中国特色社会主义事业的有机组成部分。这就决定了中国特色志愿服务体系的构建须立足我国国情，突出中

国特色。将雷锋精神融入志愿服务活动之中，以雷锋精神为核心来构建我国志愿服务体系，以雷锋精神的弘扬来推动中国特色志愿服务活动的发展，是我国志愿服务不同于国外志愿服务的最鲜明的特色。习近平总书记就学习弘扬雷锋精神多次作出重要指示，强调“要做雷锋精神的种子”，“让雷锋精神在全社会蔚然成风，世世代代弘扬下去”。

（三）弘扬雷锋精神有助于在志愿服务中坚持以人民为中心的根本立场

只有坚持以人民为中心的根本立场，才会真正自觉地站在人民立场上想问题、办事情，做有利于人民、符合人民利益要求的事。在志愿服务活动中，“必须牢记我们的共和国是中华人民共和国，始终要把人民放在心中最高的位置，始终全心全意为人民服务，始终为人民利益和幸福而努力工作”。雷锋精神本质上就是一种全心全意为人民服务的精神，弘扬雷锋精神，将雷锋精神融入志愿服务中去，有助于志愿者坚定以人民为中心的根本立场。始终把人民利益放在心上，把人民对幸福生活的向往作为奋斗目标，才能将为人民服务与自我价值的实现有机结合起来，围绕人民利益来开展志愿服务工作。正如雷锋所说：“我们吃饭是为了活着，可活着不是为了吃饭。我活着就是为了全心全意为人民服务。”

（四）弘扬雷锋精神有助于我国志愿服务的可持续发展

如何在新时代促进中国特色志愿服务可持续发展，以充分发挥志愿服务在新时代中国特色社会主义建设中的积极作用，是我们在构建新时代中国特色志愿服务体系的过程中必须思考的一个重要问题。志愿服务的发展受到各种因素的制约，促进我国志愿服务的可持续发展也需要从多方面着手和努力。弘扬雷锋精神对促进志愿服务的可持续发展有着非常重要的意义。雷锋精神从 20 世纪 60 年代一直传承至今，已深入人心，获得广大群众的高度认同。随着学雷锋活动的深入开展，雷锋精神得到了广泛的传播。将雷锋精神融入志愿服务活动，可以有效提高人们对志愿服务的接受度和认同感，提高人们参与志愿服务活动的自觉性、积极性和主动性，营造良好的团结互助、友爱奉献的氛围，使志愿服务获得广泛的群众基础，有助于志愿者在雷锋精神的感召下树立全心全意为人民服务的价值理念，培养团结友善、扶危济困、乐于助人、积极进取、甘于奉献等高尚的道德情操，造就“雷锋式”的志愿者，促进我国志愿服务的可持续发展。

三、结语

毛泽东同志在 1963 年发表“向雷锋同志学习”题词，迄今已整整 60 周年。习近平总书记深刻指出：“我们既要学习雷锋的精神，也要学习雷锋的做法，把崇高理想信念和道德品质追求转化为具体行动，体现在平凡的工作生活中，作出自己应有的贡献，把雷锋精神代代传承下去。”我们应当用生动的实践活动诠释雷锋精神，为中国特色志愿服务注入新的时代内涵。

新时代背景下如何讲好中国雷锋故事？

——雷锋精神传播现状及应对策略

宋佳玉*，刘道勋**，刘　凯***

一、关于雷锋精神

雷锋，原名雷正兴，中国人民解放军战士。雷锋同志于1962年8月15日因公牺牲，年仅22岁。雷锋精神，以全心全意为人民服务为本质，在实践中不断丰富完善，被人民群众所敬仰、所追求，是中国共产党人精神谱系的重要组成部分，影响了几代中国人。步入新时代，雷锋精神也必然焕发出新的生机活力。党的十八大以来，习近平总书记就学习雷锋精神多次作出重要指示。我们要牢记总书记嘱托，坚持并大力弘扬雷锋精神，践行社会主义核心价值观，使学习雷锋精神成为一种社会风尚。我们要着重发挥雷锋精神的榜样及指引作用，凝聚各方力量推动经济社会不断向前发展，为建设社会主义现代化国家提供更加有力的精神力量。

二、雷锋精神传播现状

60年来，社会各界通过优秀文艺作品、红色教育基地、典型模范宣传及各式活动等弘扬雷锋精神，取得了令人瞩目的成绩，让雷锋精神家喻户晓。在全国学雷锋60周年之际，笔者通过梳理雷锋精神的传播方式，展示雷锋精神的传播成果，探索人民群众喜闻乐见的传播方式。

---

* 作者系黑龙江中医药大学马克思主义学院教师。
** 作者系齐鲁晚报·齐鲁壹点舆情分析师。
*** 作者系齐鲁晚报·齐鲁壹点舆情分析师。

（一）优秀文艺作品

1. 报纸、期刊、图书

报纸、期刊、图书作为文化传承的重要载体，具有保留时间长、内容翔实等优势。因此，弘扬雷锋精神的经典作品至今仍能完整地呈现在读者面前。

60年来，学习、弘扬雷锋精神的报纸、期刊、图书数不胜数。以优秀的作品鼓舞人心，众多典型作品依然备受追捧。毛泽东“向雷锋同志学习”题词发表，将学习雷锋活动推向了高潮。后来，中央决定把3月5日定为学习雷锋纪念日。此后的岁月里，众多报纸期刊将弘扬雷锋精神和传播雷锋文化作为一项重要工作来推动。

除此之外，还存在一些以弘扬雷锋精神、传播雷锋文化为主体的报纸期刊，《中国雷锋报》《雷锋》就是典型代表，刊载了众多弘扬雷锋精神的新闻资讯、感人事迹等。

《中国雷锋报》于1983年创刊，为弘扬雷锋精神提供了一个学习交流的传播平台，在雷锋精神走进机关、社区、校园活动中发挥了重要作用，为践行社会主义核心价值观和促进社会主义精神文明建设作出了巨大贡献。

《雷锋》于2015年创刊，是世界上第一本以人名命名的期刊，曾获评全国最美期刊。创刊以来，《雷锋》与时俱进，贴近读者需要，弘扬雷锋精神，受到广大读者青睐。2023年，《雷锋》进行全新改版，由月刊变更为半月刊，上半月刊重点服务地方读者，办好“文明号”；下半月刊重点服务部队官兵，办好“强军号”。

近年来，多地出版社发行了与雷锋精神相关的优秀图书。例如，2023年2月，由山东省济南出版社出版的《青少年学雷锋》一书面向全国发行。该书由6个主题构成，主题明确，内容充实，作图精细，角度新颖，非常适合作为青少年学习雷锋精神的通俗读本。新书出版通过光明网、中华魂网、雷锋杂志微平台、山东教育卫视、齐鲁晚报·齐鲁壹点等相继报道、转发，起到了良好的宣传作用。

随着弘扬雷锋精神的报纸、期刊及图书不断涌现，雷锋精神走进机关、企业、社区、学校、部队等，给广大读者以潜移默化的影响，进一步推动了雷锋精神的传播。

2. 影视作品

影视作品借助现代科技手段实现高效视听传播，已成为一种喜闻乐见的大众文化，在传播雷锋精神中发挥着至关重要的作用。60年来，出现了诸多学习弘扬雷锋精神的影视作品。1964年，由董兆琪导演的78分钟影片《雷锋》，主要讲述了20世纪50年代末，雷锋从辽宁鞍钢入伍，成为一名汽车兵的故事。1996年，由雷献禾、康宁导演的100分钟影片《离开雷锋的日子》，主要讲述了乔安山和亲密战友雷锋的故事。2010

年，由赵劲、高战导演的22集电视剧《雷锋》播出，该剧还原了雷锋的一生，讲述了他从一名贫苦的农村孩子成长为一名共产主义先锋战士的生命历程。影视作品具有视、听融合性的特点，将雷锋事迹制作成电影、电视剧，能够更好地让观众了解雷锋、学习雷锋、弘扬雷锋精神。

（二）育人基地

雷锋纪念馆、红色教育基地和中小学校园等育人基地在弘扬雷锋精神、传播雷锋文化中发挥了重要作用。比如，湖南雷锋纪念馆、抚顺市雷锋纪念馆、辽阳雷锋纪念馆等在传承弘扬雷锋精神中起到了至关重要的作用。雷锋纪念馆充分发挥宣传思想文化的阵地作用，给参观者、学习者带来了更好的体验。

与此同时，雷锋纪念馆还是爱国主义教育示范基地、红色革命传统教育主阵地。雷锋纪念馆通过宣讲活动，更好地引导青年学子传承红色基因，坚定理想信念，自觉学习雷锋精神。

（三）典型模范人物

通过对“雷锋精神传人”“当代雷锋”等典型模范的宣传，进一步弘扬雷锋精神。比如，“当代雷锋”郭明义、庄仕华、孙茂芳，排雷战士杜富国等在平凡的岗位上发光发热，他们的感人事迹家喻户晓，他们都在用实际行动践行雷锋精神，他们都是学习雷锋精神的楷模和优秀代表。

（四）其他类型活动

为践行雷锋精神，全国各地都开展了形式多样的学雷锋活动。比如，2022年，中国文联文艺志愿者服务团于学雷锋纪念日走进雷锋家乡湖南望城举行主题活动。再如，全国各地大中小学结合实际，开展“学雷锋”主题班会、“学雷锋”主题队日、“学雷锋”主题演讲等活动。部分学校通过组织无偿献血、参与社会志愿服务、走进敬老院、诵读雷锋日记等形式多样的活动，以实际行动践行雷锋精神。

三、新时代雷锋精神传播所面临的现实困境

1963年3月5日，毛泽东“向雷锋同志学习”题词发表，距今已经60年。这60年来，新中国取得了改革开放和社会主义现代化建设的伟大成就，社会的主要矛盾也由人民日益增长的物质文化需要和落后的社会生产之间的矛盾，转变为人民日益增长的美好生活需要和不平衡不充分的发展之间的矛盾。新媒体技术的应用增加了民众获取信息的渠道，对传播雷锋精神起到了推动作用，也带来了新的挑战。

（一）传播内容与新时代主题结合不够深入

中国特色社会主义进入新时代，党和国家事业也同时进入一个新的发展阶段。习近平总书记提出"中国梦"，号召全国各族人民为中华民族的伟大复兴共同奋斗。"爱国""复兴"这些关键词不断被提及和着重强调。

雷锋精神有着非常丰富的内涵，它是民族精神和时代精神的统一，并随着时代的进步不断地丰富。当询问公众"什么是雷锋精神?"60 后、70 后的回答多是"舍己为人"，80 后、90 后的回答多是"钉子精神"，00 后则回答"无私奉献""为人民服务"。大家的回答多是根据上学时教材上的内容，但教材毕竟受篇幅的限制且只能阶段性更新，对于雷锋精神的介绍可能不会与当前实际结合得特别紧密，因此也影响了人们对雷锋精神全面性的深入了解。这时候就需要通过教材以外的传播方式和宣传手段，使大众能够深入领会雷锋精神的实质，并将雷锋精神融入血脉之中。加强雷锋精神与时代主题的深度融合，才能让雷锋精神更加深入人心。

（二）传播手段单一，缺乏整体性

进入 21 世纪后，新媒体的应用越来越广泛，人们获取了更多的信息渠道，生活方式和思想观念也发生了巨大的变化。传统的报刊、广播、电视等大众媒体在生活中的比重逐渐降低，而雷锋精神的宣传还停留在每年 3 月 5 日各地悬挂学雷锋标语、发布各单位学雷锋事迹这些传统手段上，方法单调、形式呆板，难以引发人们共鸣，使得雷锋日在公众眼中的存在感越来越低。

雷锋精神具有丰富的内涵，在传播时使用适当的、新颖的、更容易被年轻人接受的方式，可以达到事半功倍的效果。新媒体宣传的加入可以增加受众面，应将传统媒体、新媒体以及地方政府宣传有机结合起来，通过整体的规划、有层次的表达，以及采用"主流媒体搭台，自媒体唱戏"等方法，使每个受众都能找到适合自己的学习方式。

（三）说教偏多，缺少互动性

每年 3 月，全国各地的企事业单位、学校和政府机关都会开展轰轰烈烈的学雷锋活动，看似热情度很高，但每年活动形式重复，宣传文稿照搬，缺乏互动性，所树立的榜样人物也与公众有很强的距离感。

目前，各类宣传主体在宣传雷锋精神上具有很强的时间性和局限性，时间多集中在每年 3 月，宣传内容多以讲解雷锋事迹、宣传各单位学习雷锋好人好事为主。宣传雷锋精神的文章大多缺乏创新，文风严肃，说教性、重复性强。学雷锋活动存在强制性、功利性、形式化、与现实脱节等问题，只顾过程和形式、不顾目的和效果。

新媒体时代，快节奏的传播方式使大众尤其是年轻人的学习习惯产生了巨大的变化，“短”“平”“快”的大容量媒体宣传方式不断冲击着公众视野。为了博取流量，“标题党”更是层出不穷。目前有关雷锋精神的新媒体宣传多为“雷锋精神代代传”“新时代学雷锋”等，不能有效地提起人们的阅读欲望，无法吸引阅读受众。

（四）受众群体覆盖面偏低

目前，雷锋精神宣传的受众群体多为在校学生，通过课本和学校组织的学雷锋活动学习雷锋精神，无法做到百分之百的学生都能够入脑入心。带领学生进行校外学雷锋活动也多是到附近社区打扫卫生、到养老院慰问等。

社会上缺乏学习雷锋精神的组织和场所，各级文明办作为宣传中心，每年有很多的学习宣传任务，雷锋精神无法成为其全年工作重心。

四、新时代背景下雷锋精神的传播策略

（一）紧贴时代脉搏，贴近群众需求，丰富传播内容

新时代背景下，雷锋精神呈现出与时俱进和开放包容的特点。在疫情防控期间，广大共产党员时刻谨记自己作为一名党员的责任担当，用实际行动践行着雷锋精神，以人民为核心，全心全意为人民服务。以钟南山为代表的大批党员医务工作者无惧死亡，毫不犹豫奔赴抗疫一线，让我们看到了党员医务工作者救死扶伤、大爱无私的精神，更看到了共产党员“舍小家为大家”的责任担当，是他们把党旗竖立在抗疫一线，他们成为打赢这场疫情阻击战的中流砥柱。

同时，广大解放军及武警指战员、党政机关工作人员闻令而动，自觉将党中央的决策部署执行到位，充分发挥党员先锋模范带头作用，坚决服从疫情防控大局，在关键时刻不下火线、无所畏惧，发扬越是危险越要冲锋在前的大无畏精神，坚韧不拔，不怕牺牲，攻坚克难，凝聚起打赢疫情防控阻击战的坚实力量。

在长期抗疫过程中，各级党委持续发扬雷锋精神，时刻考虑群众所需，依靠强大的动员力量，快速遏制住疫情蔓延，体现出社会主义制度的优越性。2020 年初，新冠疫情在武汉暴发初期，全国人民对包括武汉在内的湖北等地实施了“搬家式”援助，从食品到医疗器械甚至移动性房屋，让湖北人民感受到了中华民族在大灾面前的深明大义及众志成城。全国人民支援湖北抗击疫情所体现出的舍小家、为大家的集体主义精神，广大医务工作者体现出的奋斗精神，都可以看作是新时代雷锋精神的重要内容。此外，我们还应注意到，在抗击疫情斗争中，众多的 95 后、00 后工作人员及志愿者在

防疫一线不辞辛苦、坚守岗位，用实力和汗水赢得各界群众称赞，体现出高度责任担当。

对此，媒体及有关部门应加强宣传，教育部门也应该引导青少年学习抗疫斗争中涌现出的英雄模范。综合来看，我们要进一步丰富雷锋精神新时代内涵。

（二）利用新兴媒体，打造传播矩阵

移动客户端传播量及传播速度较传统媒体有了大幅度提升，成为信息传播主流。新媒体将以往单一的文字、图片、视频等融合，集中提供给受众群体。

2019 年 1 月 25 日，习近平总书记在十九届中央政治局第十二次集体学习时的讲话中曾提及“加快推动媒体融合发展，构建全媒体传播格局”。这就要求各级宣传部门要加强跨媒体平台整合力，发挥协同效应，充分发挥现有各媒体平台优势，使其能够达到“1 + 1 > 2”的效果。雷锋精神的传播可借助门户网站、微信公众号及视频号、微博、抖音等新媒体平台。

对于传播雷锋精神的门户网站而言，要适当提升门户网站的拓展性，及时更新有关雷锋精神的最新研究成果。可在网站设置留言板块，及时收集网民观点并进一步归纳总结，提升服务水平。就微信公众号及视频号而言，应紧密关注社会正能量话题，增加视频内容，增强可读性，吸引读者。同时，微信公众号要优化排版设计，在栏目设置上增加学术讲座内容，方便用户及时掌握最新学术动态。对于微博而言，可利用重大时间节点重点宣传雷锋精神，如每年 3 月份的学雷锋月，可通过设置话题热搜的形式吸引网民点击阅读。对于抖音或其他短视频平台，可结合其精炼快捷的特点，针对乐于碎片化阅读的群体制作一批易于接受、科学严谨的短视频。此外，学习强国平台吸引了众多党政机关、高校、科研机构入驻，传播权威性高，效果良好。综合来看，融媒体时代，要积极探索新路径，坚持内容为主，吸引一批专业化人才参与融媒体平台建设，完善现有门户及专业网站，利用微信公众号、微博、短视频等平台实现雷锋精神的广泛传播。

笔者所了解到的利用全媒体矩阵宣传雷锋精神的案例不胜枚举。比如，每年 3 月份，各大媒体平台利用报纸、期刊及“两微一抖”等新媒体平台全渠道分发雷锋活动新闻稿或专题。再如，近年来，雷锋杂志社通过《雷锋》杂志、微信公众号（雷锋杂志微平台、雷锋杂志强军号、雷锋微平台雷小锋）、客户端（雷锋杂志 App）等构建以传统媒体与新媒体双循环相互促进的雷锋精神传播方式，取得了显著成效。

（三）扩大传播范围，加强互动性体验

传播雷锋精神，要充分考虑到现有各大网络平台年轻群体受众多、活跃性高、参

与性广的传播特点，规划设计好传播雷锋精神的有效方案。同时，主管部门要进一步加强监管相关网络短视频传播环境，避免出现“低级红”“高级黑”现象。此外，在上层设计中，应创设多种奖励、鼓励和激励机制，最大限度地激发和调动网民传播和学习雷锋精神的积极性。近年来，部分媒体平台进行了有益探索，并取得了显著成效。

比如，中国雷锋网集图文、音视频及 VR 网上展馆等融媒体形式于一体，更加全面、立体地呈现雷锋事迹，弘扬雷锋精神，传播雷锋文化，获得了读者一致好评。除此之外，一些媒体在学雷锋日等重大事件节点推出了一批专题特别报道、嘉宾访谈等，取得了良好的社会效益。再如，湖南雷锋纪念馆微信公众号平台设置了“原创专栏”“参观预约”“雷锋网”等版块，各个版块都有其独特的作用，“原创专栏”涵盖“你好 雷锋叔叔”“重读雷锋日记”“照片背后的故事”等专题栏目，能让读者更加便捷地找到自己感兴趣的内容。“参观预约”侧重于应用功能，分别为读者推出网上预约、网上 VR 展馆、音频触发版等链接入口，真正做到了为读者和参观者服务，获得一致好评。“雷锋网”分别设置了 PC 端、手机端和网站展馆，进一步方便了读者和参观者，搭建了与受众沟通互动的桥梁。

（四）积极组织线下活动，与线上活动有效结合

除利用各融媒体平台在线上举行活动之外，有关部门还应同步进行线下宣传及志愿活动。

如山东交通学院结合文明实践志愿服务队的形式，组织在校大学生利用课余时间走进中小学、社区、乡村等开展红色主题教育宣讲活动，讲英雄人物事迹，讲党史故事，用多种形式传承弘扬新时代雷锋精神，取得了实效。

新时代，要推进传统媒体与新媒体的有效融合，贴近群众需求，创造出适合雷锋精神传播的有效空间，让雷锋精神在中华大地永久流传下去，永葆红色基因。

弘扬雷锋精神与推动高质量发展

——基于2007—2021年沪深A股上市公司样本数据的实证分析

谢　捷[*]，姚选民[**]

一、引言

创新是民族进步的不竭动力，也是国家经久不衰的力量源泉。2016年，中共中央国务院印发《国家创新驱动发展战略纲要》，在纲要中，制定了三步走战略目标：第一步，到2020年进入创新型国家行列；第二步，到2030年跻身创新型国家前列；第三步，到2050年建成世界科技创新强国。2022年6月，中共中央宣传部在介绍“实施创新驱动发展战略 建设科技强国”相关情况时，正式宣布我国成功进入创新型国家行列。第一步战略目标的顺利完成给第二步、第三步战略目标的实现奠定了坚实的基础，形成了面向未来发展、迎接科技革命、促进产业变革的创新布局。企业作为市场经济中最为活跃的微观经济个体，是推动国家创新能力增长的主力军。因此，如何继续激发企业创新意识、提高企业创新效率，从而进一步落实党中央“推动高质量发展”的重大战略部署，成为现实难题之一。现有的研究集中体现在国家政策、公司治理、高管背景等层面，探讨其对企业创新的影响，这些研究大多是从正式制度的视角来开展，而对于文化、精神等非正式制度层面所开展的研究较少。从非正式制度层面来考察企业创新效率的影响是重要且必需的。一方面，中国作为世界上经济体量最大的发展中国家，制度环境仍具有缺陷；另一方面，我国的历史文化源远流长，文化等非正式制度可能对经济发展产生重要的影响。文化是国家与民族的灵魂，而精神则在文化的土壤内成长，贯穿于文化始终，反过来又对文化的发展有很大的影响。对于中国人民而言，雷锋精神无疑是深远影响中国人民性格品质的精神图腾。1962年，雷锋同志不幸

* 作者系云南财经大学金融学院研究生。

** 作者系湖南省社会科学院（湖南省人民政府发展研究中心）研究员，博士后。

在辽宁抚顺牺牲，在这之后，关于雷锋同志的事迹在全国引起强烈反响。1963 年3 月5 日，《人民日报》头版发表毛泽东“向雷锋同志学习”题词。随后，周恩来、邓小平等老一辈革命家也向全国人民发出“学习雷锋”号召。习近平总书记指出：“雷锋是时代的楷模，雷锋精神是永恒的。”“把雷锋精神代代传承下去。”雷锋精神是雷锋同志先进思想、道德观念、崇高品质的理论概括和内涵总结。2023 年，正值毛泽东同志号召“向雷锋同志学习”60 周年。60 年以来，雷锋精神经久不衰、历久弥新，不断在实践中丰富和发展，不仅成为中国共产党人精神谱系的重要组成部分，还成为实现中华民族伟大复兴的重要精神支柱。那么，雷锋精神对当代企业创新有何影响？雷锋精神通过何种机制来影响企业创新效率？雷锋精神又具有怎样的时代价值和功能？本文通过文本分析法、理论分析法、实证分析法探讨雷锋精神对企业创新效率的影响和作用机理。与现有研究对比，本文的贡献体现在：一是丰富了企业创新的相关研究，拓展了企业创新的研究视角。现有关于企业创新的研究集中体现在宏观正式制度、微观激励等层面，忽略了非正式制度对于企业创新的影响。本文以雷锋精神作为切入点，试图探讨雷锋精神这类非正式制度对企业创新的影响，不仅深化了对文化、精神的理解，也丰富了企业创新的相关研究。二是深化了对雷锋精神的认知，拓展了雷锋精神的研究范式。60 年以来，全国各地机关单位、上市企业关于学雷锋的纪念活动、实践活动层出不穷，到底这种纪念形式是流于表面，还是通过学习雷锋精神真正改变了企业管理者、机关干部的思维方式？本文通过文本分析法、实证研究法揭示了雷锋精神对企业创新效率的促进作用，拓展了雷锋精神研究范式。本文首次揭示了雷锋精神提高企业创新的理论逻辑和经验证据，为雷锋精神在落实党中央“推动高质量发展”的重大战略部署中提供了必要的理论依据和政策借鉴。

二、理论分析与假设提出

（一）雷锋精神对企业创新效率的影响

企业创新作为企业经营活动中的重要一环，不仅对企业长期发展有促进作用，对国民经济的高质量增长也大有裨益，对企业创新影响因素的研究有利于企业提升创新水平、提高经济发展质量。雷锋精神与企业创新关系如何？本文拟从以下两个方面，归纳雷锋精神对企业创新的影响机制。一方面，企业创新效率不仅受到正式制度的影响，也受到非正式制度的引导和规范作用。企业在研发过程中需要与外部主体订立契约关系，法治水平越高的地区，契约所执行的交易成本越低，企业进行研发的动机越强，而且法治环境对于知识产权的清晰划分也有相当大的作用，其他企业模仿得到的成果无法得到法律保护，企业预期能得到研发活动带来的收益，良好的法治环境有利于促进企业创新效率[1]。宗族文化、诚信文化作为非正式制度的组成部分，对于企业创新也具有一定的影响。宗族文化所强调的“集体主义”，对于获得整体利益、发展长远思维、为长远目标进行创新有较大的作用；诚信文化则对于建设高效的内部监督机制、提高员工间沟通的透明度有较大的作用[2]。企业创新的过程较为复杂，不仅需要各技术人员的密切合作，也需要各技术人员在自己的岗位上发挥艰苦奋斗的精神。由于各方面因素影响，员工可能出现将个人利益凌驾于集体利益之上的情况，导致企业创新效率降低。雷锋精神作为非正式制度的组成部分，其丰富的精神内涵，对于企业创新效率的提高同样具有引导和规范作用。1960 年，雷锋同志在自己的笔记本上留下了一段话：“虽然是细小的螺丝钉，是个细微的小齿轮，然而如果缺了它，那整个的机器就无法运转了，慢说是缺了它，即使是一枚小螺丝钉没拧紧，一个小齿轮略有破损，也要使机器的运转发生故障的，尽管如此，但是再好的螺丝钉，再精密的齿轮，它若离开了机器这个整体，也不免要当作废料，扔到废铁料仓库里去的。”雷锋同志不仅自己凭借善于钻、善于挤的“螺丝钉精神”和艰苦奋斗精神在自己的工作岗位上发光发热，而且服从集体、热爱集体。雷锋同志这种干一行、爱一行的刻苦钻研业务的精神有利于企业形成锐意进取的创新精神。雷锋同志服从集体的精神则有利于企业发展长远思维，激发为长远目标进行创新的意愿。雷锋同志诚实守信的精神有利于在全社会推动形成良好风气，有助于规范竞争者行为，降低创新成果被模仿或剽窃的风险，从而为创新活动营造良好的知识产权保护环境。根据代理理论，企业管理层有动机在缺乏监督和激励的条件下，减少风险高、周期长，但有利于提升企业长期价值的创新投入，而选择短期效益高、有利于股价攀升的投资项目。企业监督和激励机制则有利于缓解代理冲突问题，从而促进企业创新[3]。与儒家文化“忠信”伦理价值相似[4]，雷锋精神作为一种隐性约束机制，能够在缓解代理冲突方面发挥积极的作用。1963 年，继毛泽东为雷锋题词后，周恩来为雷锋题词：“向雷锋同志学习，憎爱分明的阶级立场，言行一致的革命精神，公而忘私的共产主义风格，奋不顾身的无产阶级斗志。”这一题词对雷锋精神进行了精辟的概括，其中“公而忘私”“言行一致”的精神有利于对经理人产生道德约束，抑制经理人的自利行为，有利于提升企业长期价值的创新投入。据此，提出如下假设：

假设 1：雷锋精神对创新效率具有显著正向影响。

（二）雷锋精神抑制管理者短视主义对企业创新效率的影响

管理者短视主义在企业创新过程中是较为普遍的问题。管理者短视主义来源于两个层面，一种是管理者决策能力不足的内在特质驱动层面，另一种是管理者自利行为的外在环境驱动层面。这两种影响因素互相作用，促使管理者青睐于“短、平、快”

的投资项目，这些“短、平、快”项目能够满足管理者以最小成本获得自身利益最大化而非企业利益最大化。创新作为企业获得市场竞争优势的重要来源，不仅投资周期长、见效慢，对于投资者所关心的财务水平也具有一定的影响。短视管理者为了不让股价波动等风险归结于自己，不会将有限的资源投入到企业创新上，而对于股东提出创新以获取市场优势的要求，短视管理者更有可能束之高阁，企业创新专利产出低迷，创新效率也随之降低。习近平总书记多次强调学习雷锋精神的重要性。2012 年，中共中央办公厅印发的《关于深入开展学雷锋活动的意见》对雷锋精神作出了新的概括，指出“要大力弘扬雷锋热爱党、热爱祖国、热爱社会主义的崇高理想和坚定信念，弘扬雷锋服务人民、助人为乐的奉献精神，弘扬雷锋干一行爱一行、专一行精一行的敬业精神，弘扬雷锋锐意进取、自强不息的创新精神，弘扬雷锋艰苦奋斗、勤俭节约的创业精神”。雷锋精神通过其丰富的内涵约束管理层的短视主义，有助于建设隐性内部监督机制，对于促进管理层发展长远思维具有重要的作用。

假设 2：雷锋精神通过降低管理者短视主义对创新效率产生正向影响。

三、研究设计

（一）样本选择与数据来源

考虑到 2007 年之前会计准则的变更及上市公司相关数据缺失问题，本文将 2007 - 2021 年设定为样本区间。本文对数据进行如下处理：（1）剔除行业代码为“J”的金融类上市公司；（2）剔除“ST”“PT”类公司；（3）剔除相关变量缺失的样本；（4）为控制极端值对结果的影响，针对连续变量进行上下 1% 水平的缩尾处理。经过上述处理后，共得到 29463 个样本数据。本文中创新产出相关数据通过中国研究数据服务平台（CNRDS）及国家知识产权局查询获得，控制变量则通过国泰安数据库（CSMAR）、万得数据库（WIND）获得，其他变量数据来源于国家统计局及知网。

（二）变量定义

1. 解释变量

本文的解释变量为雷锋精神，为对雷锋精神进行定量测度，本文采用词频分析的方法[5]对雷锋精神进行测度。雷锋精神具有极丰富的内涵，本文将相关关键词作为雷锋精神特征词。雷锋精神特征词包含直接类、间接类两个类别，其中，直接类特征词包含“学习雷锋”“雷锋精神”“雷锋事迹”等相关关键词，间接类特征词则包含“钉子精神”“螺丝钉精神”“爱国”“爱党”“爱人民”“为人民服务”“艰苦奋斗”“勤俭节约”“诚实守信”“爱岗敬业”等相关关键词。之后，利用 Python 软件爬取公司年报中雷锋精神特征词，并统计加总。考虑到量纲、异方差的影响，本文将雷锋精神特征词的词频数量加 1 取对数。该指标值越大，则代表该企业受雷锋精神影响越深。

2. 被解释变量

本文的被解释变量为创新效率。参考刘婧等[6]的做法，本文利用当年的专利申请数量与研发投入之比来衡量创新效率。具体计算方式为：ln（发明专利申请数量 + 实用新型专利申请数量 + 外观设计专利申请数量 + 1）/ln（1 + 研发支出）。一般来说，三种专利申请的难度不同，对企业贡献的比重也不同。考虑到结果的稳健性，本文针对各专利进行 3∶2∶1 赋权[7]。具体计算方式为：ln（发明专利申请数量 $\times\frac{1}{2}$ + 实用新型专利申请数量 $\times\frac{1}{3}$ + 外观设计专利申请数量 $\times\frac{1}{6}$ + 1）/ln（1 + 研发支出）。该指标值越大，代表该企业创新效率越高；反之，则越低。

3. 机制检验变量

本文的机制检验变量为管理者短视主义。参考胡楠等[8]的做法，本文利用年报中管理层讨论与分析部分体现管理者（董事长）短视主义。其中，管理者短视主义具体衡量步骤为：一是建立“短期视域”特征词词集，利用 Python 统计特征词总数量。特征词词集包含直接类与间接类，直接类特征词词集包括“马上”“立刻”“前夕”“最迟”“最晚”“天内”等词，间接类则包含“通胀压力”“难度”“考验”“契机”等词。二是利用 WinGo 财经文本分词系统，对管理层讨论与分析内容进行分词，得到管理层讨论与分析内容总词频数量。三是衡量管理者短视主义。用“短期视域”的特征词在管理层讨论与分析内容总词频的占比乘以 100 衡量管理者短视主义。该指标数值越大，管理者短视主义程度越大；反之，则越小。

4. 控制变量

参考李倩茹等[9]、范海峰等[10]的研究，本文选取了公司规模（*Size*）、资产负债率（*Lev*）、现金流比率（*Cashflow*）、总资产净利润率（*ROA*）、营业收入增长率（*Growth*）、公司亏损（*Loss*）、董事人数（*Board*）、第一大股东持股比例（*Top*1）、是否国有企业（*SOE*）、上市年限（*Listage*）作为本文的控制变量。相关变量具体定义如表 1 所示。

表 1 具体变量定义

变量类别	变量名称	变量符号	变量定义
被解释变量	企业创新效率	*Innoeffa*	三种专利数量不赋权，当年的专利申请数量与研发投入之比
		Innoeffb	三种专利数量赋权，当年的专利申请数量与研发投入之比
解释变量	雷锋精神	*LeiFengSpirit*	企业当年年报中出现雷锋精神相关关键词词频总数加 1 取自然对数
机制检验变量	管理者短视主义	*ShortEyesight*	“短期视域”特征词总数量占总词频的比例 × 100
控制变量	公司规模	*Size*	年末总资产的自然对数
	资产负债率	*Lev*	总负债/总资产
	现金流比率	*Cashflow*	经营活动产生的现金流量净额/总资产
	总资产净利润率	*ROA*	净利润/总资产平均余额
	营业收入增长率	*Growth*	本年营业收入/上一年营业收入 − 1
	公司亏损	*Loss*	当年净利润小于 0 则取 1，否则取 0
	董事人数	*Board*	董事会人数取自然对数
	第一大股东持股比例	*Top1*	第一大股东持股数量/总股数
	是否国有企业	*SOE*	企业性质，若为国有则记为 1；其他记为 0
	上市年限	*Listage*	企业当年年份与上市年份间隔的对数

（三）模型设计

为了验证雷锋精神与企业创新效率的关系，以及雷锋精神通过降低管理者短视主义从而促进企业创新效率的机制，本文设计如下固定效应模型进行实证检验。具体模型设计如下：

$$Innoeffa_{i,t} = \alpha_0 + \alpha_1 LeiFengSpirit_{i,t} + Z'Control_{i,t} + \Sigma Year + \Sigma Firm + \varepsilon \quad (1)$$

$$Innoeffb_{i,t} = \alpha_0 + \alpha_1 LeiFengSpirit_{i,t} + Z'Control_{i,t} + \Sigma Year + \Sigma Firm + \varepsilon \quad (2)$$

考虑到中介效应的缺陷，本文参考江艇[11]的研究成果，在机制变量影响被解释变量已被广泛认知的背景下，只需着重验证雷锋精神与机制变量之间的关系，具体模型设计如下：

$$ShortEyesight_{i,t} = \alpha_0 + \alpha_1 LeiFengSpirit_{i,t} + Z'Control_{i,t} + \Sigma Year + \Sigma Firm + \varepsilon \quad (3)$$

其中：$Innoeffa_{i,t}$为企业 i 在时间 t 不赋权重的创新效率，$Innoeffb_{i,t}$为企业 i 在时间 t 的赋权重的创新效率，$Innoeffa_{i,t}$、$Innoeffb_{i,t}$数值越高则代表该年度该企业的创新效率越高；$ShortEyesight_{i,t}$为管理者短视主义，数值越高则代表管理者短视主义越严重；$LeiFengSpirit_{i,t}$代表雷锋精神；$Control_{i,t}$为控制变量。

此外，本文还对时间固定效应 $\Sigma Year$、公司个体固定效应 $\Sigma Firm$ 进行了控制，ε 为随机误差项。时间固定效应 $\Sigma Year$ 控制了不可观测时间因素及不同经济周期对企业创新效率的影响，公司个体固定效应 $\Sigma Firm$ 控制了公司异质性对企业创新效率的影响。

（四）描述性统计

表 2 为各主要变量的描述性统计结果。从表 2 可知，创新效率最小值为 0，最大值分别为 0.339 与 0.381，标准差分别为 0.084 与 0.094，表明各企业之间创新效率存在差异。

表 2　描述性统计

变量	N	min	max	mean	sd	p50
Innoeffa	29463	0	0.339	0.155	0.084	0.165
Innoeffb	29463	0	0.381	0.193	0.094	0.209
LeiFengSpirit	29463	0	4.804	1.178	0.613	1.099
ShortEyesight	29463	0	0.339	0.106	0.067	0.093
Size	29463	19.41	26.43	22.09	1.277	21.88
Lev	29463	0.027	0.925	0.403	0.202	0.393
ROA	29463	−0.398	0.254	0.046	0.068	0.044
Cashflow	29463	−0.224	0.283	0.048	0.067	0.046
Growth	29463	−0.660	4.330	0.181	0.386	0.124
Loss	29463	0	1	0.098	0.298	0
Board	29463	1.609	2.708	2.123	0.197	2.197
Top1	29463	0.081	0.758	0.342	0.146	0.321
SOE	29463	0	1	0.307	0.461	0
Listage	29463	0	3.367	1.904	0.952	2.079

四、实证分析

（一）基准回归结果

表3报告了2007—2021年期间，雷锋精神与企业创新效率的关系。其中列（1）的被解释变量为未赋权的创新效率，列（2）的被解释变量为赋权后的创新效率。列（1）与列（2）表示，在控制公司个体固定效应、时间固定效应后，*LeiFengSpirit* 前的回归系数为0.001与0.002，且在5%的水平上显著。上述结果表明，雷锋精神对于企业创新效率的提升有促进作用，即受雷锋精神影响越深，企业创新效率越高。

表3　基准回归

变量	（1）*Innoeffa*	（6）*Innoeffb*
LeiFengSpirit	0.001 ** (2.18)	0.002 ** (2.16)
Size	0.024 *** (23.17)	0.026 *** (22.14)
Lev	−0.009 (−1.45)	−0.013 * (−1.89)
ROA	0.008 (0.56)	0.010 (0.58)
Cashflow	−0.012 ** (−2.74)	−0.014 ** (−2.72)
Growth	−0.002 *** (−3.23)	−0.003 *** (−3.76)
Loss	−0.002 (−0.79)	−0.001 (−0.51)
Board	0.006 ** (2.53)	0.007 ** (2.67)
*Top*1	−0.001 (−0.06)	−0.004 (−0.42)
SOE	0.001 (0.45)	0.001 (0.25)
Listage	0.004 *** (3.21)	0.005 *** (3.34)
Constant	−0.397 *** (−17.24)	−0.404 *** (−15.38)

续表

变量	（1） *Innoeffa*	（6） *Innoeffb*
Observations	28945	28945
R - squared	0. 703	0. 678
Fixed Effect	YES	YES

注：括号内为稳健标准误，*、**和***分别表示显著性水平为10%、5%和1%。下同。

（二）机制分析

雷锋精神可能降低管理者短视行为。管理者短视主义会导致管理层缺乏对公司长期价值的考量，而提升企业长期价值的重要因素之一是企业创新，管理者短视主义会导致公司管理层更加专注于提升企业短期财务绩效。专注于提升企业短期财务绩效意味着公司研发投入会受到影响，继而对公司创新效率产生不利影响。表4第（1）列和第（2）列回归结果显示，雷锋精神与管理者短视主义显著正相关，说明雷锋精神有利于降低企业管理者短视主义。上述检验表明，雷锋精神通过降低企业管理层短视主义，促进企业创新效率的提升，验证了假设2。

表4 机制检验

变量	（1） *ShortEyesight*	（2） *ShortEyesight*
LeiFengSpirit	-0. 002*** (-2. 70)	-0. 002** (-2. 26)
Size		-0. 006*** (-6. 61)
Lev		0. 017*** (4. 73)
ROA		-0. 026*** (-2. 98)
Cashflow		0. 017*** (2. 74)
Growth		-0. 006*** (-6. 93)
Loss		0. 001 (0. 80)
Board		-0. 000 (-0. 12)

续表

变量	（1）*ShortEyesight*	（2）*ShortEyesight*
Top1		0.010* （1.68）
SOE		0.007*** （2.79）
Listage		0.004*** （3.46）
Constant	0.109*** （112.88）	0.221*** （11.33）
Observations	28945	28945
R－squared	0.513	0.517
Fixed Effect	YES	YES

（三）稳健性分析与内生性处理

1. 稳健性分析

（1）更改解释变量的衡量方式

考虑到单一方式衡量学习雷锋精神得出的结果可能出现偏误，本文利用2007—2021年各年雷锋精神主题知网收录数量进行稳健性检验。一般而言，逢重大纪念日，全国各地学习雷锋精神的意愿更为高涨。比如，雷锋同志牺牲50周年、毛主席题词“向雷锋同志学习”50周年，这些年份对于纪念雷锋同志有重要意义，学校、企业、国家机关学习雷锋精神、发扬雷锋精神的意愿更为强烈。为避免主观赋权给结果带来影响，本文利用各年雷锋精神主题知网发文量作为学习雷锋精神的衡量方式。2012年，雷锋同志逝世50周年，雷锋精神相关主题知网收录数量1395篇。2013年，毛主席题词“向雷锋同志学习”50周年，雷锋精神相关主题知网收录数量824篇，明显高于2010年的207篇、2011年的198篇、2014年的468篇、2015年的402篇。故此，可利用雷锋精神主题知网收录数量作为雷锋精神的替代衡量方式。表5为更换解释变量后的结果，在第（1）列、第（2）列中探究雷锋精神与企业创新效率关系中，雷锋精神的系数分别为0.012、0.016，且在1%的水平上显著，这表明雷锋精神能够提高企业创新效率的结果依然稳健。在第（3）列中探究雷锋精神与企业管理者短视主义关系中，雷锋精神与企业管理者短视主义关系为负相关，表明雷锋精神通过降低企业管理者短视主义影响企业创新效率的结果依然稳健。

表5　更改解释变量的衡量方式

变量	（1）*Innoeffa*	（2）*Innoeffb*	（3）*ShortEyesight*
LeiFengSpirit 2	0.011** (2.45)	0.015*** (2.93)	-0.022*** (-4.94)
Constant	-0.492*** (-14.60)	-0.529*** (-13.40)	0.349*** (10.79)
Observations	29463	29463	29463
R-squared	0.210	0.185	0.034
Control Varible	YES	YES	YES
Fixed Effect	YES	YES	YES

（2）增加省份固定效应

考虑到可能存在省份间不可观测的因素对企业创新效率产生影响，本文加入省份固定效应，以减少结果上的偏误。结果如表6所示。在表6第（1）列、第（2）列中，雷锋精神与企业创新效率为正向相关关系，且在1%的水平上显著，结果依然稳健。

表6　增加省份固定效应

变量	（1）*Innoeffa*	（4）*Innoeffb*
LeiFengSpirit	0.001** (2.17)	0.002** (2.19)
Constant	-0.398*** (-17.37)	0.406*** (-15.51)
Observations	28271	28271
R-squared	0.699	0.674
Control Varible	YES	YES
Fixed Effect	YES	YES

2. 内生性处理

是雷锋精神促进了企业创新效率的提高，还是创新效率高的企业更加推崇以雷锋精神为内涵的企业文化？本文所存在的双向因果关系可能导致潜在的内生性问题。为解决这一问题，本文拟使用面板工具变量法对结果进行检验。本文使用国家统计局中各省份各年国家工作人员占比数量作为雷锋精神的工具变量。背后的逻辑为：国家工作人员政治纪律的重要内容是坚定不移地贯彻执行党和国家的路线、方针、政策，基层一线的国家工作人员直接承担紧密联系群众的任务，不仅需要了解群众所思所想、所盼所忧、所需所急，还需要走进社区、走进企业组织群众认真学习贯彻党的政策与精神，这对于群众了解和学习“二十大精神”“雷锋精神”等大有裨益，且国家工作人员中共产党员占比突出，党员同志对于第一批中国共产党人精神谱系中的伟大精神——雷锋精神的学习更为深刻和突出。本文有理由认为，国家工作人员占该地区人口数量比例与该地区学习雷锋精神氛围呈正相关关系，且国家工作人员占比难以对企业创新效率产生影响，符合工具变量使用的要求。表7为面板工具变量法第1阶段与第2阶段结果。结果显示，雷锋精神的回归系数正负号及显著性与基准回归无差异，结果依然稳健。

表7　内生性处理－面板工具变量法

变量	（1）*LeiFengSpirit*	（2）*Innoeffa*	（3）*Innoeffb*
LeiFengSpirit	— —	0.035*** (4.23)	0. 035*** (3.73)
Nastaff	33.775*** (14.38)	— —	— —
Constant	−2.918 (−19.18)	−0.411*** (−13.67)	−0.422*** (−12.18)
Observations	27949	27949	27949
Control Varible	YES	YES	YES
Fixed Effect	YES	YES	YES

（四）异质性分析

考虑到企业处于不同生命周期时，企业创新水平不同，本文参照路春城等[12]的做法，利用企业成立年限划分生命周期，即初创期（$Age<15$）、成长期（$15<Age\leqslant 20$）、成熟期（$20\leqslant Age$），分样本结果如表8所示。结果表明，在成熟期的样本中，雷锋精神对企业创新效率的影响为正向显著；在初创期、成长期的样本中，雷锋精神与企业创新效率的关系并不显著。原因在于，初创期与成长期的企业生存压力较大，企业需要大量的研发投入来提高产品竞争力与企业市场地位，雷锋精神对于企业创新效率的提升作用并不大。而对于成熟期企业，企业具有一定知名度，企业所生产的产品占有较高的市场份额，从而导致成熟期企业创新意愿下降、创新惰性上升，雷锋精神所强调的艰苦奋斗等精神内涵，有利于提高企业创新效率。

表 8　企业生命周期

变量	(1) *Innoeffa* 初创期	(2) *Innoeffa* 成长期	(3) *Innoeffa* 成熟期	(4) *Innoeffb* 初创期	(5) *Innoeffb* 成长期	(6) *Innoeffb* 成熟期
LeiFengSpirit	0.001 (0.63)	-0.001 (-0.58)	0.003** (2.30)	0.001 (0.47)	-0.001 (-0.43)	0.005*** (2.78)
Constant	-0.494*** (-13.75)	-0.299*** (-4.02)	-0.409*** (-11.52)	-0.505*** (-12.22)	-0.298*** (-3.41)	-0.446*** (-10.73)
Observations	7940	8690	11404	7940	8690	11404
R - squared	0.769	0.795	0.758	0.750	0.774	0.734
Control Varible	YES	YES	YES	YES	YES	YES
Fixed Effect	YES	YES	YES	YES	YES	YES

五、结论及启示

本文利用 2007—2021 年沪深上市公司数据，通过 Python 软件爬取的方式收集雷锋精神、管理者短视主义相关信息，实证分析了雷锋精神与企业创新效率之间的关系，并以管理者短视主义为机制变量，研究了管理者短视主义在雷锋精神与创新效率之间的机制作用。结果发现：（1）雷锋精神有效促进了企业创新效率，受雷锋精神影响越深，企业创新效率越高。（2）在探讨雷锋精神通过何种机制影响企业创新效率的过程中，本文发现管理者短视主义通过了假设检验。结果表明，雷锋精神通过降低管理者短视主义，从而对创新效率产生影响。（3）在稳健性检验中，本文利用雷锋精神主题的知网收录数量作为雷锋精神的另一种替代方式，结果依然稳健。（4）在内生性分析中，本文利用各省份各年国家工作人员占总人口比例作为雷锋精神的工具变量，结果依然成立。

本文结论具有以下两方面启示：（1）本文从微观层面揭示了雷锋精神促进企业创新效率的内在机理及经验证据，回答了新时代雷锋精神应用在哪里、怎么应用的难题。雷锋精神是新时代的精神灯塔，我们要继续大力弘扬雷锋精神，发挥雷锋精神锐意进取、彰善瘅恶的效用，为实现社会主义现代化强国和中华民族伟大复兴培育沃土、提供滋养。（2）本文的研究结果为企业文化建设提供了新思路。雷锋精神作为一种软性约束，有利于提高企业管理者道德水平，抑制企业管理者的自利行为。企业应该强化对雷锋精神的学习，塑造公司管理层、研发人员的价值观、大局观，这样才能够激发企业创新精神，提高企业创新效率。

参考文献：

[1] 徐玉德，张斯靓．法治环境、融资约束和企业研发投入［J］．北京工商大学学报（社会科学版），2022（5）：85－98．

[2] 左锐，马晓娟，李玉洁．企业诚信文化、内部控制与创新效率［J］．统计与决策，2020（9）：154－158．

[3] 石晓军，王骜然．独特公司治理机制对企业创新的影响——来自互联网公司双层股权制的全球证据［J］．经济研究，2017（1）：149－164．

[4] 徐细雄，李万利．儒家传统与企业创新：文化的力量［J］．金融研究，2019（9）：112－130．

[5] 范黎波，郝安琪，吴易明．制造业企业数字化转型与出口稳定性［J］．国际经贸探索，2022（12）：4－18．

[6] 刘婧，罗福凯，王京．环境不确定性与企业创新投入——政府补助与产融结合的调节作用［J］．经济管理，2019（8）：21－39．

[7] 权小锋，尹洪英．中国式卖空机制与公司创新——基于融资融券分步扩容的自然实验［J］．管理世界，2017（1）：128－144．

[8] 胡楠，薛付婧，王昊楠．管理者短视主义影响企业长期投资吗？——基于文本分析和机器学习［J］．管理世界，2021（5）：139－156．

[9] 李倩茹，翟华云．管理者短视主义会影响企业数字化转型吗？［J］．财务研究，2022（4）：92－104．

[10] 范海峰，郭葆春．异质机构投资者退出威胁对公司创新效率的影响［J］．科技进步与对策，2023（1）：1－11．

[11] 江艇．因果推断经验研究中的中介效应与调节效应［J］．中国工业经济，2022（5）：100－120．

[12] 路春城，王翠翠，姜常梅．政府补贴、创新投入与制造业企业全要素生产率［J］．经济与管理评论，2023（1）：50－61．

弘扬雷锋精神，推进中国式现代化

黄　力*

中国式现代化理论，是党的二十大的一个重大理论创新，是科学社会主义的最新重大成果。雷锋精神伴随着中国特色社会主义事业的发展不断丰富和完善，弘扬雷锋精神能为中国式现代化建设提供强大精神动力。

一、高位推动：用新思想引领雷锋精神的时代化

结合习近平总书记对雷锋精神的系列论述，不断深化雷锋精神研究，拓展和丰富雷锋精神内涵，就是弘扬雷锋精神的具体体现。习近平新时代中国特色社会主义思想，实现了马克思主义中国化时代化新的飞跃，为中国式现代化提供了根本遵循。以习近平新时代中国特色社会主义思想为科学理论指引，大力推动雷锋精神深入人心，着力建设具有强大凝聚力和引领力的社会主义意识形态，导引人们既能“知”之，更能“行”之，自主参与学雷锋活动，能为中国式现代化建设发挥强大的精神动力引领。

中国式现代化的立足点在中国式。用习近平新时代中国特色社会主义思想引领雷锋精神的时代化，要牢牢把握雷锋精神全心全意为人民服务的基本立场观点。雷锋精神自20世纪60年代以来在中国被广泛认同，其核心“全心全意为人民服务”不仅是历史与现实的传承，更是雷锋传人理智与情感的共振。雷锋精神在给人价值指引的同时，还能协调个人利益、集体利益和社会利益的关系，提供社会公认的价值标准，为人民群众提供精神指引。

中国式现代化的落脚点在现代化。用习近平新时代中国特色社会主义思想引领雷锋精神的时代化，要注重雷锋精神的创造性转化、创新性发展。雷锋精神内涵的不断

---

* 作者系韶山干部学院教务部主任、副教授。

丰富，同步于中国社会核心价值观念的创造性转化、创新性发展。几代雷锋传人选择认同雷锋精神不仅是一种理性的选择，更是一种情感的依归。雷锋精神背后深厚的道德文化根基，是一种文化自觉，这种自觉是人心所向，是中华儿女基因中的道德文化传承。

二、个体能动：发挥重点群体正向带动学雷锋活动的大众化

结合习近平总书记对学雷锋的重要指示，弘扬雷锋精神，推动中国式现代化，需重点发挥三个重点群体（专家学者、领导干部、青少年）的正向带动力。通过不同层次社会群体发挥正向作用，少数带动多数，实现关键群体的带头能动，汇聚推进学雷锋活动的强大合力。

（一）专家学者的指引力

专家学者等知识分子既是理论研究专家，又是身体力行践行宣传雷锋精神的成员。要充分发挥专家学者的指引力，首先要借助专家学者的专业优势，建立雷锋精神与中国式现代化的理论研究队伍。雷锋精神为全民所接受，雷锋精神的研究和宣传成果应该是普通老百姓听得懂、能领会、喜闻乐见的价值观点和话语体系。第一，加强思想政治教育，不断提高专家队伍的政治站位、思想道德素质与专业知识技能，力求形成德才兼备、又红又专的新时代理论专家队伍，为弘扬雷锋精神提供理论支撑。通过专业化队伍建设，引导专家扎根中国式现代化建设实际，抓住痛点难点，解决具体问题。第二，学雷锋活动，要以更大力度丰富活动形式，发挥专家学者群体的宣教优势，更好地传导社会主流价值。例如，由中宣部指导、多家单位共同参与和承办的“核心价值观百场讲坛”活动，体现了国内一流专家学者的专业水准，彰显了社会主义核心价值观的践行典范的优秀品质，他们对“身边雷锋”进行科学、生动、富有感染力的解读和事迹介绍，对传播雷锋精神具有重要借鉴意义。

（二）领导干部的表率力

在学雷锋活动中，领导干部既是组织者，又是践行雷锋精神的重要表率。实践证明，领导干部做好示范表率，带头学雷锋，积极作为，能获得深远的社会影响。在实践中，应鼓励领导干部参加学雷锋志愿服务，特别是在文明城市创建和乡村振兴等领域充分发挥表率作用。

领导干部是备受社会瞩目的群体，对社会的影响显著。作为社会主流价值的风向标，人们通过领导干部的言行举止来把握党和国家的政治追求与价值取向，并从主要领导身上感受和评价社会风尚。领导干部主动参与学雷锋活动，既是工作，又是义务，

需要自觉主动作为。对于工作不力的领导干部，应该对其进行提醒，情节严重的应问责约谈。同时，要通过制度的刚性约束与自律相融合，做到自然融通。

（三）青少年的传承力

一方面，在学校、家庭、社会三者结合的教育网络中，学雷锋活动是推动青少年形成正确的世界观、人生观、价值观的有益活动。养成良好的道德习惯需要青少年从小树立远大志向，在日常点滴中增强道德判断力，在不知不觉中形成好思想、好品行、好习惯。青少年在不同年龄阶段会有不同的身心特点，要遵循规律，有针对性地营造适宜的学雷锋文化氛围。

另一方面，中华文化生生不息、代代相传，青少年是国家的希望、民族的未来，青少年传承好以雷锋精神为代表的中华民族特有价值观，才会有中华民族的绵延不绝、薪火相传。少年强则国强。就如邓小平同志多次强调的那样：“我们一定要经常教育我们的人民，尤其是我们的青年，要有理想。”[1]

三、组织协动：通过各级组织协同推动学雷锋活动的规范化

组织是指人们为了追求某种特定的目标，实现某种特定功能而有意识建立起来的、有正式结构的次级群体[2]。我国的正式组织和社会组织是学雷锋活动的主要构成单位，如党政机关、企事业单位、学校、社区等。从中央到地方，通过组织协同推动学雷锋活动的规范化，需要坚持党中央领导、强化基层组织执行、注重各层级组织配合，以特定的目标、明确的要求、高效的体系形成组织协同传动。

（一）坚持党中央领导

传承雷锋精神、推进中国式现代化建设，必须坚持中国共产党的领导，发挥制度优势，确保朝着正确的方向进行。坚持党中央领导是推进中国式现代化建设的关键。

党中央领导是党的基础组织发挥作用的关键。各级党委和政府要树立大局意识，以传承雷锋精神为主要抓手，铸牢党执政的思想基础，提高党的组织细胞活力，提升组织战斗合力，发挥中央领导下各级组织的政治核心作用和战斗堡垒作用。

（二）强化基层组织执行

党的基层组织是开展学雷锋活动、推进中国式现代化建设的基础。各级基层党委和政府要在思想上高度重视，在工作上严格落实中央要求，提前谋划，有序推进，依据组织特点，制定方案。要将学雷锋活动与各方面工作有机融合。尤其是各级文明委和党委宣传部等职能部门要加强统筹协调，明确发挥职能部门指导、协调、组织职能，

确保力量统筹集中、贯彻落实认真、督查检查落细。

各级基层组织要以工作职能为基础，发挥基层党组织和党员在学雷锋活动中的战斗堡垒作用和先锋模范作用，与中国式现代化建设的各个方面相结合，依靠个体、群体和组织的力量，更好地提升学雷锋活动的实效。

（三）注重各层级组织配合

常态化的学雷锋活动是循序渐进的过程。传承雷锋精神，推进中国式现代化要找准学雷锋活动与各阶层、各行业、各领域人群的结合点、切入点。要基于适合性和切入性，分群体、分层次开展学雷锋活动，深入细化群体分类，细化岗位学雷锋的要求。

同时，要有针对性地联合各类非政府组织，回应各个群体的利益诉求，在解决实际问题中开展学雷锋活动。在各层级组织配合的前提下，全国范围内上下联动，就能推动学雷锋活动的蓬勃开展。因此，各层级组织配合是开展全社会学雷锋活动的必要条件。

四、社会联动：开展志愿服务，推进学雷锋活动的常态化

在我国，20 世纪 60 年代兴起的学雷锋活动与 20 世纪 90 年代兴起的青年志愿者行动有机结合，实现了学雷锋志愿服务的新发展。

（一）志愿服务的程序化

开展志愿服务，推进学雷锋活动的常态化，要将学雷锋志愿服务活动纳入各志愿组织的项目管理，实现志愿服务的程序化。根据各志愿组织全年工作安排和经济社会发展实际，制定任务书，明确活动的时间、内容、参与范围等，从制度上将学雷锋志愿服务程序化，形成“队伍 + 基地 + 活动”的长效模式。第一，建立有效可行的体制机制。例如，激发社区居民参与学雷锋志愿服务的热情，通过设立学雷锋志愿服务积分超市、志愿者积分卡、星级志愿者等方式，给予志愿者一定的奖励，激发志愿者的积极性。第二，建立高效运行的体制机制。例如，通过项目化运作，以关爱老幼弱残等弱势群体为重点，发动基层干部走家串户听民情，结合实际排项目，发扬民主早公示，精心设计群众乐于参加、便于参加的项目，使学雷锋志愿服务具体化、可操作。第三，建立长效常态的体制机制。例如，对排定的项目，组织有爱心的企业和个人为活动提供资助，以保证学雷锋志愿服务持久开展。

（二）志愿服务的规范化

开展志愿服务，推进学雷锋活动的常态化，要规范地引导、鼓励各级学雷锋志

愿服务组织，广泛、经常开展特色志愿服务。一方面，政府要通过行政手段规范引导社会捐赠，如以减免税收、出台优惠政策等措施鼓励企业、个人等社会捐赠，拓展学雷锋志愿服务资金保障渠道，发动全社会力量为学雷锋志愿服务事业保驾护航。有计划地将学雷锋志愿服务工作经费纳入公共财政预算保障范围，为大型学雷锋志愿服务活动、重点学雷锋志愿服务项目、常规学雷锋志愿服务品牌等提供必要的经费支持，给予志愿者一定的活动经费，为学雷锋志愿服务提供基本资金保障。另一方面，充分利用报纸、电视、网络等媒体，宣传“奉献他人、提升自己”的理念、宣传当代志愿者的先进事迹。举办学雷锋志愿服务成果展，将学雷锋志愿服务取得的成效在主要街口、重点区域进行集中展示，树立榜样。广泛普及学雷锋志愿服务理念，大力弘扬“奉献、友爱、互助、进步”[3]的志愿精神，引导广大群众关注、支持和参与学雷锋志愿服务。

（三）志愿服务的长效化

开展志愿服务，推进学雷锋活动的常态化，要推进以青年为主体的志愿服务，增强各方志愿团队建设。第一，通过队伍保常态。要求各单位组建各类学雷锋志愿服务队伍，进一步加强青年志愿者的招募工作，组建学雷锋志愿服务队伍，统一填写学雷锋志愿服务登记表，并统一在学雷锋志愿服务网络管理信息平台进行网上注册登记。加强对志愿者的培训，并将学雷锋志愿服务活动开展情况纳入年终绩效考核。第二，通过考核促常态。建立学雷锋志愿服务考核制度，要求每个青年党员在自身条件允许的情况下，每年必须完成一定时间的学雷锋志愿服务活动，将学雷锋志愿服务活动情况作为党员转正的重要依据，作为正式党员创先争优的重要考核评价依据。第三，通过活动成常态。发动青年志愿者开展文明交通劝导、献血、科技宣传、义诊、社区帮扶等系列活动，通过这些活动使更多的市民了解学雷锋志愿服务，参与到学雷锋志愿服务中，让学雷锋志愿服务深入人心。第四，通过品牌稳常态。通过抓品牌，做大做强学雷锋志愿服务项目，不断扩大学雷锋志愿服务效应，提升社会温度，带动人民群众广泛参与。

总之，推进中国式现代化是一个系统工程，需要统筹兼顾、系统谋划、整体推进。60 年来，雷锋精神不断地丰富和发展，弘扬雷锋精神，对于正确理解中国式现代化，推进中国式现代化意义重大。2023 年，是推进中国式现代化的开局之年，各单位要全面贯彻落实党中央决策部署，结合本地区本部门本单位各项工作，以常态长效的学雷锋活动，扎实推进物质文明和精神文明相协调的中国式现代化建设。

参考文献：

[1] 邓小平文选（第三卷）[M]. 北京：人民出版社，1993.
[2] 陈文娇. 制度与竞争——组织社会学视角下的大学趋同现象研究 [M]. 武汉：华中师范大学出版社，2018.
[3] 吴元兵. 志愿大家说 [M]. 北京：光明日报出版社，2018.

边疆儿女学雷锋 守边固疆当先锋

——新疆生产建设兵团第十师北屯市强化未成年人思想道德教育的有益尝试

何 煜*

新疆生产建设兵团第十师北屯市坚持以习近平新时代中国特色社会主义思想为指导，培育和践行社会主义核心价值观，聚焦新疆工作总目标，履行兵团职责使命，创新实施“边疆儿女学雷锋 守边固疆当先锋”主题教育，着力构建全员、全程、全方位“三全育人”体系，着眼培养爱国爱疆、守边固疆的时代新人，切实提升未成年人思想道德建设水平。

一、高起点谋划，以雷锋精神作为青少年思想道德建设的强大引擎

着眼培养爱国爱疆、守边固疆时代新人，将弘扬雷锋精神与实施“双优先”战略高度融合，优化稳定器作用。坚持以习近平新时代中国特色社会主义思想为指引，落实立德树人根本任务，制发了《十师北屯市师德建设五年规划》《十师北屯市加强青少年思想道德建设指导意见》等文件，建立健全德育评价机制，持续打造一支高素质专业化思政教师队伍，深化课堂教学改革，将立德树人融入思想道德教育、文化知识教育、社会实践教育各环节，全面推进中小学思想政治课建设，认真践行“为党育人、为国育才”初心使命，促进未成年人思想道德建设制度化、长效化。大力培养时代新人，创新提出并组织实施第十师北屯市教育系统常态化开展“边疆儿女学雷锋 守边固疆当先锋”为主题的学雷锋活动。创新实施素质优先、质量优先“双优先”战略，与学雷锋高度融合。结合新中国成立70周年庆祝活动，开展“礼赞中华70年，讴歌新时代”“我为祖国点赞”等系列活动，让师生真切感受到祖国、兵团及家乡的发展变迁，讴歌改革开放的巨大成就，自觉肩负起爱国爱疆、屯垦戍边的职责使命。

大力培植先进文化，将弘扬雷锋精神与传承兵团精神、胡杨精神、老兵精神高度

---

* 新疆生产建设兵团第十师北屯市教育局党组书记、局长，经济学博士、法学博士。

融合，彰显示范区特点。注重“三全育人”，以美德教育浸润心灵，从点滴小事培育家国情怀。通过举办“中国梦，兵团情”演讲比赛、“兵团精神伴我行”等教育实践活动，继承发扬兵团精神，像雷锋那样永做“一颗钉、一滴水、一团火、一块砖、一片叶”，让新一代青少年成长为西北边陲的参天胡杨。利用师市爱国主义教育基地，组织学生参观185团红色教育基地，主动学习老革命、老军垦热爱边疆、建设边疆的革命传统，激发青少年“爱党、爱祖国、爱人民、爱兵团”的强烈情感。通过学习全国道德模范马军武夫妇“一生只做一件事，我为祖国当卫士”的典型事迹和以186团李青春为原型拍摄的《坚守》等，坚定青少年扎根边疆、建设家乡的责任感和使命感。

紧紧把握民族团结生命线，将弘扬雷锋精神与民族团结进步高度融合，强化大熔炉功能。持续开展民族团结教育活动，积极推进“民族团结一家亲”“三进两联一交友”活动，师市1409名党员教师与2948名民族学生结对交友，促进各民族师生互学互鉴、共促共进。各学校均实行民汉混班教学、混合住宿，构建民汉和谐相处的教育环境。以“推普周”活动为契机，连续多年举办师市“中小学生汉字听写大赛”“国学经典诵读”“书香校园”等系列活动。以“读一本好书、讲一个好故事、写一篇好文章、做一名文明学生”为抓手，实现师市中小学生普通话全面普及、规范使用国家通用语言文字能力明显提升。目前，188团中学、北屯中学被教育部授予“最美校园书屋”，187团中学、北屯职业技术学校被遴选为“中华优秀传统文化传承学校”，北屯中学被评为全国民族团结进步先进集体，北屯中学先进典型事例被《兵团日报》和《今日新疆》杂志大篇幅报道。

二、大品牌推进，以爱国爱疆守边固疆作为推动青少年思想道德建设的强大源动力

创新建设“边疆儿女学雷锋，守边固疆当先锋”学雷锋主题活动品牌，扩大影响力。以弘扬新时代雷锋精神为契机，强化党员教师“全心全意为人民服务”的根本宗旨，凝聚起教书育人强大动力。创新开展“边疆儿女学雷锋，守边固疆当先锋”活动，通过组织广大师生读雷锋日记、听雷锋故事、背雷锋格言、看雷锋电影，全面了解雷锋短暂而伟大的一生，进一步坚定理想信念、强化责任担当。通过开展主题团（队）活动、主题演讲、座谈讨论、读书征文、诗歌朗诵等活动，深入学习和领会雷锋精神实质，常态化践行雷锋精神，形成了活动品牌，师市各学校学雷锋活动形式多样、内容丰富、效果明显。北屯幼儿园常态化开展学雷锋活动，关爱弱势群体、慰问孤寡老人、先后6次向南疆幼儿园开展“雪中鸿雁，让爱多1℃”捐衣物活动。小红花幼儿园开展“弘扬雷锋精神 传递道德力量”大讲堂活动。明珠幼儿园开展党团青年“传承雷锋精神，争做时代新人”活动。北屯中学开展学雷锋大型宣讲和“走出校门一人一件

好事”活动。北屯高级中学开展“人人争当学雷锋志愿者”活动。北屯职业技术学校开展“学雷锋”三项活动。181团中学开展“六个一”学雷锋活动，建立雷锋事迹展览室。182团中学开展“弘扬雷锋精神，志愿者与你同行”志愿劝导活动。183团中学坚持用雷锋文化主导校园文化，开展“兵地联谊爱心助学”活动。184团中学召开“学雷锋做有道德的人”征文演讲比赛。184团二中出“学雷锋”专刊，开设“学雷锋”校园广播时段。185团中学开展“学雷锋见行动”黑板报、手抄报比赛。186团中学开展“我为国门去灰尘”活动、“学雷锋见行动”互助活动。188团中学开展“爱心捐款”救助重病教师、“垃圾不落地、社会更美丽”社区志愿清洁环保活动。教育系统党员干部进社区、进敬老院、进群众家庭学雷锋做好事千余件，主题教育期间为南疆捐赠冬衣1.639吨。师市师生、教育系统干部职工通过开展“学雷锋”活动，切实将雷锋精神内化于心、外化于行。

创新形式学习雷锋精神，师市学生向全兵团青少年发出“争当雷锋式好学生”倡议。坚持每年开展红色研学活动，187团中学百名师生相聚西北之北185团，在中哈边境界碑向全兵团广大青少年发出“争当雷锋式好学生”倡议，在185团边境线界碑前，齐声诵读了习近平总书记关于学习雷锋、弘扬雷锋精神的系列重要论述和指示，齐诵雷锋日记节选，高唱《学习雷锋好榜样》《接过雷锋的枪》等经典歌曲，立志争当爱国爱疆守边固疆时代新人。“边疆儿女学雷锋 守疆固边当先锋”——十师北屯市教育系统在主题教育中践行雷锋精神的经验与做法被中宣部学习强国平台向全国推介。

师域校园学雷锋活动蓬勃开展，人人争当好老师、好学生，书记校长带着老师学，老师带着学生学，学生带着家长学。师市各学校（幼儿园）党支部以党建带群建，充分利用《平“语”近人——习近平总书记用典》学习资源，组织开展了“平‘语’近人”进校园活动，通过课堂宣讲、阅读课、主题班会等形式，将习近平总书记关于学习雷锋精神重要内容融入其中。书记校长等领导班子成员发挥示范作用，利用党员大会、教职工会议组织开展讲雷锋故事、谈雷锋精神、学雷锋日记活动，带领广大师生知雷锋、讲雷锋，学校定期表扬师生做好人好事情况，每月小结、每学期总结、年度评选，激发教师学雷锋做好事。通过每周主题班（队）会，多种形式开展学雷锋活动，班级建立好人好事册，通过家长会、座谈会，坚持开展“小手拉大手活动”，每年评选“最美家庭”“优秀家长”等先进典型，通过及时表扬、家庭赞扬，营造全社会学雷锋做好事的氛围。全体师生比奉献、比干劲，在活动中培育爱国情怀、敬业精神，受到全社会的广泛关注和一致好评。

三、超常规植入，以爱党爱祖国爱人民作为青少年思想道德建设的强劲主旋律

将做好人做好事植入经常工作和日常生活。以雷锋精神为引领，将雷锋精神与主

题教育、实践活动和文明礼仪行为等紧密结合起来，坚持每月一个主题，开展“学雷锋见行动”“诚信友善伴我成长”“寻找最美家庭”“最美孝心少年”“民族团结一家亲”等活动，积极组织向贫困生和灾区献爱心活动，引导中小学生在实践中践行社会主义核心价值观。广泛开展“文明礼仪伴我行”教育活动，组织各校利用课间、课余时间，让孩子们用画笔、用相机记录学校、社会的好文明、新风尚。坚持举办演讲征文比赛、知识竞赛，引导青少年养成良好的文明习惯和行动自觉。加强示范引领，每年评比师级“最美少年”“美德小公民”，并推荐至兵团乃至国家，选树学生身边的道德榜样，激励青少年争当新时代好少年。开展“小手拉大手，文明齐步走”活动，延伸到家庭和社会，带动广大家长和社会各界积极参与到创建兵团文明城市活动中来，有力推动社会主义精神文明建设。

将志愿服务甘于奉献植入疫情防控和教育教学。践行“学习雷锋、奉献他人、提升自己”的志愿服务精神。面对2020年突如其来的新冠疫情，在师市教育局党组带领下，党员教师509人主动请战、冲锋一线，志愿服务辖区10个小区、163栋楼、652个单元、6366户，为小区居民测量体温、登记信息、采购物品、处理垃圾，对进出车辆登记信息、喷洒消毒液。他们奋战一线、无惧风险，充分展现了志愿服务者无私奉献的崇高精神。积极组织开展“疫情无情，人间有爱”捐助活动，广大师生用实际行动奉献爱心，共捐款21万元，为师市打赢疫情防控阻击战贡献了力量。扎实开展“停课不停学、不停教”线上教育教学活动，广大教师克服困难，变身“主播”，坚持不落下一个，关注每位学生，减小了疫情带给学生的影响。组建巾帼志愿服务队，师市幼儿教师自愿报名，分批组队前往各中小学校临时充当“保姆”，看护因学校全面复课无人照看的幼儿，切实为中小学教职工排忧解难。常态化组织广大党员干部、学校教师、共青团员、少先队员等志愿者，立足校园、走向社会，深入街道、社区开展对特殊群体学生的关爱与帮扶等志愿服务。利用重阳节等重要节日，坚持到敬老院、空巢老人家、残疾人家中，主动关心孤寡老人、弱势群体，为他们提供生活照料、文化帮扶和心理抚慰等志愿服务，全力营造和谐的社会氛围。

将忠于党忠于祖国忠于人民植入思想教育。发挥学校教育主渠道、课堂育人主阵地作用，充分挖掘语文、历史、政治等教育资源，将忠于党、忠于祖国、忠于人民植入学生心中。结合“七一”“十一”等重大节日，以弘扬爱国主义、培育民族精神为主线，开展“时刻听党话，永远跟党走”主题演讲、读书、征文等系列活动。先后举办专题讲座、演讲会、报告会、红色歌曲比赛等红色传统教育，通过教唱《我和我的祖国》《义勇军进行曲》《歌唱祖国》等爱国主义歌曲，定期放映革命战争题材的影片，增强主题教育的吸引力、感召力。加强祖国疆土、国界线、边界线等“三防”知识教育，抓牢意识形态领域工作，深入开展“学讲话、学通报、反渗透、肃流毒”活动，积极鼓励教职工主动发声亮剑，树牢同“三股势力”“两面人”作斗争的决心，为实现新疆社会稳定和长治久安作出应有贡献。

参考文献：

[1] 雷锋全集［M］．北京：华文出版社，2012.
[2] 总政治部．雷锋日记［M］．北京：解放军文艺出版社，2012.
[3] 中共中央文献研究室．建国以来重要文献选编（第十六册）［M］．北京：中央文献出版社，1997.
[4] 田鹏颖，单旖旎．超越资本逻辑的精神选择——兼论雷锋精神的永恒魅力［J］．沈阳师范大学学报（社会科学版），2019（3）：1－5.
[5] 习近平．高举中国特色社会主义伟大旗帜 为全面建设社会主义现代化国家而团结奋斗——在中国共产党第二十次全国代表大会上的报告［M］．北京：人民出版社，2022.
[6] 罗国杰．建设社会主义道德体系的几个问题［J］．思想理论教育导刊，2010（6）：42－50.
[7] 孙向忠．毛泽东谈雷锋精神［J］．毛泽东思想研究，1996（1）：141－142.
[8] 习近平书信选集（第一卷）［M］．北京：中央文献出版社，2022.

党建引领促发展 雷锋精神永传承

——娄底市税务局金税青年志愿服务团队侧记

伍 鸣[*]，卿 波[**]

近年来，国家税务总局娄底市税务局把志愿服务作为开展“不忘初心践使命”、服务型党组织建设、党建带团建的有机载体，以青年志愿者、党员志愿者、税务志愿者“三彩志愿服务”为抓手，组织志愿者在政策宣传、纳税服务、疫情防控、专项助学、脱贫攻坚等方面，全面开展志愿服务活动，生动诠释“奉献、友爱、互助、进步”的志愿服务精神，以实际行动传承雷锋精神，续写雷锋故事。娄底市税务局金税青年志愿服务团队于2022年获全国学雷锋志愿服务“四个100”志愿服务组织荣誉称号。

一、聚焦主责主业，彰显“金税”之力

党旗所指，团旗所向，娄底税务金税青年志愿服务团队在行动！自大规模退税减税政策实施以来，时间紧、任务重、要求高，金税青年通过亮身份、公开承诺践诺等方式，争当退税减税“排头兵”，勇挑重担、主动作为。

在便民办税中提升纳税人缴费人满意度。在“便民办税春风行动”中积极主动作为，为纳税人缴费人吹拂暖暖春风。全面优化“非接触式”办税，推进24小时自助办税建设；持续推行党员上门辅导、提供个性化服务，更加精准服务纳税人缴费人。实现网格化政策宣传、流程辅导，“手把手”演示退税操作流程，发放“政策大礼包”。自编自导《星税微剧场》《锑都税苑——主播说税》等网红视频，确保政策红利应知尽知。清理应享未享疑点数据，帮助企业算好“退税账”，确保税费退得快、退得准，纳税人获得感、满意度不断提升。冷水江钢铁有限公司从申请到8000余万元退税资金入账仅1个工作日。企业负责人表示，将以这笔资金完成对高炉和铁前系统的改造

---

* 作者系娄底市税务局工作人员。
** 作者系娄底市税务局工作人员。

升级。

在纾困解难中提升纳税人缴费人获得感。聚焦纳税人难点堵点痛点，积极参与万名干部联万企行动，结合“百师”助“百企”党员志愿服务，将退税减税中的“需求导向”扩展到纳税人的“急难愁盼”。金税青年志愿服务团队主动作为，发放宣传手册5000余份，视频、电话辅导2350户次，上门辅导1422户次，符合退税条件的纳税人辅导面100%。依托电子税务局、“湘税通”平台，运用大数据为纳税人精准画像，对符合留抵退税条件的纳税人提供“保姆式”服务，实行“一户一策”，促进政策红利直达快享。

在企业输送动力中助推材料谷强起来。钢铁新材是娄底·材料谷发展的核心，湖南华菱涟源钢铁有限公司是湖南省属特大型国有企业，也是湖南中部地区材料谷战略目标主阵地。工艺装备领先国际水平，经济技术指标排名行业前列，具备超千万吨钢产能。2022年一季度，受进口原材料、产品库存增加和吸收合并另一家薄板公司等的影响，导致留抵税额增加，企业资金一下陷入困境。“留抵退税政策一出来，市税务局专家辅导就上门来了，1.95亿元留抵退税款迅速到账，给企业帮了一个大忙，也加快了我们产品研发力度，为企业实现‘碳达峰、碳中和’战略注入‘强心剂’。”涟钢财务部部长朱建明非常兴奋。2022年，娄底市税务局新增退税减税超32亿元，仅留抵退税红利就精准落实到全市1362户企业，累计退税金额超22亿元，有力促进了市场主体行稳致远，为娄底经济发展注入了强劲动力。

二、共筑疫情防线，诠释“金税”之责

疫情就是命令，防控就是责任。2022年，面对国内疫情呈现多点散发、传播迅速的特点，娄底市税务局团委秉持“党有号召，团有行动”的行动纲领，践行新时代雷锋精神，迅速集结青年志愿服务队和青年突击队，充实基层防疫力量，全力支援娄底市疫情防控工作。

闻令而动勇战役，金税青年显担当。娄底市税务局青年理论学习小组群的一条“疫情形势严峻，请全体干部加入到抗疫一线中去”的微信消息瞬间“激起千层浪”。短短几个小时，市局机关和6个县市区局迅速完成疫情防控青年突击队组建，全市税务系统共计305名青年干部报名加入到抗疫队伍中，金税青年的身影出现在保障人民基本生活的市场社区、乡村振兴的田野乡间、复工复产的车间工厂、酷暑严寒的核酸检测点。2022年，疫情防控青年突击队共计协助各级部门完成集中核酸检测40000余人次，拍摄疫情防控宣传片《我们正青春 防控勇争先》，为娄底的疫情防控贡献税务青春力量。

守护家园当不让，娘家关怀展温情。2022年12月1日凌晨1时50分和12月3日

17时许，娄底市税务局三元街办公区和湘阳街办公区相继接到疫情风险的提示，市局疫情防控领导小组迅速做出安排，启动应急预案，第一时间组织党员志愿者和金税青年志愿者迅速展开“全要素保障、全流程推演、全闭环管理”的相关工作，开展了小区封控、宣传发动、物资配送、核酸采样、闭环转运、环境消毒、医疗救治、医疗和生活垃圾转运的实际工作，共计配送N95口罩5000个、食用蔬菜1000千克、大米500千克、物业工作人员生活用品20余套等，用“娘家人”的实际行动来彰显组织关怀。

牢记初心扛使命，主业抗疫两手抓。李锦程夫妇是娄底市经开区税务局的青年干部，2022年4月初，原本计划在这个月走进婚姻殿堂的他们，在疫情严峻的情况下毅然决定推迟婚礼，双双奔赴留抵退税和疫情防控第一线。疫情严峻时，居家隔离的李锦程为近300户纳税人提供云课堂，开展政策“宅急送”，确保政策快达直享；妻子绿码在外为社区执勤，确保防疫工作落在实处。“有一抹蓝，是税务蓝；有一种浪漫，是税务夫妻并肩作战。”夫妻二人用实际行动做了最好的诠释。一直以来，娄底税务各级青年专家团队和减税降费青年突击队奋战在减税降费的第一线，在积极落实好疫情防控的同时，安排专人及时跟进留抵退税办理全过程，打通了政策落地的“最后一公里”，确保纳税人缴费人及时享受税费优惠政策红利。

三、服务乡村振兴，散发“金税”之光

“团团希望小屋”是娄底税务团委在乡村振兴帮扶点倾力打造的示范项目，获得了娄底机关党建网的表扬推介。“团团希望小屋只是我们党员志愿者服务团队服务社会、服务乡村振兴、服务人民的缩影。近年来，我们党员志愿者服务团队运用‘加减乘除’四则运算走出了一条抓党建促振兴的新路子。”娄底市税务局相关负责人表示。

带着爱心作“加法”。根据上级工作部署和要求，娄底市税务局结合乡村振兴帮扶点的实际情况，统筹谋划，精准确立了“党建强村、民生稳村、产业活村、旅游兴村”发展思路，实现振兴有思路、参与有方向、提升有举措。常态化开展“情系乡村 爱在税务”主题捐赠活动，除了市局党委投入的乡村振兴专项资金外，每年发动志愿者自发捐款，以机关带系统、系统带社会，有效畅通帮扶渠道，扩大帮扶面，每年累计筹集捐款10余万元，全部用于乡村振兴建设。

带着真心作“减法”。娄底市税务局积极助力品质优、价格低、原生态的乡土产品在市场化竞争大潮中有效破局，在畅通微循环、打通城乡流通循环上下功夫，在农产品销售上做减法。开展了“我为乡村产业代言”直播带货，引导帮助村民通过线上直播间为乡村产品“带货”代言。同时，积极发挥干部职工及家属朋友等人员广、需求多、购买便利等优势，以“一对一”购买、“一带多”推广等形式，构建起产品的直产直联直销，有效促进了“土味”进城。据估计，通过志愿服务，每年为乡村振兴帮

扶点售土鸡、土鸡蛋、土鸭、土猪、火培鱼达30万元。

带着诚心作“乘法”。娄底市税务局切实把助力乡村振兴工作作为志愿服务团队的工作重点，开展“青春建功正当时，乡村振兴税助力”主题团日活动，组织100余名中小学生开展“珍爱生命 预防溺水”宣传，帮助其树立树牢安全意识。召开“手拉手”助力乡村振兴青少年成长成才交流会等。开展“我为群众办实事 金税青年在行动”活动，走访慰问困难群众和孤寡老人，以实打实的帮助贡献微薄之力。

带着责任心作“除法”。服务乡村振兴，根本关键在村民。娄底市税务局志愿服务团队通过引导建立村规民约、提倡文明村风等方式，在村民中开展“四德教育”，帮助村民养成积极向上的生活习惯，开展“美丽乡村”村容村貌建设，带领村民开展生活垃圾处理行动，使得脏乱差现象明显改观。

志愿服务暖民心，雷锋精神永传承。娄底市税务局金税青年志愿服务团队将持续围绕深化志愿服务内涵、拓展志愿服务领域、扩大志愿服务队伍、打造志愿服务品牌、健全完善志愿服务机制等方面不断强化建设，让“税务蓝”添彩“志愿红”，在志愿服务工作中彰显税务担当。娄底市税务局将持续擦亮“全国最佳志愿服务组织”金字招牌，不断创新服务方式，以税收现代化服务中国式现代化，为助推地方经济社会发展和精神文明建设作出应有贡献。

学雷锋其实不难

李向红*

又是早莺争暖树、桃李正开时的三月天，在毛泽东等老一辈革命家为雷锋同志题词60周年之际，习近平总书记对深入开展学雷锋活动作出重要指示，要让学雷锋在人民群众特别是青少年中蔚然成风，让学雷锋活动融入日常、化作经常，让雷锋精神在新时代绽放更加璀璨的光芒。是的，新时代的今天，雷锋并未远去，雷锋精神就在我们生活中，就在这满园春色里，是我们的精神坐标、人生底线。

“大小事”都是善举。干大事行大善，达则兼济天下；做小事行小善，能够独善其身也很不错。中国自古就有“民为邦本，本固邦宁”的思想，西周推崇“敬德保民”的执政宗旨，孔子也非常推崇“仁”德，其中就有“惠民”举措。孟子推崇“仁政”，认为要“以不忍人之心，行不忍人之政”，并得出“民为贵，社稷次之，君为轻”的思想。这是国家层面的大事，是大善。小而言之，有小善，推己及人，倡导“老吾老以及人之老，幼吾幼以及人之幼”，并且是“人皆有不忍人之心”，这种善，源于人心的自然流露，全无任何功利意识，它是一种纯粹的对于人类命运的同情关怀。这些，无论是国家层面的大事，还是生活层面的小事，都是善举，都是雷锋精神的源头，都是新时代需要倡导的优秀思想品质。

“明暗处”都有善心。善举源于善心。中华文明源远流长，有善举处处彰显，有善心代代传承。儒家文化倡导从自我修身开始，在“吾日三省吾身”中洗涤心灵，即便成就善举，也好隐姓埋名，无意声张造势。现代文化倡导模范示范效应，在“快乐志愿，随手公益”中彰显价值，在新时代文明志愿服务所、爱心认领、携手志愿社区行、随手志愿文明行、小手牵大手等系列公益活动中彰显爱心。无论是自我的默默修身，还是大张旗鼓的公益示范，无论是我们看得见的地方，还是看不到的角落，都有善心

---

* 作者系娄底市社科联秘书长。

流淌，这都是成就雷锋精神的最好营养。雷锋精神中信念的能量、大爱的胸怀、忘我的精神、进取的锐气，也正是我们民族精神的最好写照。

“你我他”都是雷锋。善心造就了千千万万个雷锋。雷锋精神之所以能这样触动心弦、形成共鸣，在于我们中华文明“性本善”的代代传承，在于我们都有那份沉淀于骨子里的善心、善根、善缘。其实，学雷锋并不难，让学雷锋活动融入日常、化作经常并不难。这种忠于职守的敬业精神、刻苦学习的“钉子”精神、艰苦奋斗的创业精神、“匹夫有责”的爱国精神、“大爱无疆”的奉献精神、助人为乐的合作精神，已深嵌于中华儿女的血脉中，亦是我们向上、向善的人生追求。

无论时代如何变迁，雷锋精神永不过时。愿春色时时在，雷锋处处有，让雷锋精神在新时代绽放更加璀璨的光芒。

弘扬新时代雷锋精神 推动老年志愿服务发展

李敏芳*

雷锋精神是社会主义核心价值观的生动体现，本质是树立“以为人民服务为己任，以爱岗敬业为实现途径，以创新创业为动力，从而在平凡中创造不平凡”的价值理念[1]。作为现代社会文明进步的重要标志，学雷锋、开展志愿服务已经成为我国社会主义现代化强国建设、社会文明进步、国家治理体系完善和治理能力提升的重要内容。

老年志愿服务是老年人自愿贡献个人时间、精力、金钱，在不为任何物质报酬的情况下，参与社会公益事业和社会服务事业的行为，具有志愿性、公益性、无偿性、组织性四大显著特征。老年志愿服务是公益事业的主力军，老年志愿服务将促进老年人从“被动接受服务”到“主动服务他人”转变，实现老有所学、老有所乐、老有所为。

一、老年志愿服务的时代价值

老年志愿服务符合新时代发展需求，是对雷锋精神的传承和发展。雷锋精神对激励老年人积极参与社会服务和公益事业，促进社会和谐共进，具有非常重要的意义。

（一）开发利用老年人力资源，弥合社会治理缺口

老年志愿者队伍是社区治理的重要社会资源，可以降低社区治理成本，提高社区治理效率，维护社区的和谐稳定。老年人了解社区居民真正的需求，倘若其加入社区志愿者队伍中，可以有的放矢，提供适切性的服务。老年人人力资本的沉淀积累以及丰富的阅历，使其具备不同领域、不同专业的知识与技能。与此同时，老年人经过社会的历练，大多心态比较沉稳，在开展社区服务时，从容冷静，工作有耐心，不浮躁、

---

* 作者系湖南省社会科学院（湖南省人民政府发展研究中心）助理研究员。

不急躁，这些特点有助于老年人提供周到、精细化服务。

物质文明、政治文明、精神文明、社会文明、生态文明协调发展是中国式现代化新道路的重要特征。[2]发展高度的社会文明，既需要高度的物质文明提供基础支撑，又需要调动多元社会主体的积极性，打造高质量、多层次的公共服务体系，形成共建共治共享的社会治理共同体。在社会治理共同体建设过程中，面对群众大量的微小需求缺口，政府无须过度"揽责"，[3]可积极盘活老年人志愿服务资源，释放服务社会效能，补齐政府公共服务供给短板。

（二）传承中华优秀传统文化，践行社会主义核心价值观

习近平总书记指出："雷锋精神是永恒的，是社会主义核心价值观的生动体现。"作为现代社会文明进步、中华优秀传统文化的重要体现，雷锋精神是新时代中国志愿服务精神的认同基础，具有深厚的社会影响力。当前，中国老年志愿服务吸收雷锋精神"仁爱、助人"的思想，依托重阳节、妇女节、建党节等时间节点开展活动，呈现出鲜明的文化色彩，吸引越来越多的老年人参与老年志愿服务。参与范围的扩大化使老年志愿服务具有广泛性的特点，志愿者来自科技、医护、农业、环保等领域。同时，老年群体在志愿服务过程中，通过技术与管理上的"传帮带"、相关岗位的"拾遗补缺"，为社会其他群体带来模范与榜样效应，强化了志愿服务精神及技术经验的代际传承。

（三）积极应对人口老龄化，维护社会稳定和谐

第七次全国人口普查数据显示，2020 年我国 60 岁及以上人口为 26402 万人，占 18.7%，其中，65 岁及以上人口为 19064 万人，占 13.5%，中国人口老龄化程度进一步加深。此外，随着平均预期寿命的不断提高，老年人退休后健康存活时间不断延长。为有效应对人口年龄结构转变，党的十九届五中全会提出"实施积极应对人口老龄化国家战略"。老年志愿服务是老年人社会参与的一种重要形式。老年群体在志愿服务中，通过社会劳动和社会活动等方式，践行雷锋精神，实现自我价值。一方面，社会参与增进了老年人与社会接触的机会，可从他人那里获得更多的情感回馈，减少孤独感，在互动过程中产生"被需要"的感觉，增加自我效能，对个体的认知功能、心理健康、生活幸福感都会产生积极的影响。另一方面，对于老年志愿服务来说，志愿者是整个行动的实施者，由于志愿服务具有广泛性、专业性、多元性等特性，志愿者能够及时发现并反馈社会中存在的问题，使其在政府部门和社会其他部门的帮助下得到改善或者解决。

二、老年志愿服务面临的困境

志愿服务是弘扬雷锋精神的有效载体，志愿者队伍的壮大为弘扬雷锋精神奠定了群众基础。近年来，我国老年人社会参与范围不断扩展，老年志愿服务参与情况整体向好，但同时也面临诸多现实难题。

（一）老年志愿服务行为缺乏社会的积极认同

伴随老年人口数量的急速增长，老年人本应成为志愿服务多元参与主体中的重要部分，然而，当前我国大众对老年人群的保守认知、对养老问题的传统认识仍然根深蒂固，全社会尚未形成支持引导老年志愿服务大力发展的氛围。同时，主流媒体关于老年志愿服务的宣传不足，没有深度报道与标兵塑造。尽管当下自媒体高度发展，但老年志愿服务主体遭遇数字鸿沟，多数人无法像年轻人那般轻易掌握和使用多元媒介对志愿服务进行宣传推介，老年志愿服务影响力无法有效扩展，导致人们对老年志愿服务社会认同感不强。志愿者得不到社会的认可和支持，其参与的积极性就会降低。

（二）老年志愿服务参与水平低

在我国志愿者群体中，青年志愿者占比较高。老年人因身体机能、奉献意识等差距，参与志愿服务的程度会有不同。老年人同时承担多种家庭角色，灵活性成为影响老年志愿服务参与的重要因素。目前，相对固定的时间、地点、组织形式以及组织方式使得老年志愿服务参与缺乏灵活性，难以满足不同老年人的需求。另一方面，不同类型的志愿服务对老年群体的要求不同，面临的风险也不一样。如疫情防控中，老年人本身属于易感人群，在一定程度上增加了老年志愿服务参与的难度。

（三）老年志愿服务难以获得有效的物质支持

以组织化程度为划分标准，志愿服务可分为自由志愿服务、定向志愿服务以及有组织的志愿服务。其中，有组织的志愿服务可进一步细分为协会型（经申请、审批通过的正式组织）、协助型（大量存在于社区的老年自组织）、专项型（“银龄行动”等专项老年志愿服务）和参与型（老年人参与其他志愿组织）四类。根据这一分类，仅协会型和专项型老年志愿服务具备一定的组织基础，其他均为个人自发性组织，或依托于社区居委会、老年协会开展。[4]尽管志愿组织可能有相关部门进行管理，但是由于缺少固定的岗位与编制，在管理和扶持方式上还是等同于“兴趣组织”。以基层老年协会为代表的社会组织在活动中发挥了愈加重要的作用，但是社会力量参与度还较低，且社会组织的规模较小。[5]此外，由于目前老年志愿服务的官方组织尚未明确，管理职能分散于各行业协会或民间机构，组织管理的缺失带来多元化保障机制与规范化制度体系的保障缺位，致使老年志愿服务常常面临活动资金受限等问题。志愿服务本身就是一种无偿的奉献行为，不存在任何利益获取，然而在志愿者的培养过程中却存在一定的经济支出。目前，老年志愿服务经费来源比较单一，主要来源于政府的拨款，因此，扩充经费来源渠道、加强必要的物资保障是老年志愿服务长效化开展的基础。

（四）老年志愿组织管理体制不健全

科学管理是保证志愿服务全面推进的根本。目前，志愿组织的管理者在招募新队员时缺乏严格的筛选，且没有结合队员的个人特点与个人专长进行挖掘与分配，没能有效发挥具有专业才能的老年志愿者的价值，造成老年志愿者人力资源的浪费。在培训方面，多以速成、临时的形式开展，没有很好结合老年志愿者的特征与需求进行全面培训，缺少对老年志愿组织核心骨干的有效培训和教育，使得组织的自我管理能力与自我发展能力得不到提升。现有关于老年志愿服务的管理和评价，多以服务时间、活动次数、志愿者总数、捐赠物资数目为标准，这类标准固然可以反映出老年志愿服务的主要范围与内容层次，却不能全面反映其社会价值及效益产出。此外，由于老年志愿服务的开展缺少顶层设计与整体性规划，难以发挥志愿服务对社会组织功能与社会公共资源的整合效应，不利于老年志愿服务效能的发挥。

三、老年志愿服务的发展路径

解决老年志愿服务的发展困境，就要保证老年志愿者的主体地位，使他们秉承雷锋的奉献精神，在家庭、社区和社会的多方支持下，自信、安全、无忧地参与志愿服务。

（一）增进社会认同，推动老年志愿服务自主发展

老年志愿服务的价值常常为社会大众所忽视。社会应当对老年群体参与志愿服务保持赞赏和欣慰的态度，对老年群体参与志愿服务保持高度认同，重视对老年志愿服务的宣传，树立老年志愿服务模范典型，在整个社会中营造一种“志愿服务光荣，志愿者可敬”的风尚，提高志愿服务的自觉性和坚定性。

（二）保持善意动员，鼓励老年人参与志愿服务

老年人是社会的宝贵资源，不能让老年人漫无目的地开展志愿服务，要在“服务初衷—服务方式—服务结果”全过程中进行合理疏导，最大限度地使老年人了解、支持并参与志愿服务，形成志愿服务认同感。老年人志愿服务精神的培育是志愿服务能

持续有效开展的基础。在老年人志愿服务精神的培育过程中，要体现出老年人的主体性，通过不断丰富志愿服务的内容和形式，提升老年志愿服务参与的灵活性，发挥老年志愿者的专长，引导老年志愿服务良性发展。同时，要进一步强化老年志愿者的责任意识，引导老年志愿者树立“老骥伏枥，志在千里”的人生观与价值观，激发老年志愿者参与志愿服务的主体自觉与群体共识。

（三）强化组织管理与制度保障，促进老年志愿服务规范化

社会组织是指政府组织体系之外，不以营利为目的，具备独立性、组织性的民间组织。社会组织灵活，贴近基层，社会资源丰富。社会组织进入公共管理领域，解决社会问题，是政府整合社会力量的必然选择。[6]社会组织的有效运转离不开政府提供的政策支持与资金支持。政府作为社会组织的管理部门，要加强组织管理和制度保障。第一，厘清隶属关系。老年志愿服务组织是由一群立志于服务与奉献的老年人所组成的，是单纯的志愿服务团体。要适度降低行政权力对志愿组织的约束程度，将行政权力控制在一个合理的状态下，对老年志愿组织发挥正向促进作用。第二，给予经费支持。通过财政补贴、社会资助等扩展老年志愿服务经费来源。依法大力发展志愿服务基金，引导社会资金参与支持志愿服务组织。第三，强化安全管理。为参与志愿服务的老年群体设计开发符合其志愿服务特点及活动需要的险种，化解活动过程中的安全风险，为老年志愿服务健康持续发展提供有力保障。最后，建设全龄友好型社会政策环境。引导社会其他群体关注老年志愿服务，支持老年志愿服务。鼓励对标志愿服务对象的多元需求，创新老年志愿服务的组织方式与内容形式，助推数字技术在老年志愿服务方面的深度运用，提升老年志愿服务的智能化水平。

（四）强化功能定位与资源整合，促进老年志愿服务长效发展

首先，应强化对老年志愿服务的功能定位。关键是做好老年志愿服务的顶层设计，将老年志愿服务密切融入国家治理能力与治理体系现代化进程中，并与积极应对人口老龄化国家战略的要求相匹配。强化雷锋精神的价值遵循，坚持以人民为中心的发展理念，以养老服务体系建设为依托，制定不同层面的老年志愿服务发展规划，促进老年人的社会参与和融入，充分发挥老年人的作用。其次，要加强资源整合，促进志愿服务组织、人员、经费、场地在社区层面的互助与共享。基于老年志愿服务发展的现有基础，通过强化政府引导，支持自发性老年志愿服务组织在社区层面建立统一的老年协会或活动组委会，加强民政部门、老龄工作委员会、社会工作联合会、关心下一代工作委员会等公共组织对老年志愿服务的业务指导。

四、结语

志愿服务符合新时代发展需求，是对雷锋精神的传承和发展，建立老年志愿服务长效机制，使其具有可持续性、可推广性，可持续发扬中华传统美德，推动社会主义和谐社会的稳定发展。

参考文献：

[1] 李何，胡思宏．浅谈青年志愿服务传承雷锋精神的意义［J］．汉字文化，2019（4）：146－147.

[2] 黄广友，韩学亮．中国式现代化道路与人类文明新形态的生成———基于马克思恩格斯文明理论的分析［J］．山东大学学报（哲学社会科学版），2022（3）：1－10.

[3] 燕继荣．破解全能主义的政府改革［N］．学习时报，2013－09－23（A12）.

[4] 李磊，丛宏彬．中国老年志愿服务的理论逻辑、实践样态与发展政策［J］．中国志愿服务研究，2022（1）：31－49＋205.

[5] 俞会新，卢童，吕龙凤．老年志愿服务参与的经验借鉴及启示［J］．社会福利（理论版），2022（10）：27－33.

[6] 乐龙飞．NGO 参与应急管理的制度变迁——基于时机—动力—路径框架的分析［J］．四川大学学报（哲学社会科学版），2020（2）：185－192.

永不干枯的一滴水

——丁德馨教授先进事迹材料

湖南省社会科学院（湖南省人民政府发展研究中心）调研组*

2023年3月5日是毛泽东“向雷锋同志学习”题词发表60周年纪念日。习近平总书记强调：“雷锋是时代的楷模，雷锋精神是永恒的。实现中华民族伟大复兴，需要更多时代楷模。”湖南是雷锋的家乡，雷锋精神更是刻在湖南人理想信念里，凝聚湖湘儿女赓续奋斗的血脉基因。南华大学丁德馨教授，正是新时代新湖南弘扬雷锋精神的典范，他一生坚守成就一个学科一个行业，突破极限创造身体奇迹捍卫国家安全，他用实际行动在湖南这片热土上书写新的雷锋故事，引领社会文明新风。在湖南，雷锋从未离去！在湖南，雷锋精神内化于心、外化于行！在湖南，新时代的雷锋在做惊天动地事、当默默无闻人！在湖南，雷锋精神正在代代相传，焕发无比强大的战斗力！

一、“拓荒牛”志为“一滴水”：集体主义是高于一切的选择

丁德馨，中国铀矿采冶学科“拓荒牛”。“拓荒牛”包括三重含义：从无到有、先行独行、执着苦干。在现在的铀矿采冶领域，丁德馨是一个响当当的名字。在丁德馨选择铀矿采冶的时候，这个领域是当时中国的一片荒地。作为全国恢复高考后的第一批大学生、第一批研究生，丁德馨在中南矿冶学院（现中南大学）学习的是有色金属开采，毕业后分配到长沙矿山研究院工作。

他的一生做过很多异于常人的选择：第一次异于常人的选择是从省会长沙到衡阳，从可以在长沙矿山研究院锦上添花到面对衡阳工学院百废待兴，从熟悉的有色金属专业转到几乎陌生的铀矿采冶，算是一次“高开低走”；第二次异于常人的选择是在20世纪90年代，我国核工业经历了军转民和深化改革的波动期，与核工业紧密相关的专

---

* 调研组成员：钟君，湖南省社会科学院（湖南省人民政府发展研究中心）党组书记、院长（主任）；胡守勇，湖南省社会科学院（湖南省人民政府发展研究中心）研究员；郭丹，湖南省社会科学院（湖南省人民政府发展研究中心）助理研究员。执笔人：郭丹。

业都受到一定程度影响，曾经跟他站在一个起点的志同道合者纷纷出走，他选择了留在低谷，算是一次“一意孤行”；第三次异于常人的选择是面对科学家心中最高殿堂的邀请时，丁德馨先后两次前往澳大利亚和英国学习，如果追求卓越是科学研究的本能，那么这两个平台无疑是成就科研梦想的顶峰，面对高额奖学金和最先进团队的挽留，他毅然选择了回国，算是一次“反身逆行”。

站在历史的长河里，很多时候，一个人的成就取决于关键节点的执着坚持，一个国家的发展成就于每一个“小我”在关键节点上的“忘我”选择。今天国家核工业粮食 丰衣足食的背后，是这头拓荒牛站在起点、低点、散点、歧点等每一个关键节点时一如既往、从未动摇、浑然忘我的选择。这个选择是什么？丁德馨说，《雷锋日记》里有一段话从小就已经刻进了他的心里：“一滴水只有放进大海里，才永远不会干枯，一个人只有当他把自己和集体的事业融合在一起的时候，才能最有力量。”雷锋永远把集体利益、党和人民的利益放在个人利益之上，放在个人得失之前。经过 25 年艰辛努力，在铀矿采冶几经起落、经济效益变化不定的环境下，南华大学终于为我国核工业建成了培养铀矿采冶学士、硕士、博士、博士后的完整学科体系。1992 年至 2020 年，南华大学为核工业培养了4388 名专业人才，有 1174 位毕业生在核工业、铀矿山等一线工作。丁德馨求学治学一路走来，没有在意沿途沟壑纵横，也没有被路边美景诱惑。他不负众望，将铀矿采冶这条路越走越宽广，培育了众多同行者。集体主义，正是丁德馨异于常人的选择背后不变的初心，也是丁德馨超越小我奔赴大我的力量源泉。

二、“铜豌豆”炼成“螺丝钉”：敬业奉献是超越一切的力量

丁德馨，是一颗被生活千锤百炼的“铜豌豆”。“铜豌豆”具有几个特质：捶不扁、炒不爆、响当当。身体是革命的本钱，可对丁德馨来说，革命的任务有多艰巨，革命的本钱就有多匮乏。考上大学时，丁德馨插队锻炼时的腰伤就已经变成强直性脊柱炎，当时医生对丁德馨说：“10 年后你很可能会瘫痪。”10 年里，病痛始终伴随，但他没有瘫痪。他带着病体下矿井，实地勘探。2008 年，强直性脊柱炎使丁德馨全身僵直，不得不做双髋关节置换手术。术后 3 天，病床头摆上一条小矮凳，他便趴着开始工作。2015 年，在博士论文答辩期间，丁德馨突患脑卒中，上午 9 点已经浑身冒汗明显不适，硬挺了 11 个小时，完成每一位博士论文的最后修改。在最佳治疗时间，他在尽他的导师职责。从 ICU 出来这次他害怕了，可他怕的不是站不起来，他怕的是别人同情、怕的是被当闲人、怕的是不再让他搞科研。半年后，一度走路、吃饭甚至写字都困难的丁德馨，又重新站在了他的讲台和实验室。丁德馨有几帧形象是让人难忘的：一个是他走路的样子，重心在右边，身子往右倾斜，左手下垂，右手上下摆动；一个是他讲课的样子，半天时间，连上四节，不坐，站着；一个是他从 300 多米台阶的矿

井里出来时的样子，已经做过双髋关节置换手术，自己一步步上下台阶加上井下作业4小时，他脸色苍白，摆摆手说没事；还有一个250万人看过的视频，是他上下楼梯的样子，他右手扶着墙，先跨左脚，一次一步一个台阶。正是这些倔强的形象，让我们如此分明地在他身上看到了雷锋的影子。雷锋个子矮小，却把吊车开得最好；他文化程度不高，却把出名的“油老虎”改造成节油标兵车。雷锋精神为什么如此贴近大众、深入人心？恰因为他是我们普通人的精神丰碑，不是追求辉煌，而是于平凡琐碎中凡做必争、敬业担当，是无论碰到什么艰难困苦，始终保持着昂扬的精神状态和勇往直前的革命干劲，是激励千千万万个螺丝钉，在平凡工作中永不生锈、发光发热，以微光聚成中华人民共和国坚不可摧的参天大厦。正是这种精神，把丁德馨这颗“铜豌豆”锤炼成了“螺丝钉”。丁德馨也问自己：“如果你是一颗最小的螺丝钉，你是否永远坚守在你的岗位上?”正是这份敬业奉献的追求给了丁德馨超越一切的不凡力量，他打破医生判断，超越疾病限制，克服身体困难，创造一个又一个奇迹。在新时代新征程，新时代新湖南，我们未必会经历锤扁炒爆，但我们定要立志敬业奉献，在自己的岗位上做一颗永不生锈的螺丝钉，形成无比强大的战斗合力。

三、“超一流”锐意“钉钉子”：忠诚担当是突破创新的动力

丁德馨，强核报国追求的是“超一流”。“超一流”的追求源自习近平2016年视察战略支援部队机关时的一段话，习近平总书记强调“担负历史重任，瞄准世界一流，勇于创新超越”。在丁德馨的人生中，有几个重大影响：第一个对他影响重大的是考上大学后读的一本书，叫《祝你成才》。其中有一句：“被耽误了的中国，只能靠被耽误了的中国人来改造。”由此，他立起学习科学技术、建设祖国的志气。第二个对他影响重大的是他的大学老师、时任衡阳工学院党委书记王昌汉，是他邀请丁德馨来到衡阳，与铀矿采冶专业和学科建设结下不解之缘，也是他在20世纪90年代青年教师纷纷出走时坚定丁德馨的决心：“国家很需要核工业，你一定要守住这个点。”第三个对他影响重大的就是习近平总书记的这段讲话。此时，在他的坚持努力下，南华大学已经建成了我国唯一培养铀矿采冶学士、硕士、博士、博士后的完整体系。但他更加明确，从无到有还远远不够，唯有放眼世界，超越一流，解决卡脖子的问题，才能真正守护国家安全。第四个对他影响重大的是他自己写的半阕词：“炎黄子孙齐奋起，瞄准一流；超越一流，不见潮头誓不休。”正是这些，造就了南华学子心目中丁老师的几个独特印象：第一是他“学术帝”的标签。这既指他作为“铀矿采冶生物技术国防科技创新团队”的带头人在学术上的绝对大成，还是对他“活到老学到老”科研态度和钻研精神的肯定。“学术帝”的真义在于他与学生的共勉：“要把握国际研究前沿，不能落在人家身后，走别人的老路，这样永远是赶超不了人家，永远会被人家牵着鼻子走。”第二

是他的双语课堂。他会找最新的英文文献给学生讲解，也会要求大家了解相关研究课题的世界前沿动态，阅读最新的英文和中文文献。这与他扎实的英语功底有关，更与他放眼世界、对标一流的目标追求有关，科研的启蒙、钻研和深入都始终放在最先进和最广泛的视野之中，才能真正突破创新、追求卓越。第三是当好每一篇论文的把关人。身体病痛、行政工作、科研重任，都未曾影响丁德馨亲自把关每一个研究生以及实验室的每一篇论文，从选题、方案设计、实验实施、数据分析、论文撰写进行全过程管理。正是有了这个严谨细致的把关人，培养起国家核粮仓的坚实护卫队，不仅传承，更是在薪火相传中实现接续创新的可能。丁德馨对“超一流”的追求，体现的就是雷锋的“钉子精神”。雷锋把自己的生命融入党和人民的伟大事业之中，乐于做砌高楼大厦的一砖一石：当农业战线需要的时候，雷锋毅然离开学校，走向农村，当社员、当拖拉机手。当工业战线需要的时候，他从湖南家乡奔赴辽宁鞍钢，当推土机手、当建筑工人。当国防战线需要的时候，他又报名参军，当一名普通士兵。如今，当国家的核安全事业需要，丁德馨便把雷锋不停挤、永恒钻的钉子精神发扬到了极致，用自己的一生去奋斗，正是这份对国家和人民安全的忠诚担当，引领他、他的学生和团队、他的专业和学校、他所热爱和为之奋斗的铀矿采冶事业，锐意进取、不断突破、永攀高峰。

四、让雷锋精神在新时代新湖南内化于心、外化于行

雷锋精神过时了吗？今天有人产生了这种疑问。一来时代变迁，我们似乎已经远离了雷锋精神产生的经济基础和时代土壤；二来形式固化，学雷锋似乎变成对六十年前那些好人好事的简单模仿，并未成为现代人们内心的真实坐标和指引。从丁德馨教授身上，我们所欣喜的，不是看到了一个新时代的雷锋，而是真实注解了雷锋精神永不过时、始终震撼人心的恒久力量。不管时代如何变迁，雷锋精神都给我们提供了一个平凡的普通人基本的生活准则和道德准则。“一滴水”选择的不是忘我，而是把小我投入到大我的汪洋大海中，在对集体利益、民族利益、国家利益的追求中，焕发个人无穷的力量和可能；“螺丝钉”意味的不是平庸，而是任何时候，从成就国家到成就自己都不可或缺的专注和敬业精神；“钉子精神”更不是不知变通，而是在社会前进和国家发展的道路上知难而进、迎难而上，蓄力推动历史的前行。在雷锋身上，我们看到了普通人的力量；在丁德馨的身上，我们再次看到了普通人的信仰和意志、精神和力量是如何熠熠闪光，照亮自己，更照亮今天这个时代。学习雷锋绝对不是刻板地重塑雷锋，而是要深刻领会雷锋精神，并将这种精神内化于心、外化于行。在这一点上，丁德馨教授毫无疑问是我们的典范。丁德馨所教授过的学生、那些以他为光的南华人、火爆全网视频的250万点赞粉丝，都让我们看到，雷锋精神的种子正在暖暖春意中不断播撒、层层生发，绽放更加耀眼的时代光芒。

后 记

为深入学习贯彻党的二十大精神，认真落实习近平总书记关于新时代学习弘扬雷锋精神的重要指示精神，纪念毛泽东等老一辈革命家为雷锋同志题词60周年，继续深化拓展学雷锋活动，2023年3月5日至6日，中国社会科学院、中共湖南省委、《求是》杂志社、光明日报社和湖南省军区在湖南长沙共同主办了“2023雷锋精神论坛”。

“2023雷锋精神论坛”由湖南省委宣传部、湖南省文明办、中共长沙市委、长沙市人民政府、湖南省社会科学院（湖南省人民政府发展研究中心）、湖南省军区政治工作局承办，中共长沙市委宣传部（市文明办）、望城区人民政府、《雷锋》杂志社、湖南省雷锋精神研究会、湖南雷锋纪念馆协办。至此，雷锋精神论坛已在雷锋家乡成功举办十届。

本届论坛以“新时代 新雷锋”为主题，旨在深刻总结60年学雷锋活动的成功经验，深刻阐释雷锋精神的时代价值，倡导全社会争做新时代新雷锋，推动雷锋精神代代传承。论坛期间，来自全国的学雷锋先进集体代表、先进个人代表、研究雷锋精神的专家学者共200余人，围绕论坛主题展开深入研讨，取得丰硕成果。湖南省社会科学院（湖南省人民政府发展研究中心）、中共长沙市望城区委、湖南省雷锋精神研究会特组织人员将本次论坛成果集结出版，以飨读者。

论坛成果的结集出版，离不开来自各行各业的全国学雷锋先进集体代表和先进个人代表，以及来自广大高校、科研机构、政府机关、企事业单位、雷锋精神研究会的研究人员踊跃参会与积极赐稿。在此，我们对提供稿件的各位作者谨致谢忱！因篇幅有限，本论文集仅精选出小部分论文收录其中。在此，我们谨对论文未收录的作者深表歉意！湖南省社会科学院（湖南省人民政府发展研究中心）原副院长贺培育、文献信息中心主任伍新林、哲学与党史党建研究所谢文凤博士以及湖南省雷锋精神研究会杨艳雄副会长对本论文集的出版付出了大量精力。

因时间仓促，水平有限，本论文集难免存在疏漏之处，敬请广大读者批评指正。

编　者

2023 年 7 月

图书在版编目（CIP）数据

新时代 新雷锋 ："向雷锋同志学习"六十周年纪念论文集 / 贺培育，秦国良主编．-- 湘潭 ：湘潭大学出版社，2024.1
ISBN 978-7-5687-1363-4

Ⅰ．①新… Ⅱ．①贺… ②秦… Ⅲ．①学习雷锋一文集 Ⅳ．①D648-53

中国国家版本馆 CIP 数据核字（2024）第 018569 号

新时代 新雷锋："向雷锋同志学习"六十周年纪念论文集

XIN SHIDAI XIN LEI FENG:"XIANG LEI FENG TONGZHI XUEXI" LIUSHI ZHOUNIAN JINIAN LUNWENJI

贺培育 秦国良 主编

责任编辑：罗 联
封面设计：李 平
出版发行：湘潭大学出版社
社 址：湖南省湘潭大学工程训练大楼
电 话：0731-58298960 0731-58298966（传真）
邮 编：411105
网 址：http://press.xtu.edu.cn/
印 刷：长沙鸿和印务有限公司
经 销：湖南省新华书店
开 本：787 mm×1092 mm 1/16
印 张：15
字 数：320 千字
版 次：2024 年 1 月第 1 版
印 次：2024 年 1 月第 1 次印刷
书 号：ISBN 978-7-5687-1363-4
定 价：78.00 元